Mark Zahel

Trekking in Vorarlberg

5 mehrtägige Touren von Hütte zu Hütte

ROTHER
BERGVERLAG

ROTHER WANDERFÜHRER

Aargau
Abruzzen
Achensee
Adlerweg
Ahrsteig
Alb Südrand-Weg HW2
Albanien
Albsteig
Algarve
Allgäu 1, 2, 3, 4
Allgäuer Alpen
AlpeAdriaTrail
Altmühltal
Altmühltal-Panorama-weg
Andalusien Süd
Annapurna Treks
Antholz - Gsies
Aostatal

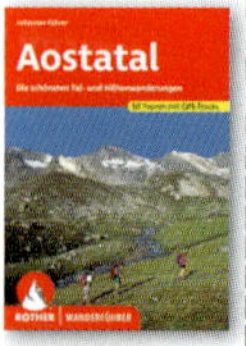

Appenzellerland
Apulien
Ardennen
Arlberg - Paznaun
Arnoweg
Asturien
Augsburg
Außerfern
Australien
Auvergne
Azoren
Baskenland
Bayerische Alpen Trekking
Bayerischer Wald
Berchtesgaden - Lienz
Berchtesgadener Land
Bergisches Land
Berlin
Bern
Berner Oberland Ost
Berner Oberland West
Bodensee Nord, Süd
Bodensee - Rätikon
Böhmerwald
Böhmische Schweiz
Bolivien
Bornholm
Bosnien u. Herzegowina
Bozen - Kaltern
Brandnertal
Bregenzerwald
Bremen - Oldenburg
Brenta
Bretagne
Bulgarien
Burgund
Cevennen
Chalkidiki - Thassos
Champagne - Ardennen
Chiemgau
Chiemsee
Chur - Hinterrhein
Cilento
Cinque Terre
Comer See
Cornwall-Devon
Costa Blanca
Costa Brava
Costa Daurada
Côte d'Azur
Dachstein-Tauern Ost
Dachstein-Tauern West
Dänemark-Jütland
Dalmatien
Dauphiné Ost, West
Davos - Prättigau
Dolomiten 1, 2, 3, 4, 5, 6, 7, 8
Dolomiten-Höhenwege 1-3, 4-7, 8-10
Donausteig
E1 Deutschland Nord
E1 Deutschland Süd
E5 Konstanz - Verona
Ecuador
Eifel
Eifelsteig
El Hierro
Elba
Elbsandsteingebirge
Elsass
Emmental
Ober-, Unterengadin
England Mitte, Nord, Ost, Süd
Fichtelgebirge
Fränkische Schweiz
Fränkischer Gebirgsweg
Frankfurt
Franziskusweg
Freiburg
Friaul-Julisch Venetien
Fuerteventura
Galicien
Gardaseeberge
Garhwal - Ladakh
Garmisch - Brixen
Gasteinertal
Genfer See
Georgien
Gesäuse
Glarnerland
Glockner-Region
Goldsteig
La Gomera
Gotthardweg
Gran Canaria
Grazer Hausberge
Grenzgänger-Weg
Griechenland - Pindos-gebirge
Gruyère - Diablerets
GTA
Hamburg
Harz
Haute Route
Hawaii
Hochkönig
Hochschwab
Hohenlohe
Hunsrück
Ibiza
Innsbruck
Irland
Isarwinkel
Island
Israel
Istrien
Italienische Riviera
Jakobsweg - Camino Primitivo
Jakobsweg - Caminho Português
Jakobsweg - Camino del Norte
Französischer Jakobsweg Le Puy - Pyrenäen, Straßburg - Le Puy
Jakobsweg Marburg - Vézelay
Jakobswege Österreich
Jakobswege Schweiz
Spanischer Jakobsweg
Südfranzösischer Jakobsweg - Via Tolosana
Südwestdeutsche Jakobswege
Julische Alpen
Jura, Französischer
Jura, Schweizer
Kärntner Seen
Kalabrien
Kanadische Rocky Mountains
Kapverden Nord
Karawanken
Karnischer Höhenweg
Karwendel
Kaunertal
Kitzbüheler Alpen
Kleinwalsertal
Korfu
Korsika
Korsika - GR 20
Korsika - Mare e Monti
Kraichgau
Kreta
La Palma
La Réunion
Lago Maggiore
Lahnwanderweg
Languedoc-Roussillon
Lanzarote
Lappland
Lechweg
Lesbos - Chios
Limesweg
Lofoten
Lothringen
Lungau
Luxemburg - Saarland
Madeira
Mallorca
Malta - Gozo
Marken - Adriaküste
Marokko
Masuren
Maximiliansweg
Mecklenburgische Seenplatte
Menorca
Meran
Meraner Höhenweg
Mittelsachsen
Mont Blanc
Montafon
Montenegro
Mosel
Moselhöhenweg
Moselsteig
Mühlviertel
München
München - Venedig
Münsterland
Nationalpark Kalkalpen
Neanderlandsteig
Golf von Neapel
Neckarweg
Neuseeland
Neusiedler See
Niedere Tauern Ost
Niederlande
Niederrhein
Nockberge
Nordhessen
Normandie
Norwegen Mitte, Süd, Jotunheimen
Nürnberg
Oberlausitz
Oberpfälzer Wald
Oberschwaben
Odenwald
Odenwald Mehrtages-touren
Öland
Ötscher
Ötztal
Ötztal - Pitztal Trekking
Ossola
Ostfriesland
Ostseeküste
Ost-Steiermark
Osttirol Nord, Süd

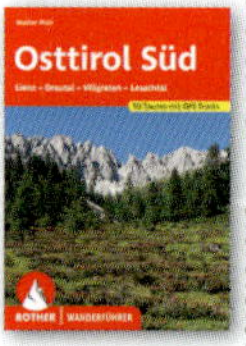

Patagonien
Peaks of the Balkans
Peloponnes
Peru
Pfälzer Weinsteig
Pfälzerwald
Pfaffenwinkel
Picardie
Picos de Europa
Piemont Nord, Süd
Pinzgau
Pitztal
Portugal Nord
Provence
Pyrenäen 1, 2, 3, 4
Pyrenäen - GR 11

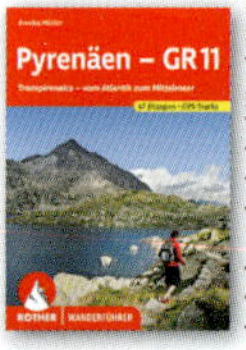

Regensburg
Rhein-Neckar
Rheinhessen
Rheinsteig
Rhodos
Rhön
Riesengebirge
Rom - Latium
Rota Vicentina
Route de Ländle
Rügen
Ruhrgebiet
Rumänien - Ostkarpaten
Rumänien - Südkarpaten
Saar-Hunsrück-Steig
Salzalpensteig
Salzburg
Salzburg - Triest
Salzkammergut Ost, West
Sardinien
Sauerland
Savoyen
Schaffhausen
Schottland
Schwabenkinder-Wege Oberschwaben, Schweiz - Liechtenstein, Vorarlberg
Schwäbische Alb Ost
Schwäbische Alb West
Schwarzwald Fernwan-derwege
Schwarzwald Mehrtages-touren Mitte/Nord, Süd/Mitte
Schwarzwald Nord, Süd
Schweden Mitte, Süd
Seealpen
Seefeld - Leutasch
Sentiero della Pace
Sierra de Gredos
Sierra de Guadarrama
Sizilien
Spessart
Steigerwald
Steirisches Weinland
Sterzing
Stubai - Wipptal
Trekking im Stubai
Stuttgart
Südafrika West
Südniedersachsen
Surselva
Sylt, Amrum, Föhr
Tannheimer Tal
Tasmanien
Hohe Tatra
Niedere Tatra
Tauern-Höhenweg
Hohe Tauern Nord
Tauferer Ahrntal
Taunus
Tegernsee - Sterzing
Tegernseer und Schlieseer Berge
Teneriffa
Tessin
Teutoburger Wald
Thüringen Mitte/Nord
Thüringer Wald
Tiroler Höhenweg
Toskana Nord, Süd
Türkische Riviera
Uckermark
Umbrien
Ungarn West
USA Südwesten
Usedom
Vanoise
Veltlin
Vía de la Plata
Via Francigena
Via Gebennensis
Vierwaldstättersee
Vinschgau
Vizentiner Alpen
Vogelsberg
Vogesen
Vogesen Mehrtages-touren
Vogesen-Durchquerung
Vogtland
Vom Gletscher zum Wein
Trekking in Vorarlberg
Wachau
Waldviertel
Wales
Oberwallis
Unterwallis
Walliser Alpen
Weinviertel
Welterbesteig Wachau
Weserbergland
West Highland Way
Westerwald
Wien
Wien - Lago Maggiore
Wiener Alpenbogen
Wiener Hausberge Nord, Süd
Wilder Kaiser
Zillertal
Trekking im Zillertal
Zürichsee
Zugspitze
Zypern Süd & Nord

Vorwort

Vorarlberg, von Einheimischen liebevoll das »Ländle« genannt, hat zwischen den sanften Hügelwellen des Bregenzerwaldes und den kantigen Urgesteins-Dreitausendern der Silvretta einen enormen Facettenreichtum zu bieten. Sämtliche Gebirgsgruppen besitzen ihr eigenes, typisches Gepräge: Bregenzerwaldgebirge und angrenzende Allgäuer Alpen beginnen im Norden als mittelgebirgsartige Wald- und Wiesenlandschaft und bauen Richtung Gebirgsinneres sukzessive markantere Kulissen auf, stets beherrscht von ausgedehnten Mattenbereichen, die der Alpwirtschaft hervorragende Bedingungen verschaffen. Das Lechquellengebirge in der geografischen Mitte Vorarlbergs besticht hingegen schon durch respektable Felsberge, die sich weithin mit anderen Vertretern der Nördlichen Kalkalpen messen können. Kalk baut auch die mächtigsten Gipfel des Rätikons an der Grenze zur Schweiz auf, doch sind diese streckenweise von der Bündner Schieferhülle sowie der metamorphen Silvrettadecke umgeben, sodass sich im Detail ein sehr kontrastreiches Bild ergibt. Vom Walgau und dem Äußeren Montafon aus zeigt sich der Rätikon touristisch bestens erschlossen. Ein weiteres, jedoch weniger bekanntes Zentralalpengebiet ist die zwischen Klostertal und Montafon gelegene Verwallgruppe, in der sich fast ausschließlich kristalline Bausteine befinden, was je nach Härtegrad zu mitunter schroffen, meist aber eher behäbigen Reliefformen führt. Ganz im Süden schließlich baut sich mit der Silvretta das höchste Gebirge Vorarlbergs auf. Nur hier übertreffen einige Gipfel die 3000-Meter-Marke, nur hier gibt es eine nennenswerte Vergletscherung, die im Verein mit den dunklen Silvrettagneisen starken Ausdruck besitzt.
Fünf mehr oder weniger ausschweifende Mehrtagestouren laden dazu ein, all diese Gefilde zu entdecken. Da wir fast ständig auf aussichtsreichen Höhenwegen unterwegs sind und nur ausnahmsweise mal in besiedelte Täler absteigen, darf ein intensiviertes Erlebnis erwartet werden – geprägt durch den kontinuierlichen Aufenthalt in ursprünglicher Natur, wo der eigene Schritt zum Maß der Dinge wird, durch das unmittelbare Wahrnehmen der Elemente und nicht zuletzt auch durch gesellige Hüttenabende mit Gleichgesinnten. Wir durchqueren das Herz des Bregenzerwaldes, umrunden das populäre Kleinwalsertal, vollziehen einen wunderbaren Zirkel auf der Lechquellenrunde, lernen den Rätikon entlang seinem Rückgrat kennen und unternehmen als vermeintliche »Königstour« eine erweiterte Montafoner Runde. Erweitert deshalb, weil ein paar Extra-Etappen auch ins Tiroler Paznaun führen. Gipfelabstecher bereichern jedes der fünf Hüttentrekkings!
Viel Freude und unvergessliche Erlebnisse auf Ihren Streifzügen in Vorarlberg wünscht Ihr Autor

Mark Zahel, im Frühjahr 2020

Inhaltsverzeichnis

Das erste Sonnenlicht erfasst die Gipfel des Lechquellengebirges.

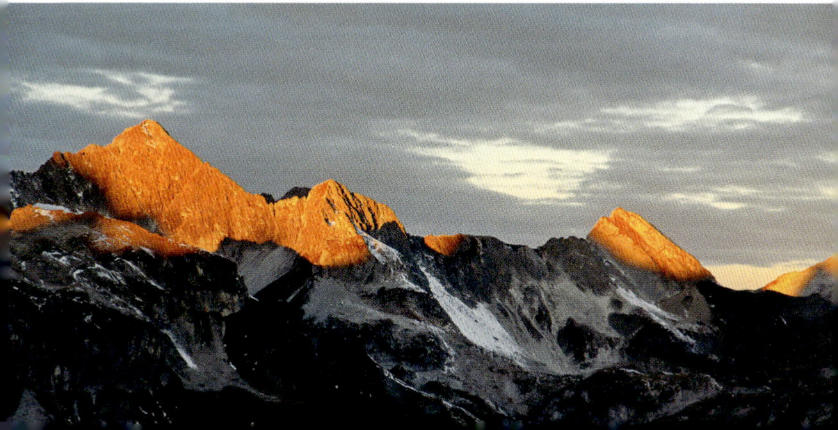

Zum Gebrauch des Buches

Jede der fünf Mehrtagestouren wird zunächst mit einer allgemeinen Einführung gewürdigt. Danach folgen die einzelnen Übergänge, jeweils zwischen zwei benachbarten Hütten, sowie zuweilen eingeschobene Gipfeltouren von einem bestimmten Stützpunkt aus. Die Einteilung von Tagesetappen kann individuell vorgenommen werden, wobei sich diese oft, aber eben nicht immer mit den kapitelweise beschriebenen Routen decken werden.

Schwierigkeitseinstufung

In der Titelzeile jedes Routenabschnitts sind im Hinblick auf die Nutzerfreundlichkeit bereits Gehzeit und Höhenmeter aufgeführt. Die Farbe der Tourennummer gibt einen (groben) Hinweis auf das Schwierigkeitsniveau der Etappe. Es werden drei Kategorien unterschieden:

Leicht Bergwanderung auf gut ausgebauten und markierten Wegen von meist nur mäßiger Steilheit. Passagen in abschüssigem Gelände sind selten. Ein Grundmaß an Trittsicherheit kann vorteilhaft sein, sonst gibt es aber keine besonderen Anforderungen. Auch konditionell nicht überdurchschnittlich fordernd.

Mittel Wege und Bergpfade, die solide Trittsicherheit erfordern, in ausgesetztem Gelände auch Schwindelfreiheit. Sie sind in der Regel ebenfalls ausreichend markiert, weisen aber nicht selten schmalen Verlauf auf und können stellenweise gesichert sein. Der Gebrauch der Hände ist jedoch höchstens unterstützend notwendig, klettern im eigentlichen Sinn muss man nicht. Im

Viele Wege sind ordentlich angelegt und trotzdem urwüchsig.

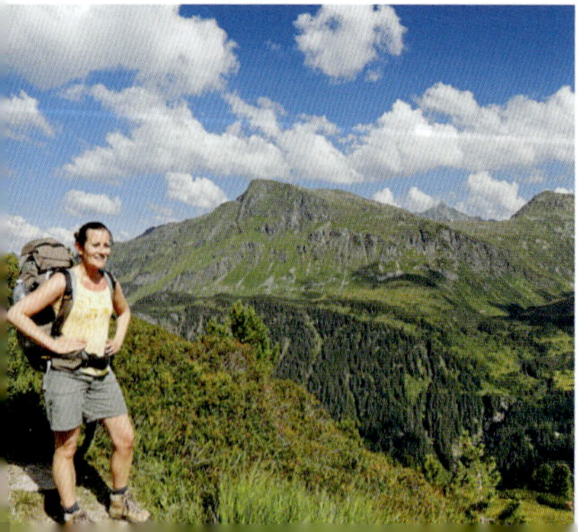

Die Kirche von Damüls im Bregenzerwald.

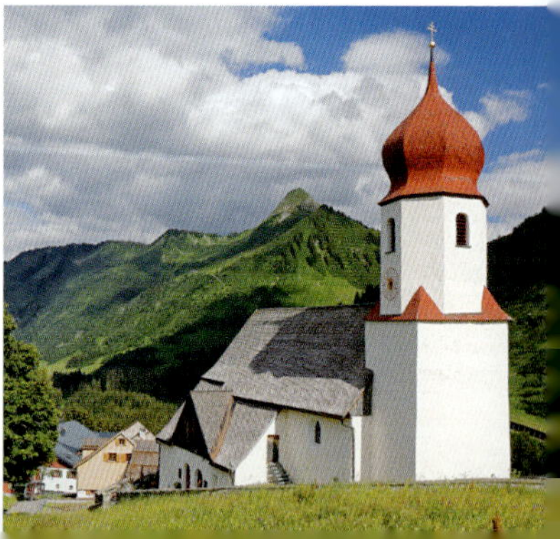

alpinen Gelände nimmt die Abhängigkeit von den herrschenden Verhältnissen zu. Ist bei technisch leichteren Routen allein der konditionelle Anspruch hoch, wird ebenfalls in diese Kategorie eingestuft.

■ **Schwierig** Anspruchsvollere Routen in oft hochalpinem, beschwerlichem Gelände. Eventuell kann eine erkennbare Trasse am Boden fehlen, außerdem ist mit einfachen Kletterstellen (erster oder maximal zweiter Grad) zu rechnen. Absolute Trittsicherheit und Schwindelfreiheit sind ebenso unerlässlich wie eine umfassendere alpine Erfahrung. Die Abhängigkeit von Wetter und Verhältnissen ist umso mehr zu beachten.

Im Zuge einer differenzierten Bewertungspraxis soll zusätzlich auf die ursprünglich vom Schweizer Alpen-Club entworfene »T-Skala« zurückgegriffen werden. Die Kategorie »rot« liegt um T3, ab T4 wird üblicherweise »schwarz« deklariert. Nachfolgend die maßgeblichen Definitionen in angepasster Form:

Die Schwierigkeitsskala nach Muster des SAC

Grad	Weg, Gelände	Anforderungen
T1 Wandern	Weg gut gebahnt, Gelände flach oder leicht geneigt, keine Absturzgefahr.	Keine Anforderungen, auch mit Turnschuhen geeignet, Orientierung problemlos.
T2 Bergwandern	Weg mit durchgehender Trasse, Gelände teilweise steil, Absturzgefahr nicht ausgeschlossen.	Etwas Trittsicherheit, Trekkingschuhe empfehlenswert, elementares Orientierungsvermögen.
T3 Anspruchsvolles Bergwandern	Weg nicht unbedingt durchgehend, ausgesetzte Stellen evtl. gesichert, ggf. etwas Händeunterstützung, Geröllflächen, einfache Schrofen.	Gute Trittsicherheit, Trekkingschuhe, elementare alpine Erfahrung, durchschnittliches Orientierungsvermögen.
T4 Alpinwandern	Weg nicht zwingend vorhanden, stellenweise leichte Kletterei, Gelände recht exponiert, heikle Grashalden, Schrofen, Firnfelder.	Vertrautheit mit exponiertem Gelände, solide alpine Erfahrung, gutes Orientierungsvermögen.
T5 Anspruchsvolles Alpinwandern	Teils weglos mit Kletterpassagen im I. Grad, evtl. nicht markiert. Häufig exponiertes bzw. heikles Gelände.	Gute alpine Erfahrung und sicheres Beurteilungsvermögen auch im hochalpinen Gelände.
T6 Schwieriges Alpinwandern	Meist weglos und in der Regel nicht markiert. Kletterpassagen bis II bei diffizilen Rahmenbedingungen.	Umfassende alpine Erfahrung inkl. grundlegender Kletterkenntnisse.

Symbole

	Ort mit Einkehrmöglichkeit	†	Gipfel
	bewirtschaftete Hütte	)(	Pass, Sattel
	Biwakhütte		Kirche, Kapelle, Marterl/Bildstock
P	eingerichteter Parkplatz		Burg, Schloss, Ruine
	Fahrt mit Seilbahn		Aussichtsplatz

Gehzeiten/Höhenmeter

Maßgeblich ist immer die reine Gehzeit ohne Pausen, wobei die tatsächliche Streuung in der Praxis ein bekanntes Phänomen ist, das mitunter Kritiken seitens der Nutzer verursacht. Ein Autor kann eben nicht alle Einflussfaktoren, unter denen das persönliche Leistungsvermögen des Einzelnen sicherlich an erster Stelle steht, dezidiert berücksichtigen, sondern sich lediglich an berggewohnten, ausdauernden Wanderern ohne erhöhten sportlichen Anspruch orientieren. Diese legen im Aufstieg im Durchschnitt 300 bis maximal 400 Höhenmeter pro Stunde zurück, im Abstieg etwa das 1,5-fache. Die üblicherweise kalkulierten vier Streckenkilometer bei flachem, hindernisar-

Auf grünen Wiesenkämmen vor großer Felskulisse: Drei Türme und Drusenfluh im Rätikon.

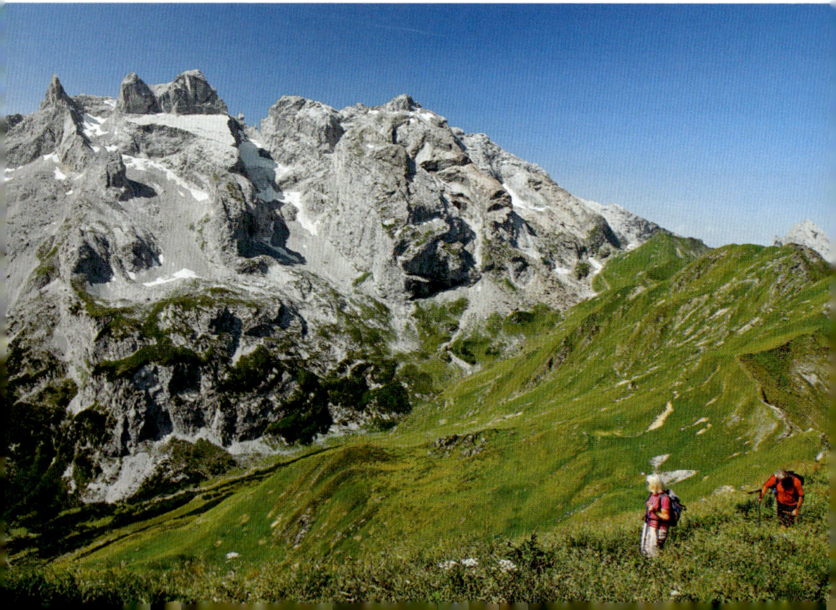

mem Gelände besitzen im Rahmen dieser Touren nur wenig Relevanz und sind auf typischen Höhenwegen in der Regel deutlich zu reduzieren, selbst wenn der Steig phasenweise quasi horizontal verlaufen mag. Die Gesamtgehzeit, die mitunter von Wegweisern oder anderswo veröffentlichten Angaben abweichen kann, steht als wichtige Größe sofort erkennbar in der Titelzeile. Das Gleiche gilt für die Höhenmeter, die ein zwischenzeitliches Auf und Ab so genau wie möglich und sinnvoll berücksichtigen (was merkliche Diskrepanzen zu anderen Veröffentlichungen erklären mag).

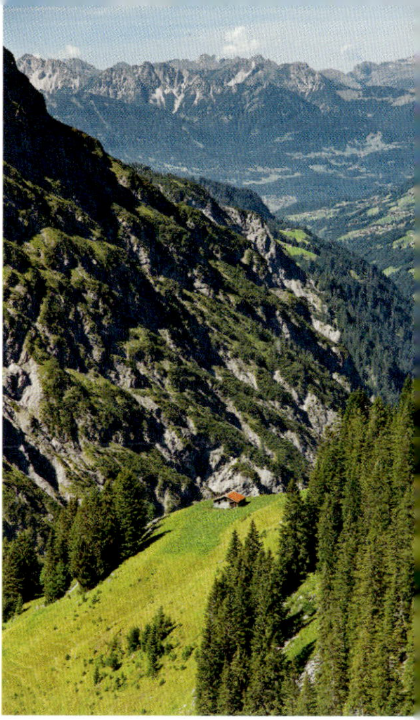

Das innere Große Walsertal zählt zum Eindrucksvollsten in Vorarlberg.

Der Tourensteckbrief

In jedem einzelnen Kapitel wird vorab in einem Prosatext auf Besonderheiten, Hintergründiges und den jeweiligen Grundcharakter eingegangen. Darunter steht der Tourensteckbrief als wichtigstes Werkzeug zur konkreten Planung. Folgende Elemente sind üblicherweise enthalten:

- **Ausgangs- und Endpunkt:** Diese ergeben sich nach dem Routenverlauf fortlaufend. Beim Ausgangspunkt der ersten Etappe findet sich ein kurzer Hinweis auf die Anreise.
- **Anforderungen:** Es wird über Beschaffenheit der Wege bzw. des Geländes, über besonders relevante Schwierigkeiten sowie an die Begeher gestellte Voraussetzungen Auskunft gegeben. All dies gründet sich allein auf objektive Kriterien und daher immer auf die Annahme günstiger Verhältnisse. Dass z.B. Schlechtwetter die Anforderungen spürbar erhöhen kann, muss zusätzlich einkalkuliert werden. Die Summe dieser hier präzisierten Fakten drückt sich letztlich auch in der Farbe der Tourennummer und dem T-Skalenwert (siehe S. 6/7) aus.
- **Einkehr und Unterkunft:** Aufgeführt werden sämtliche Stationen einer Etappe, die Verpflegung bzw. Übernachtungsmöglichkeit anbieten. In vielen Fällen sind dies freilich nur die Hütten am Ausgangs- und Endpunkt. Alle wichtigen Informationen zu den Stützpunkten (z.B. Telefonnummern und

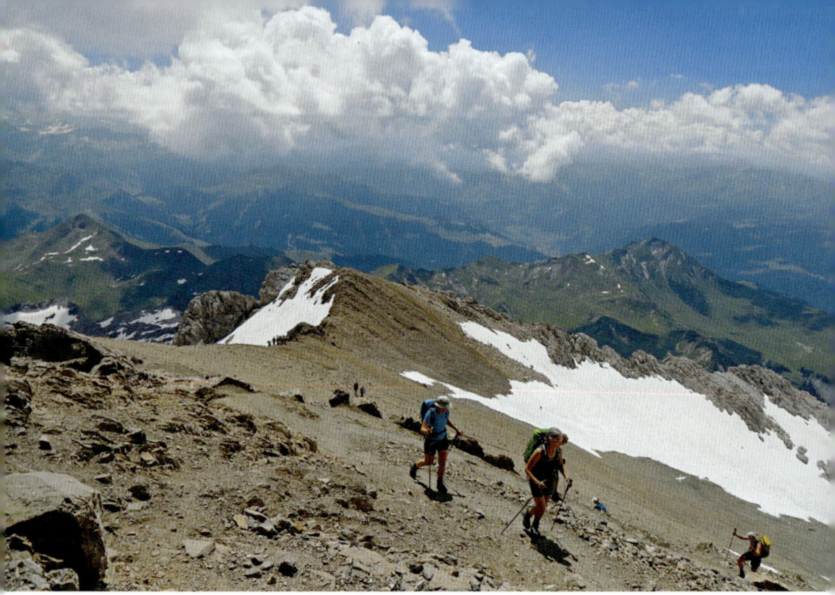

Die Schesaplana gilt als alpines Wanderziel ersten Ranges.

Bewirtschaftungszeitraum) findet man in den lesenswerten Kurzporträts im Anschluss an die allgemeine Einleitung.

- **Hinweise, Tipps und Varianten:** Unter diesen Stichwörtern werden Besonderheiten genannt, die für die Planung und Durchführung relevant sein können. Meist handelt es sich um Vorschläge für lohnende Gipfelabstecher sowie kleinere Wegvarianten im Verlauf der Etappe. Diese werden dann in knapper Form beschrieben. Bedeutenderen Gipfeloptionen sowie Alternativen, die deutlich von der Hauptroute abweichen, wird allerdings ein eigenes Kapitel gewidmet.

Routenbeschreibungen

Mit der eigentlichen Wegbeschreibung schließt das jeweilige Tourenkapitel ab. Der Autor ist um angemessene Ausführlichkeit bemüht, damit die Route an Zwischenpunkten oder auch an Wechseln der Geländebeschaffenheit gut nachzuvollziehen ist. Jedes denkbare Detail zu erwähnen, würde den Rahmen aber sprengen und auch im Sinne der Übersichtlichkeit eher kontraproduktiv sein. Gleichwohl kann man sagen, dass die Beschreibungen wesentlich akribischer ausfallen als in Auswahlbüchern oder Prospekten von Tourismusverbänden bzw. Alpenvereinen – ein essenzieller Mehrwert für den Nutzer!

GPS-Tracks und Koordinaten der Ausgangspunkte

Zu diesem Wanderführer stehen auf www.rother.de GPS-Tracks und Koordinaten der Ausgangspunkte zum kostenlosen Download bereit. 1. Auflage, Passwort: **455501eph**
Die Tracks wurden überwiegend im Gelände erfasst und anschließend überprüft und aufbereitet. Dennoch können Fehler und Abweichungen nicht ausgeschlossen werden, weshalb man sich nie blind darauf verlassen sollte. Der Umgang mit GPS-Daten verlangt zudem grundlegendes Fachwissen und eine gewisse Vorbereitung. Persönliches Orientierungsvermögen und der Gebrauch einer guten Wanderkarte lassen sich damit nicht adäquat ersetzen.

Kartenausschnitte und Profile

Weitere visuelle Planungshilfen sind der Kartenausschnitt sowie das Höhenprofil, das die wesentlichen Steigungsverläufe wiedergibt und den Überblick über die Gehzeiten (einschließlich Zwischenwerte) enthält. Zudem sind wichtige Wegpunkte verortet, die auch in der Routenbeschreibung kenntlich gemacht werden und mit dem GPS-Track korrespondieren.

Auf der Hochlichtspitze: Der Zauber des Morgenlichts ist unwiderstehlich.

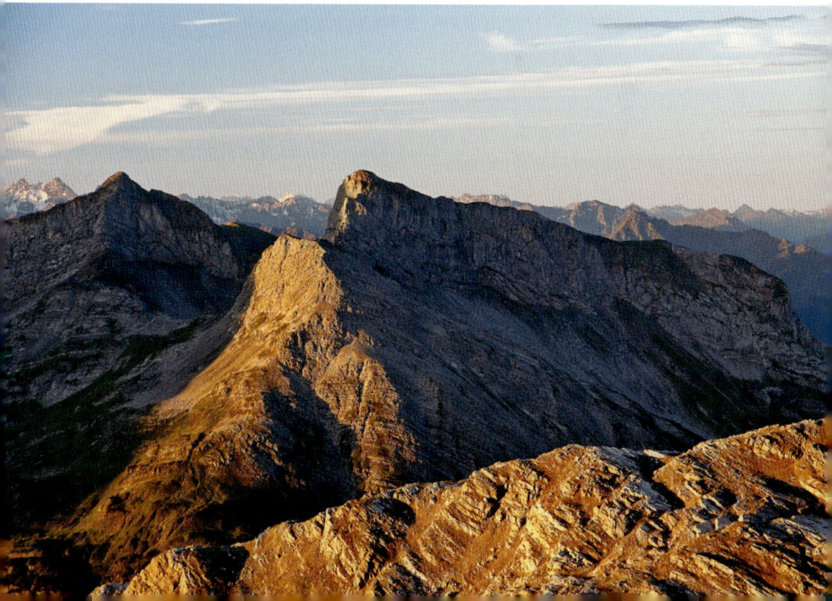

Planung und Durchführung

Allgemeine Anforderungen

Der überwiegende Teil unserer Routen verläuft auf gut markierten Bergwegen, die abgesehen von elementarer Trittsicherheit keine besonderen alpinistischen Fähigkeiten verlangen. Reliefbedingte Hindernisse in Form von steinigem Gelände oder ausgesetzten Passagen können bei einigen Etappen das Niveau aber spürbar erhöhen. Einerseits ist der Höhenlage und ihren Begleiterscheinungen Rechnung zu tragen, zum anderen handelt es sich allenfalls streckenweise um ein im Grundcharakter harmloses Gelände, wie man dies von typischen Wald- und Wiesenwegen im Mittelgebirge her kennt. Speziell im frühen Sommer muss man auch mit Erschwernissen durch Altschneefelder rechnen.

Im Gesamteindruck weisen unsere fünf Trekkings ein mittleres, im Bereich von Rätikon und Silvretta teils eher schon gehobenes Schwierigkeitsniveau auf. Eine Lechquellenrunde erscheint diesbezüglich eher homogen, während bei der Bregenzerwald-Tour beispielsweise leichtere und anspruchsvollere Abschnitte abwechseln. Absolute Neulinge im alpinen Gelände sollten sich daher zunächst mit den entsprechenden Gegebenheiten im Rahmen überschaubarer Tagestouren vertraut machen. Solch längere Trekkingtou-

Vom Wiesengelände ins »Steinerne Meer« (Lechquellengebirge).

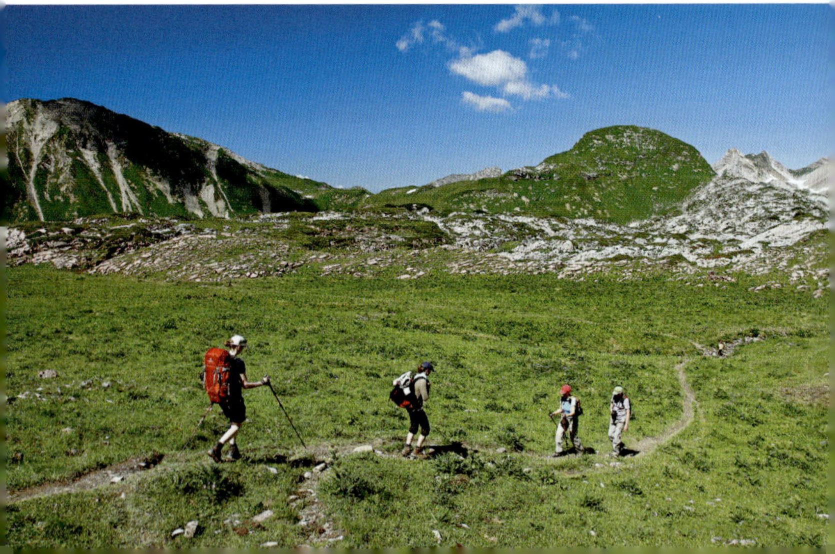

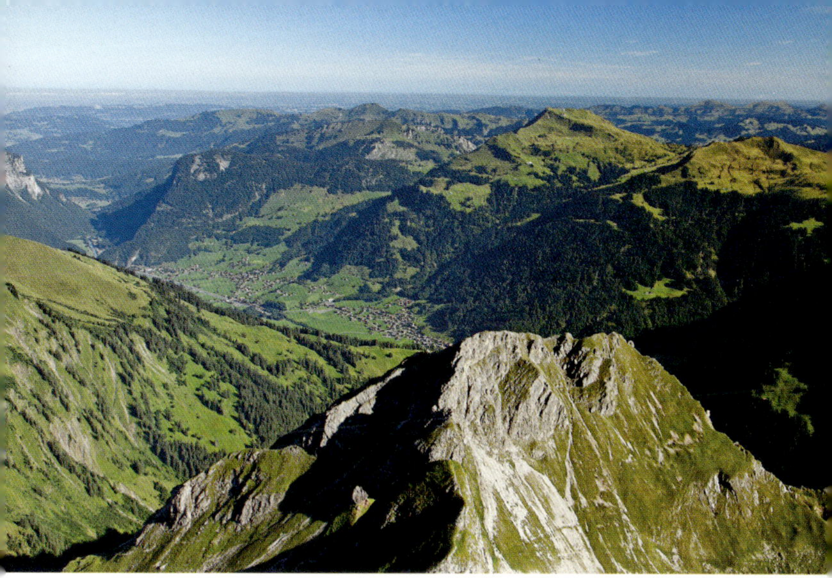

Bestes »Fernsehprogramm«: Von der Hochkünzelspitze schweift der Blick in die Talachse des Bregenzerwaldes.

ren sind nämlich schon eher die Disziplin fortgeschrittener Wanderer. Besondere Herausforderungen werden an die Ausdauer und das Durchhaltevermögen gestellt. Dabei gilt es auch zu berücksichtigen, dass man die ganze Zeit einen relativ schweren Rucksack mit sich herumträgt. Es ist daher unbedingt ratsam, im Voraus die körperliche Fitness genügend aufzubauen. Sportliche Aktivitäten jeglicher Art erscheinen dafür geeignet – am besten natürlich, indem man ohnehin regelmäßig das Bergwandern ausübt.

Etappenplanung und Übernachtung

Da es sich in diesem Band um mehrtägige Touren handelt, steht die Frage, wo wir uns am Ende eines jeden Tages betten, sehr im Mittelpunkt des Interesses. Wir greifen dabei fast ausschließlich auf Berghütten zurück, die zumeist dem Alpenverein gehören. Talquartiere sind nur ausnahmsweise vorgesehen, wo es für einen Lückenschluss notwendig ist. Der zentralen Bedeutung wegen werden alle Unterkünfte ab Seite 24 kurz porträtiert.
Der Komfort lässt sich im Allgemeinen als angemessen beschreiben, wobei im Vergleich zu früher tendenziell eine Steigerung zu verzeichnen ist. Gerade im Zuge von Sanierungen und Umbauten trägt man den gestiegenen Bedürfnissen vieler Gäste Rechnung. Oft können wir zwischen Zimmer und Lager wählen (je nach Platzkapazität) und im Sanitärbereich eine Dusche

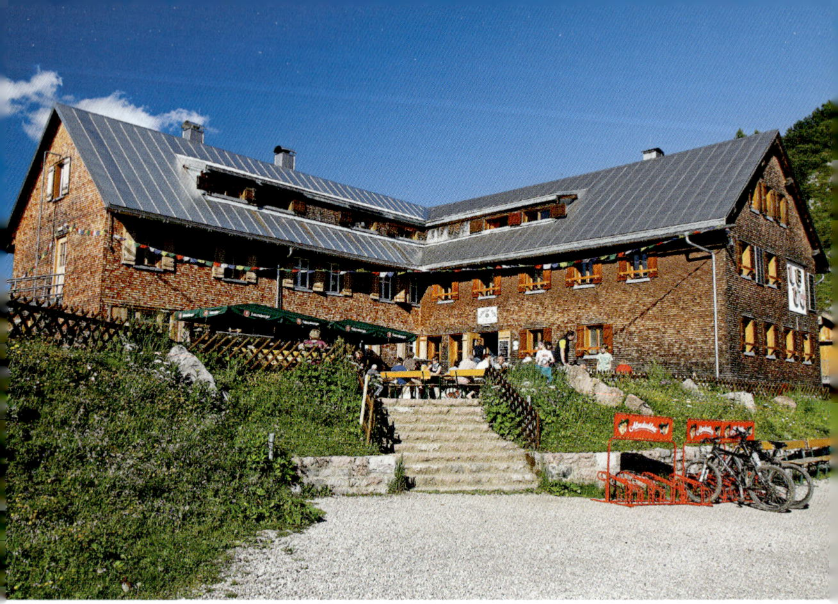

Einer von gut zwei Dutzend Stützpunkten: die Freiburger Hütte.

nutzen. Gleichwohl sei darauf hingewiesen, dass die Privatsphäre natürlich gewissen Einschränkungen unterliegt – dies nur für alle, die mit Berghütten noch überhaupt keine Erfahrungen gesammelt haben. Allgemeine Rücksichtnahme ist oberstes Gebot.

Ein vollkommen starres Etappenschema, nach dem sich jeder Wanderer zu richten hat, gibt es im Grunde nicht. Ausdauernde werden gegebenenfalls auch mal eine Hütte überspringen, sofern genügend Reserven und Motivation für den nächsten Übergang vorhanden sind. Auch durch die Varianten und allfällige Gipfelabstecher kommen individuelle Faktoren für die Zeitplanung ins Spiel. Im Großen und Ganzen lassen sich jedoch die ausgearbeiteten Tourenkapitel als Etappenschema interpretieren.

Ob sich dahingehend eine Reservierung der Quartiere empfiehlt, darüber scheiden sich die Geister. Der Verfasser ist nicht unbedingt ein Freund davon, denn dieses Vorgehen raubt einem die Flexibilität. Vielleicht mag ich mal einen Ruhetag einlegen, oder es zwingt mich gar das Wetter dazu (was im Vorfeld kaum abschätzbar ist). Vielleicht kommt mir spontan eine Extratour in den Sinn, oder – weil's grad so viel Spaß macht – noch der Wunsch, die eine oder andere Stunde bis zur nächsten Hütte weiterzumarschieren. Gute Gründe für einen »Fahrplanwechsel« sind schnell gefunden, besonders bei Treks, die insgesamt eine ganze Woche dauern. Wer dann alles exakt durchorganisiert hat, erlegt sich dadurch schnell eine Bürde auf. Andererseits haben wir ohne Anmeldung unseren Schlafplatz nicht gänzlich sicher, wenn wir irgendwo mit müden Füßen ankommen, und müssen bei etwaiger Vollbelegung auf »Goodwill« von den Hüttenwirten hoffen. Tatsächlich abgewiesen zu werden, ist jedoch auf Alpenvereinshütten eher unwahrscheinlich, zumal schon mit den Statuten kaum vereinbar. Als Mitglied genießt man eigentlich »Bleiberecht«, in welcher Form auch immer. In der Praxis etablieren sich Reservierungen freilich immer mehr (nicht zuletzt durch die moderne Möglichkeit, dies auch per Internet zu erledigen), was für Gruppen auch sinnvoll erscheint, zumindest während der Hauptsaison und speziell bei den stark frequentierten Hütten. Wer indes allein oder zu zweit auf Tour geht, darf sich von dieser »Pflicht« durchaus freimachen oder versucht bestenfalls, dies zeitnah unterwegs zu regeln. Eine Vorbestellung, die man letztlich nicht einhalten kann, ist selbstverständlich unbedingt telefonisch abzusagen. Weil dies des Öfteren »vergessen« wird, haben die Hüttenwirte meist den größten Ärger …

Beste Jahreszeit

Neben den Verhältnissen im Gebirge bestimmen die Öffnungszeiten der Hütten die gängige Tourenperiode. Je nach Verlauf der Witterung im voran-

Unweit liegt der Formarinsee im Herzen des Lechquellengebirges.

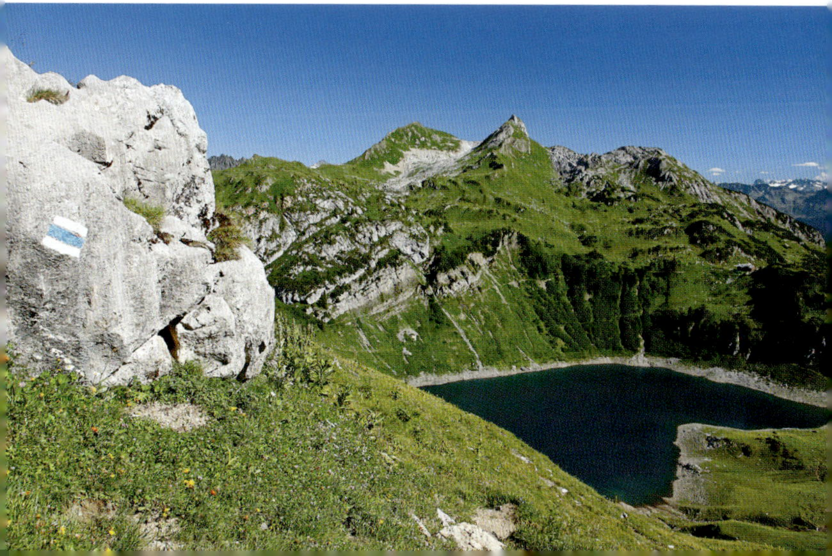

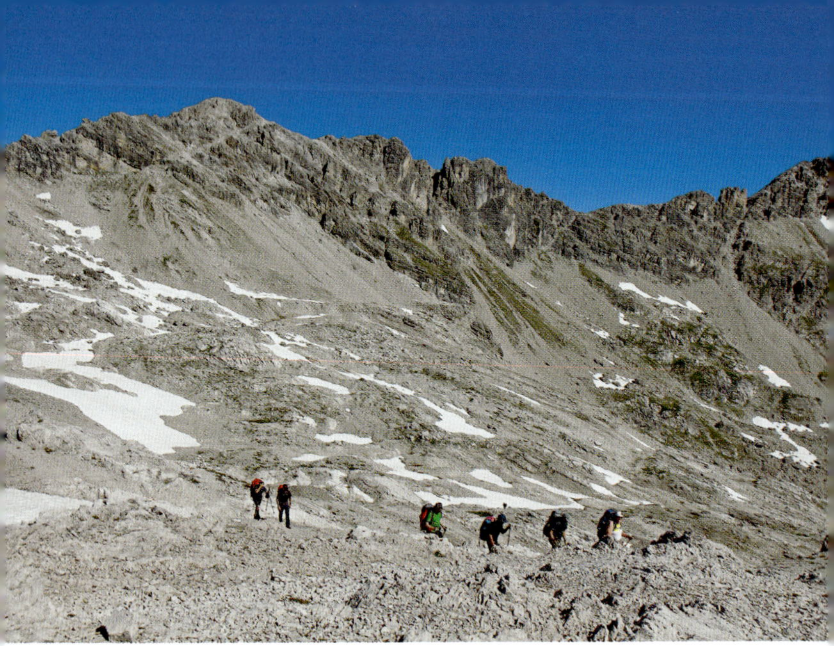

Der Schnee in den Hochlagen sollte weitgehend abgeschmolzen sein.

gegangenen Winter und Frühjahr kann im Laufe des Juni die Saison allmählich eingeläutet werden. In den voralpinen Bereichen ist dies naturgemäß etwas früher der Fall als in den Hochalpen, wo sich rundum günstige Wanderbedingungen meist erst ab Juli einstellen. Bei der Planung sollte immer ins Kalkül gezogen werden, ob eventuell kritische Passagen in Nordexposition – die am längsten mit Altschneeresten zu kämpfen haben – lauern. Vorbehaltlich etwaiger verfrühter Wintereinbrüche dauert die Saison bis zum Hüttenschluss gegen Ende September, Anfang Oktober. Neuschneefälle in dieser Höhenlage sind zum Herbst hin rein statistisch gesehen zumindest ab und zu wahrscheinlich. Erwischt man einen ungünstigen Zeitpunkt, kann dies auch im September, ja zuweilen sogar im Hochsommer, alle Tourenträume erst einmal buchstäblich auf Eis legen. Andererseits steht der leidenschaftliche Bergwanderer gerade im Herbst auch immer wieder mal vor einem Dilemma: Die äußeren Bedingungen können noch wirklich optimal sein, keine Hitze und Gewitterneigung mehr, dafür womöglich eine bombastische Fernsicht – doch die Hütten haben schon zugesperrt. Winterräume bilden dann die einzige Alternative, um wenigstens abschnittsweise noch »auf Touren« zu kommen.

Ausrüstung

Was generell zur Bergausrüstung gehört, dass man nämlich vor allem mit angepasstem Schuhwerk und zweckmäßiger Bekleidung unterwegs ist, wird an dieser Stelle als bekannt vorausgesetzt. Natürlich muss alles auf die Länge der Unternehmung abgestimmt sein. Zum üblichen Wanderequipment kommt in jedem Fall das Notwendige für das »Hüttenleben«, also ein leichter Hüttenschlafsack (ist aus Hygienegründen Pflicht!), Pflegeutensilien, Wechselwäsche etc. Regen- und Kälteschutz ist umso wichtiger, zumal man kaum wird überblicken können, ob sich die Wetterentwicklung über alle Tage günstig gestaltet (was ohnehin ziemliches Glück wäre). Man denke jedoch daran, sich nicht wie einen Maulesel zu bepacken und damit das Wandervergnügen zu beeinträchtigen. »So viel wie unbedingt nötig, aber so wenig wie möglich«, lautet gleichsam das Motto. Hier und da ein paar Gramm eingespart, das kann sich am Ende beträchtlich summieren.
So erübrigt es sich normalerweise, Proviant in großem Stil mitzuschleppen, da man sich überwiegend auf den Hütten verpflegen kann. Mitunter können wir sogar Halbpension wählen – die Hüttenwirte sind da mittlerweile schon recht flexibel. Freilich darf auch diverser »Kleinkram« nicht vergessen werden – etwa Sonnenschutz, Notfallapotheke, Taschenmesser und Stirnlampe,

Im Laraintal (Silvretta) schlängelt sich der Weg am Bach entlang.

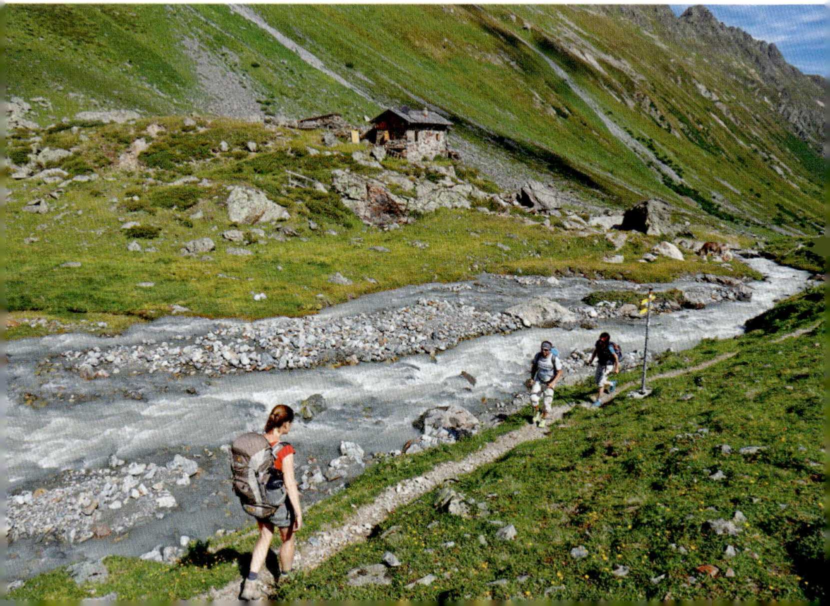

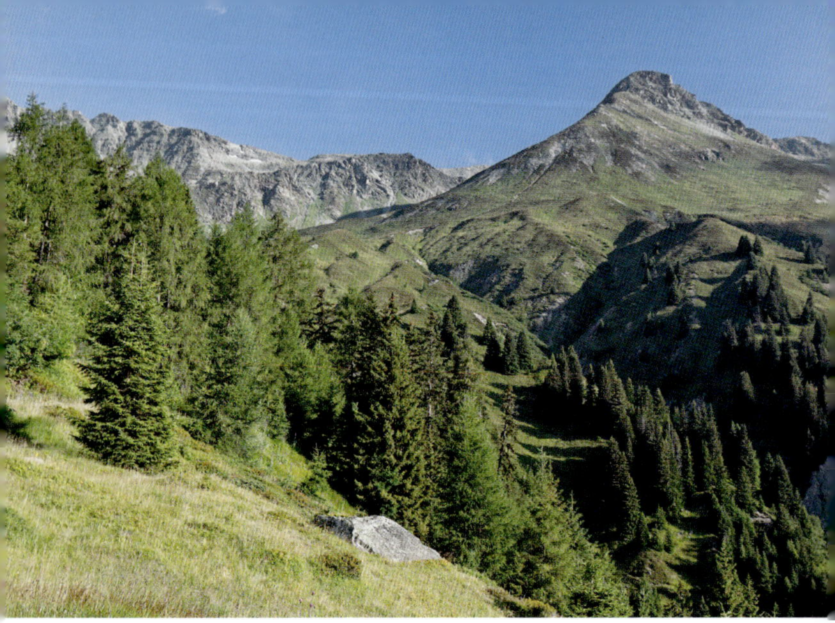

Die Bergwelt des Paznaun gehört schon zu Tirol.

nicht zuletzt das Kartenmaterial sowie dieser Führer. Alpinistische Spezialausrüstung wie ein Seil wäre indes nur Ballast, allenfalls leichte Steigeisen könnten fallweise nützlich sein, wenn die Bedingungen doch mal nicht so ganz optimal sein sollten.

Wanderkarten

Die Kartenausschnitte in diesem Führer basieren auf der Wanderkarte von Freytag & Berndt. Sie sind größtenteils vom ursprünglichen Maßstab 1:50.000 auf 1:75.000 verkleinert. Mit folgenden Blättern ist das gesamte Gebiet Vorarlbergs abgedeckt: WK 364 »Bregenzerwald«, WK 374 »Montafon – Silvretta Hochalpenstraße – Schruns/Tschagguns – Piz Buin – Klostertal« und WK 375 »Großes Walsertal – Feldkirch – Bludenz – Laterns – Liechtenstein«. Wer unterwegs Karten mit präziserer Geländedarstellung und größerem Maßstab schätzt, kann auf die Alpenvereinskarte zurückgreifen. Im Maßstab 1:25.000 sind folgende Blätter verfügbar: BY 2 »Kleinwalsertal – Hoher Ifen, Widderstein«, 3/2 »Arlberggebiet«, 26 »Silvrettagruppe« sowie 28 »Verwallgruppe« (1:50.000). Im Rätikon und in der Silvretta kann gegebenenfalls auch das sehr gute Kartenwerk von Swisstopo zu Rate gezogen werden.

Taktik unterwegs

Für das Bergwandern gibt es ein paar allgemeine Tipps, die fast Binsenweisheiten gleichkommen, an dieser Stelle aber kurz aufgegriffen werden sollen, zumal sie bei mehrtägigen Touren verstärkte Bedeutung besitzen. In erster Linie gilt es, mit seinen Kräften haushälterisch umzugehen und stets für eine gute Regeneration zu sorgen. Im Allgemeinen sind unsere Quartiere dabei einigermaßen förderlich. Erholsamer Schlaf in der Nacht und ausreichende, nicht belastende, aber durchaus auch nicht zu kalorienarme Verpflegung sind das A und O, um sich auf Dauer fit und leistungsfähig zu fühlen. Insbesondere die Flüssigkeitszufuhr darf niemals vernachlässigt werden. Man sei allerdings etwas vorsichtig beim Entnehmen von Wasservorräten aus der freien Natur. Mag dies zwar häufig vollkommen unbedenklich sein, kann doch eine einzige mit Keimen belastete Probe zu unangenehmen Missständen führen.

Ein früher Aufbruch hat sich gewöhnlich als vorteilhaft erwiesen. Man braucht natürlich nicht wie bei einer Hochtour zu nachtschlafender Zeit loszustolpern, doch in frischer Morgenluft gestaltet sich jeder Aufstieg schlichtweg leichter, ganz abgesehen von den traumhaften Stimmungen zu dieser Tageszeit. Wir sollten dann versuchen, alsbald unseren optimalen Gehrhythmus zu finden, was bei Gruppen natürlich nicht immer konform läuft. Prima, falls das Team homogen zusammengesetzt ist, andernfalls ist auf Schwächere Rücksicht zu nehmen. Wenn auch nur ein einziger Teilnehmer spürbar überfordert ist, leiden meistens alle darunter. Regelmäßige Pausen mit einem kleinen Snack können ebenfalls nur förderlich sein, oft geschieht das quasi automatisch an besonders attraktiven Wegpunkten. Man plane außerdem Zeitreserven ein, was wiederum für einen frühen Start am Morgen spricht, der nur hinausgezögert wird, falls die Etappe kurz oder untertags eine Wetterbesserung zu erwarten ist.

Wetter

Mit dem Wetter steht und fällt quasi jede anspruchsvollere Unternehmung im Hochgebirge. Unser Tourengebiet erstreckt sich vom nördlichen Alpenrand bis gegen den Hauptkamm und liegt damit im Staubereich feuchter West- bis Nordströmungen. Dies führt gebietsweise zu beachtlichen Niederschlagsmengen und typischerweise auch zu Schneereichtum im Winter, der sich ja regelmäßig noch bis in die erste Sommerhälfte auswirkt. Im Zuge des allgemeinen Klimawandels verlieren diese Gesetzmäßigkeiten allerdings ihre gewohnt hohe Wahrscheinlichkeit, wenn man beispielsweise an den trockenen Hitzesommer 2018 denkt. Bei Südwetterlagen ist in Vorarlberg oft mehr oder weniger ausgeprägter Föhn zu beobachten. Dieses Phänomen verspricht grundsätzlich gute Tourenbedingungen, allerdings ist dabei Achtsamkeit geboten, denn bei Zusammenbruch des Föhns kann relativ schnell ein Wettersturz mit Regen und markanter Abkühlung aufkommen.

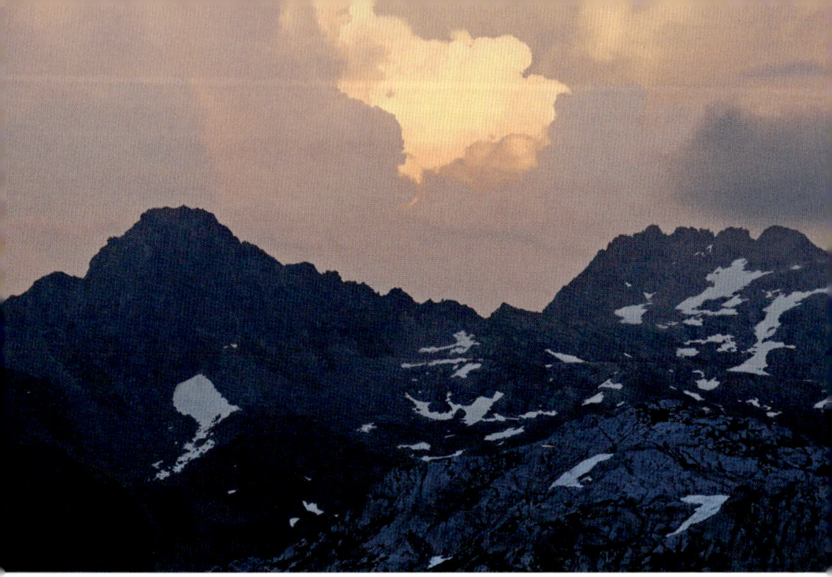

Über den Bergen braut sich ein Abendgewitter zusammen.

Insgesamt ist sommers in Vorarlberg eine wechselhafte Witterung zu erwarten. Das schließt mehrtägige stabile Hochdruckphasen durchaus nicht aus (statistisch gesehen werden diese zum Spätsommer und Herbst hin wahrscheinlicher), doch kann es ebenso genau umgekehrt eintreten. Meist gibt es freilich ein mehr oder weniger turbulentes Wechselspiel von Schlechtwetterphasen und Zwischenhochs mit Wetterberuhigung. Besonders beim Durchzug von Kaltfronten können heftige Gewitter auftreten, und zwar zu jeder Tageszeit. Aber auch im Fall einer flachen Luftdruckverteilung oder sogar bei schwachen Hochs ist die potenzielle Gewitterneigung keineswegs gebannt – man bekommt es dann normalerweise mit Wärmegewittern in der zweiten Tageshälfte zu tun.
Es gehört also zum Elementaren, sich mit der Wetterprognose gründlich auseinanderzusetzen. Schon vor Antritt der Reise holen wir ausführliche Informationen ein und aktualisieren diese bei jeder Möglichkeit auch unterwegs. Dafür fragen wir regelmäßig bei Hüttenwirten nach oder nutzen moderne Technik wie internetfähige Mobiltelefone. Die Standard-Website für das Wetter in Vorarlberg lautet: **http://wetter.orf.at/vorarlberg/prognose**. Unter **www.alpenverein.de/DAV-Services/Bergwetter** findet man den ebenfalls gut aufbereiteten Alpenvereinswetterbericht. Außerdem macht es wegen der Nähe zur Schweiz – von wo das Wetter ja nicht selten aufzieht – Sinn, die dortige Prognose unter **www.srf.ch/meteo** zu Rate zu ziehen.

Gefahren

Auch wenn man die alpinen Gefahren in einem Wanderführer wie diesem keinesfalls hochstilisieren muss, so gilt es doch daran zu erinnern, dass jedwedes Unterwegssein im Gebirge mit einem gewissen Restrisiko verbunden ist. Eine der häufigsten Ursachen für eine Notsituation oder Unannehmlichkeiten liegt bei Bergwanderungen in der Selbstüberschätzung. Diese kann sich sowohl auf den geländebedingten als auch auf den konditionellen Anspruch beziehen, ist aber durch eine sorgfältige Vorbereitung und umsichtige Durchführung der Tour vermeidbar. Mit reifender Erfahrung tut man sich diesbezüglich leichter. Nicht zu vernachlässigen ist der Einfluss einer etwaigen Gruppendynamik mit ihren (scheinbaren) Zwängen. Daneben gibt es aber auch objektive Gefahren, die das Gebirge an sich mitbringt, vor allem im Zusammenspiel mit dem Wetter. Dazu eine kurze Auflistung:

- **Absturzgefahr:** In ausgesetztem Gelände müssen Trittsicherheit und Schwindelfreiheit entsprechend ausgereift sein, was eine verantwortungsvolle Selbsteinschätzung erfordert. Konzentrierte Fortbewegung und erhöhte Vorsicht speziell bei brüchigem Fels, instabilen Geröllhalden und nassen Grashängen sind angezeigt.
- **Schneefelder:** Diese treten bevorzugt im Frühsommer auf und können – falls hartgefroren – sehr tückisch sein. Teleskopstöcke bieten nur in mäßig steilem Gelände eine gewisse Hilfe, andernfalls muss mit Pickel und Steigeisen vorgesorgt werden. Im Falle eines Sturzes sofort in die bremsende Liegestützhaltung gehen, bevor der Körper Beschleunigung aufnimmt. Besser man unternimmt die Tour erst, sobald der Altschnee vom letzten Winter weithin abgeschmolzen ist. Im Fall eines Kaltlufteinbruchs mit Neuschnee ist besonders kritisches Beurteilungsvermögen gefragt, je nach Intensität bleibt manchmal nur ein Aussetzen oder sogar der Abbruch der Tour.
- **Wildbäche:** Ohne Brücken oder Stege können diese je nach Wasseraufkommen ein erhebliches

Manche Übergänge verlangen alpine Erfahrung, wie beispielsweise die geröllreiche Getschnerscharte in der Silvretta.

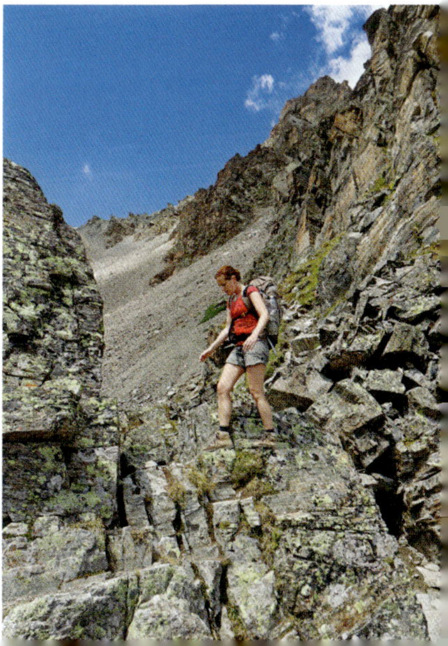

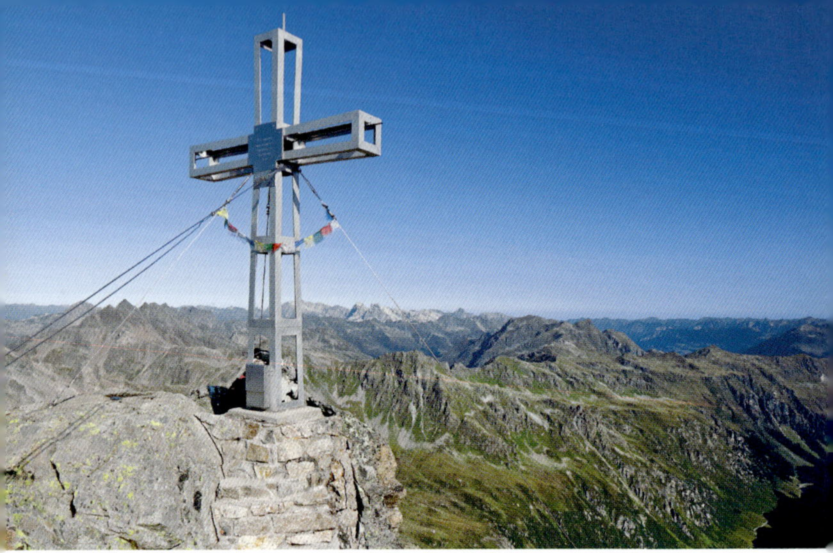

Gipfelbesteigungen bereichern ein Hüttentrekking ungemein. Hier die Westliche Plattenspitze in der Silvretta.

Hindernis bedeuten. Man sucht geduldig eine geeignete Stelle zum Queren (bei Blöcken auf deren Stabilität achten!) und setzt mit Vorteil Stöcke zum Abstützen ein.

- **Steinschlag:** Dieser tritt vor allem in steilen, brüchigen Fels- und Schrofenzonen, besonders im Bereich von Rinnen, auf und wird von Wanderern nicht selten selbst ausgelöst. Die gefährdeten Passagen sind rasch, aber konzentriert hinter sich zu bringen.
- **Gewitter:** Es besteht unmittelbare Lebensgefahr durch Blitzschlag, daher sind exponierte Punkte und Gerinne unverzüglich zu verlassen. Am besten deutet man die Warnsignale (zunehmende Quellbewölkung, schwüle Luft, Fallen des Luftdrucks) und sucht rechtzeitig Schutz auf. Lokalen Wärmegewittern, die bevorzugt in der zweiten Tageshälfte auftreten, lässt sich recht effektiv durch frühen Aufbruch begegnen. Frontgewitter werden in der Regel gut vorhergesagt, sodass wir Gelegenheit haben, unsere Taktik danach auszurichten. Man bedenke stets auch die mittelbaren Gefahren wie Nässe, Abkühlung und mögliche Vermurungen bei Starkregen.
- **Schlechte Sicht:** Dadurch verkompliziert sich speziell auf weniger gut markierten Routen die Orientierung. Hilfsmittel wie Kompass, Höhenmesser oder idealerweise GPS können nützlich werden. Wegloses Gelände sollte bei anhaltend dichtem Nebel tabu sein. Bei Verlust der Markierung gehe man zurück bis zum letzten bekannten Punkt.

Notsituationen

Falls man in eine Notlage gerät oder sich sogar ein ernsthafter Unfall ereignet hat, gilt es zunächst Ruhe zu bewahren und Verletzten Erste Hilfe zu leisten. Mit einem Mobiltelefon lässt sich direkt die Rettung verständigen: In Vorarlberg lautet die Nummer für die Bergrettung 140, zudem gilt die allgemeine europäische Notrufnummer 112.

Sollte dies nicht möglich sein, muss das alpine Notsignal abgegeben werden: 6-mal pro Minute ein optisches oder akustisches Zeichen. Mit je einer Minute Pause dazwischen wird dies so lange wiederholt, bis man Antwort erhält. Diese besteht aus 3-maligem Zeichen innerhalb einer Minute.

Öffentliche Verkehrsmittel

Die Versorgung mit öffentlichen Verkehrsmitteln kann als sehr gut bezeichnet werden. Eine Bahnlinie erstreckt sich von Lindau kommend durch das stark besiedelte Gebiet im Rheintal und Walgau bis Bludenz und weiter Richtung Arlbergtunnel und Tirol. Von Bludenz bis Schruns verkehrt außerdem die Montafonbahn. Die Bergtäler sind stets mit Buslinien erschlossen – je nach Bedeutung mit durchaus dichter Taktung. Fahrplaninfos erhält man am besten auf der Website des Verkehrsverbundes Vorarlberg: **www.vmobil.at**.

Touristische Informationen

Am Ende der Einleitung seien noch die Kontaktdaten einiger wichtiger Tourismusverbände aufgeführt. Hier kann man gegebenenfalls nützliche Auskünfte einholen und sich auch bei einer etwaigen Quartiersuche im Tal behilflich sein lassen.

Vorarlberg Tourismus GmbH, Poststraße 11, A-8650 Dornbirn, Tel. +43 (0)5572 377033-0, www.vorarlberg.travel

Bregenzerwald Tourismus GmbH, Gerbe 1135, A-6863 Egg, Tel. +43 (0)5512 2365, www.bregenzerwald.at

Kleinwalsertal Tourismus eGen, Walserstraße 264, A-6992 Hirschegg, Tel. +43 (0)5517 51140, www.kleinwalsertal.com

Lech Zürs Tourismus, Dorf 2, A-6764 Lech am Arlberg, Tel. +43 (0)5583 2161-0, www.lechzuers.com

Bludenz Tourismus, Rathausgasse 5, A-6700 Bludenz, Tel. +43 (0)5552 63621-790, www.vorarlberg-alpenregion.at

Montafon Tourismus GmbH, Montafonerstraße 21, A-6780 Schruns, Tel. +43 (0)50 6686, www.montafon.at

Das Karrenfeld im Osträtikon zeigt ein schroffes Relief bis ins Detail.

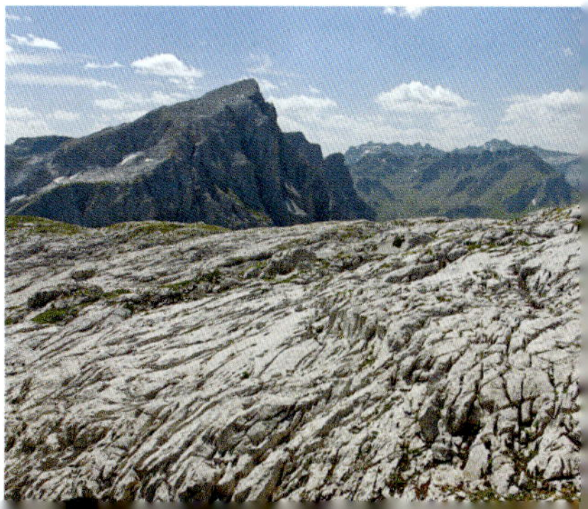

Kurzporträts der Berghütten

Lustenauer Hütte, 1250 m

Im Mittelgebirgsgelände der Hochälpelegruppe, zwischen Dornbirn und Schwarzenberg im Bregenzerwald, hat die Lustenauer Hütte ihren Platz. Sie entstand Ende der 1920er-Jahre, vorrangig um den im »Ländle« allmählich zahlreicher werdenden Skifahrern einen Stützpunkt zu geben. Da jedoch nur bescheidene Finanzkraft dahintersteckte, waren die Verhältnisse einfach, und der Hüttenbetrieb kam im Zuge des Zweiten Weltkriegs und seinen Nachwehen sogar ganz zum Erliegen. Erst ab etwa 1960 ging es sukzessive wieder bergauf und die Lustenauer Hütte konnte sich mit Modernisierungen und gesteigertem Besucherinteresse zu einem beliebten Anlaufziel im mittleren Bregenzerwald entwickeln. Von Schwarzenberg oder ganz besonders vom Bergpass am Bödele aus ist sie ja ganz bequem für jedermann zu erreichen und empfiehlt sich damit vor allem als Ziel für die Genusswanderer. Sitzt man dann auf der Terrasse beim schmackhaften »Älpler Rösti«, schweifen die Blicke zufrieden über die grüne Hügellandschaft, die sich namentlich im östlichen Gesichtskreis offen hinbreitet.

Eigentümer: ÖAV Vorarlberg, erbaut 1927
Schlafplätze: 16 Schlafplätze, kein Winterraum
Bewirtschaftungszeit: Anfang Mai bis Ende September und zur Skitourenzeit (Mo. Ruhetag)
Kontakt: +43 (0)5512 4913 (Übernachtung auf Voranmeldung)
Homepage: www.lustenauer-huette.at
Zustieg: Von Bödele 1.30 Std. Von Schwarzenberg 1.45 Std.

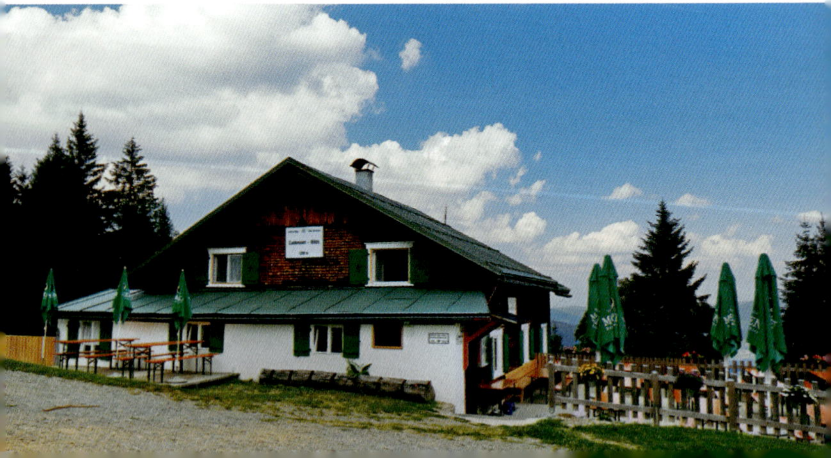

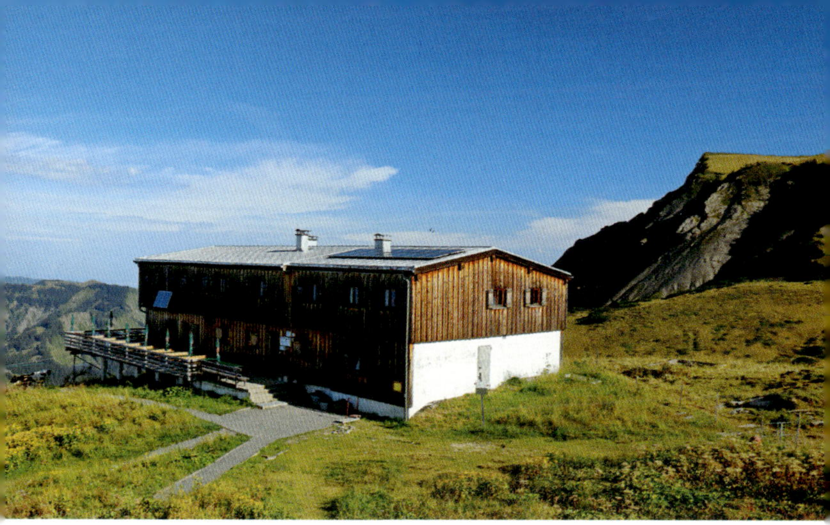

Freschenhaus, 1846 m

Es fiel noch in die klassische erste Erschließungsphase des Alpenvereins, als der Ruf nach einer Unterkunft am Hohen Freschen laut wurde. Dieser Gipfel gehörte seiner hervorragenden Aussicht wegen schon damals zu den Aushängeschildern der Region und sollte fortan in seiner ganzen Schönheit erlebbar sein, wobei man nicht zuletzt auf die besonderen Stimmungen zu Sonnenauf- und Sonnenuntergang abzielte. Klar, dass man den Bau des Freschenhauses auf die sanfte südliche Seite des Berges legte, wo das Alpgelände genügend Raum bietet. So können wir auch fast 150 Jahre später noch von dieser Gunst profitieren und als Hüttengäste ganz unbeschwert in nur 40 Minuten zur großen Panoramawarte – die übrigens schon den Römern bekannt war – aufsteigen. Man überblickt vom Hohen Freschen das ganze Rheintal bis hinaus zum Bodensee! Unsere Hütte, deren umfangreichste Erweiterung 1972 abgeschlossen wurde, wird von verschiedenen Seiten aus angesteuert, am häufigsten natürlich aus dem Laternser Tal, wo auch eine Bergbahn zur Verfügung steht. Von Norden hingegen kommen die Weitwanderer auf einer langen, zünftigen Route über den Freschen selbst.

Eigentümer: ÖAV Vorarlberg, erbaut 1874
Schlafplätze: 50 Schlafplätze, Winterraum offen
Bewirtschaftungszeit: Mitte Juni bis Anfang Oktober
Kontakt: +43 (0)664 3272725
Homepage: www.freschenhaus.at
Zustieg: Ab Gapfohl (Seilbahn von Laterns) 1.45 Std., ab Saluveralpe (in der Hauptsaison Mi. und Do. Wanderbus) 45 Min. Von Bad Laterns 2.30 Std.

Biberacher Hütte, 1846 m

Die Biberacher Hütte erschließt den nordöstlichen Bereich des Lechquellengebirges. Ihre Lage am Schadonapass ist vorteilhaft gewählt. Denn sie lässt sich sowohl aus dem hinteren Bregenzerwald als auch aus dem Großen Walsertal ansteuern und bildet somit eine Art Brückenglied zwischen diesen beiden Vorarlberger Talschaften. Beidseitig bieten sich sogar interessante Rundwandermöglichkeiten, etwa wenn man die Route über das Fürggele mit dem Normalweg von Landsteg kombiniert oder aus dem Großen Walsertal kommend auch den Metzgertobelweg einbezieht. Die absoluten Highlights für ambitionierte Wanderer stellen freilich die großen Höhenwege dar: zum einen der Hochschereweg Richtung Faschinaberge, zum anderen der Übergang zur Göppinger Hütte, der direkt über den Gipfel der Braunarlspitze führt. Damit ist bereits der beherrschende Felsgipfel im Einzugsbereich der Biberacher Hütte angesprochen. Ein weiteres beliebtes Gipfelziel und eigentlicher Hausberg ist die Hochkünzelspitze. Das auffällige Rothorn fungiert hingegen meist nur als Kulissenbild, welches die reizvolle Mattenlandschaft um den Schadonapass prägt.

Eigentümer: DAV Sektion Biberach, erbaut 1911
Schlafplätze: 74 Schlafplätze, Winterraum offen
Bewirtschaftungszeit: Mitte Juni bis Anfang Oktober
Kontakt: +43 (0)5519 257 (Reservierung nur online)
Homepage: www.alpenverein-biberach.de
Zustieg: Von Landsteg über den Güterweg 2 Std. Vom Parkplatz »Kessana« (hinter Buchboden) über die Ischkarneialpe 3 Std.

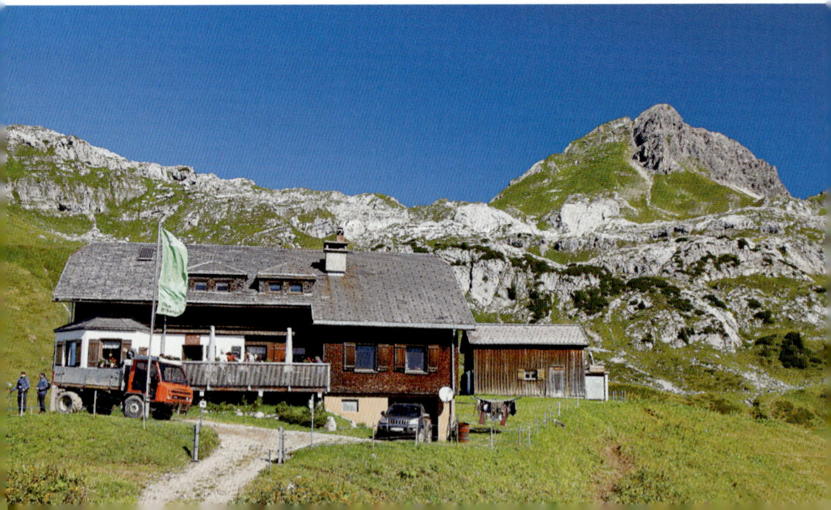

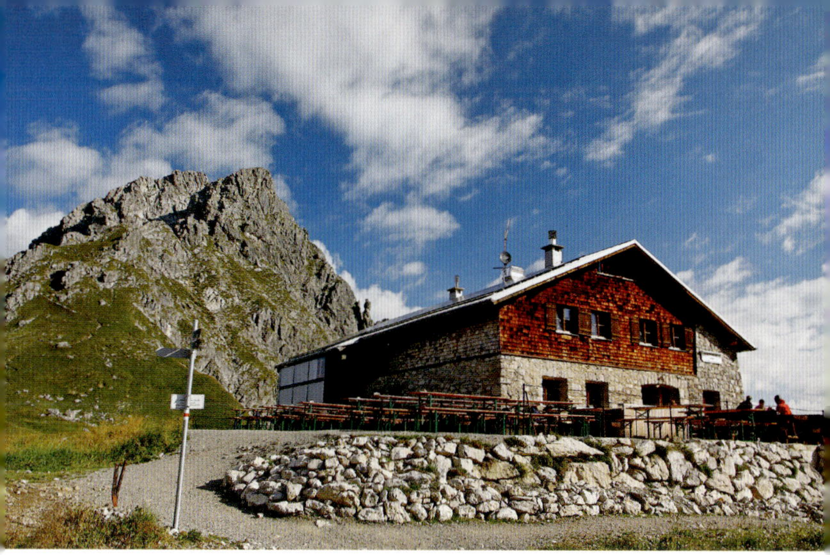

Fiderepasshütte, 2065 m

Der Urbau der Fiderepasshütte geht in die NS-Zeit zurück und wurde damals von der Ordensburg Sonthofen realisiert, die – so überliefert es die Chronik – eine Idee des Allgäuer Extrembergsteigers Anderl Heckmair aufgriff. Nach dem Krieg ergab sich für die Alpenvereinssektion Oberstdorf die Chance zum Kauf. Nachdem die Fiderepasshütte in den 1970er-Jahren zur jetzigen Größe angewachsen war, verzeichnete sie in dichtem Abstand weitere technische Modernisierungen, um den ständig steigenden Anforderungen an Komfort und Umweltauflagen gerecht zu werden. Immerhin handelt es sich um einen ausgesprochen frequentierten Stützpunkt, der Tageswanderer sowohl von Oberstdorfer als auch von Kleinwalsertaler Seite in Scharen anlockt. Die Staatsgrenze verläuft übrigens genau über die Terrasse! Als Paradetour im Umkreis gilt der Mindelheimer Klettersteig, der von Normalwanderern freilich auch über den Krumbacher Höhenweg umgangen werden kann. Wer indes eine zünftige Felsroute (fast) ohne Sicherungen sucht, überschreitet den Grat der Hammerspitzen: einfach bärig!

Eigentümer: DAV Sektion Oberstdorf-Allgäu, erbaut 1938
Schlafplätze: 120 Schlafplätze, Winterraum mit AV-Schloss
Bewirtschaftungszeit: Ende Mai bis Mitte Oktober
Kontakt: +43 (0)664 3203676 (Reservierung nur online)
Homepage: www.fiderepasshuette.de
Zustieg: Vom Parkplatz Schwendle (Zufahrt von Mittelberg), von der Kanzelwandbahn oder der Fellhornbahn, jeweils 2.30 bis 3 Std.

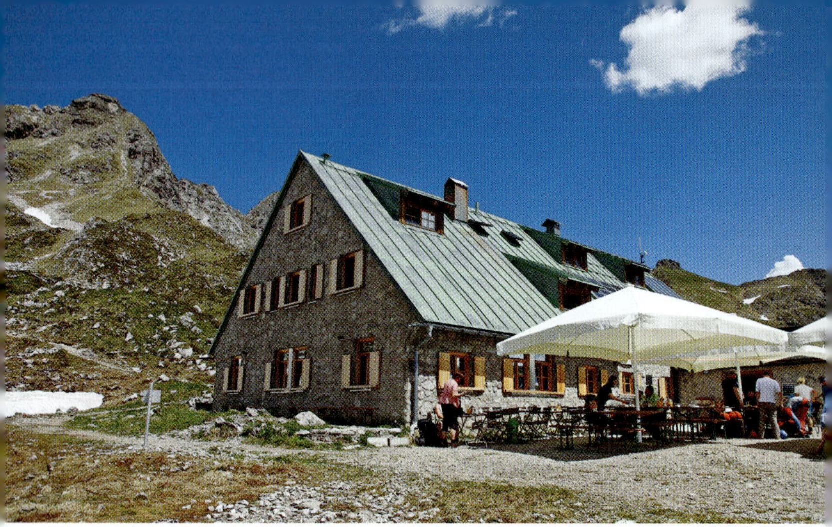

Mindelheimer Hütte, 2013 m

Eine außergewöhnlich lange Hüttenwirts-Ära ist jene von Jochen Krupinski, der 2020 auf der Mindelheimer Hütte in seine 42. Saison geht, um Gästen eine exzellente traditionsbewusste Küche zu offerieren. So wundert es nicht, dass sich eine treue Anhängerschaft entwickelt hat, die neben dem ohnehin großen touristischen Aufkommen in der Allgäuer Bergwelt dem im äußersten Südzipfel Deutschlands gelegenen Schutzhaus stets regen Zulauf beschert. Fantastisch zeigt sich jenseits des Rappenalpentals der Allgäuer Hauptkamm mit Gipfeln wie Biberkopf, Hohes Licht oder Mädelegabel. Dabei gibt es in der unmittelbaren Umgebung eigentlich kaum besondere Aushängeschilder, abgesehen von den drei Schafalpenköpfen, über die der populäre Mindelheimer Klettersteig verläuft. Wer indes die weglosen Hüttengipfel Angerer- und Liechelkopf aufsucht, wird meist allein unterwegs sein. Ohnehin sind es hier eher die Übergänge zu den Nachbarhütten, die von der Mehrzahl der Wanderer bevorzugt werden. Die Mindelheimer Hütte ist sowohl in die große Allgäuer Hüttenrunde als auch in die in diesem Führer beschriebene Tour um das Kleinwalsertal eingebunden.

Eigentümer: DAV Sektion Mindelheim, erbaut 1920
Schlafplätze: 120 Schlafplätze, Winterraum mit AV-Schlüssel
Bewirtschaftungszeit: Ende Mai/Anfang Juni bis Mitte Oktober
Kontakt: Kein Hüttentelefon (Reservierungen nur online)
Homepage: www.mindelheimer-huette.de
Zustieg: Vom Parkplatz Schwendle (Zufahrt von Mittelberg) 3 Std. Von Birgsau durchs Rappenalpental 5 Std.

Widdersteinhütte, 2009 m

Im sonnigen Mattengelände auf der Südseite des mächtigen Widdersteins liegt die gleichnamige Hütte, die in Privatregie unterhalten wird und nicht annähernd die Größe typischer Alpenvereinshäuser in den Allgäuer Alpen erreicht. Das macht die Widdersteinhütte in bestimmter Weise sympathisch, denn der große Rummel ist hier schon angesichts fehlender Kapazitäten nicht zu befürchten, sodass der herrliche Blick ins Lechquellengebirge beim Hüttenabend in Ruhe genossen werden kann. Dabei laufen hier immerhin vier Wege zusammen: der kürzeste Zustieg vom Hochtannberg (der fast einer Spritztour gleichkommt), der Übergang von der Mindelheimer Hütte übers Koblat sowie zwei verschiedene Routen aus dem Kleinwalsertal (die via Bärgunt- und Gemsteltal zu einer idealen, tagfüllenden »Hufeisenrunde« zusammengelegt werden können). Und dann ist da natürlich noch – kaum zu übersehen – der Widderstein höchstselbst, Wächter über dem Hochtannberg, alpines Prunkstück des Kleinwalsertals und nicht zuletzt unser Hausberg, der sich in weniger als zwei Stunden erklimmen lässt.

Eigentümer: privat
Schlafplätze: 26 Schlafplätze, kein Winterraum
Bewirtschaftungszeit: Anfang Juni bis Mitte Oktober
Kontakt: +43 (0)664 3912524 (Reservierung online möglich)
Homepage: widderstein-huette.at
Zustieg: Vom Hochtannbergpass 1 Std. Von Mittelberg (Bödmen) durchs Gemsteltal 2.45 Std. Von Baad durchs Bärgunttal 3 Std.

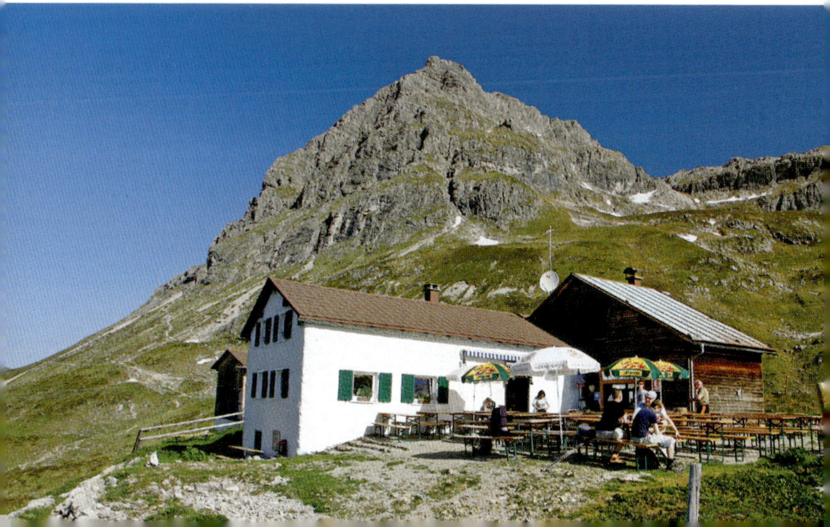

Schwarzwasserhütte, 1620 m

Wie alle Seitenäste des Kleinwalsertals ist auch – oder sogar ganz besonders – das Schwarzwassertal eine beliebte »Fußgängerzone«, wo es sich gemütlich bummeln oder etwas strammer wandern lässt. Als Hauptanlaufpunkt fungiert hier die Schwarzwasserhütte, die vor rund hundert Jahren in den weitläufigen Mattenlagen errichtet worden ist. Das Flysch-Gelände eignet sich auch bestens für Skitouren, sodass zwischen Weihnachten und Mitte März die Pforten ebenfalls aufgesperrt werden. Grünhorn, Steinmandl oder Hehlekopf heißen reizvolle Ziele im unmittelbaren Umfeld, egal ob auf grünem oder weißem Untergrund. Den geübten Wanderer wird sicherlich der Gratweg vom Walmendinger Horn über die Ochsenhofer Köpfe ansprechen sowie nicht zuletzt der Paradeberg schlechthin: Mit seinem schrägen Gipfeldach zeigt der Hohe Ifen ein unverwechselbares Profil und verspricht eine Überschreitungsmöglichkeit, die fraglos zu den Top-Touren der gesamten Allgäuer Alpen zählt. Und »hitverdächtig« ist womöglich auch der Kaiserschmarrn auf der Schwarzwasserhütte, die sich den AV-Initiativen »So schmecken die Berge« und »Mit Kindern auf Hütten« angeschlossen hat.

Eigentümer: DAV Sektion Schwaben, erbaut 1914–20
Schlafplätze: 52 Schlafplätze, kein Winterraum
Bewirtschaftungszeit: Ende Mai bis Anfang Oktober und zur Skitourenzeit
Kontakt: +43 (0)5517 30210 (Reservierung online möglich)
Homepage: www.schwarzwasserhuette.com
Zustieg: Von der Auenhütte durchs Schwarzwassertal 1.30 Std.

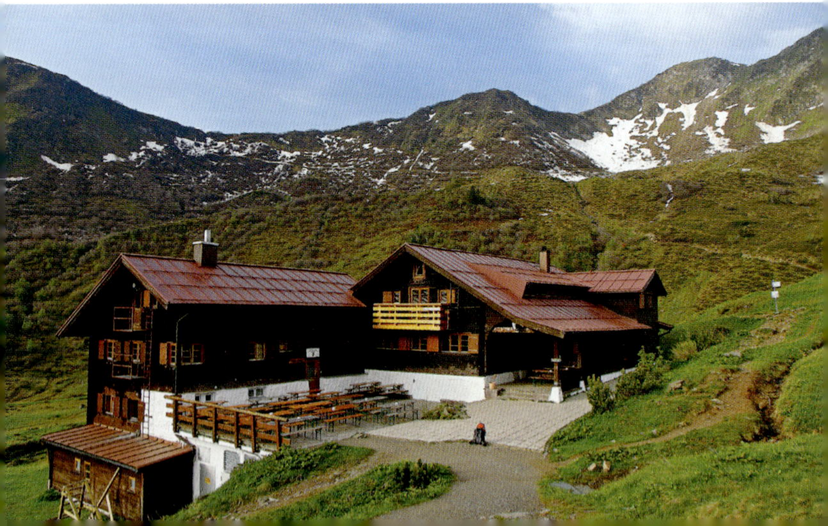

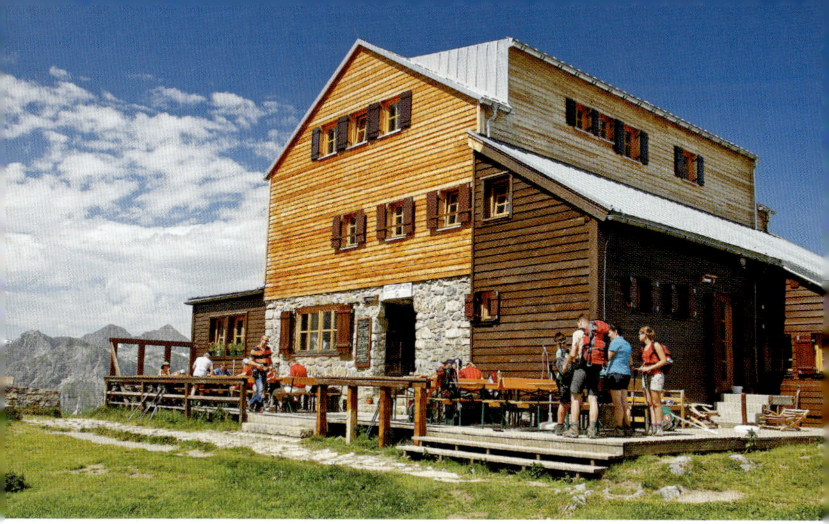

Stuttgarter Hütte, 2305 m

Die Stuttgarter Hütte ist als am weitesten westlich befindlicher Stützpunkt der Lechtaler Alpen nicht nur Startrampe für den langen Lechtaler Höhenweg, sondern auch – was uns in diesem Führer besonders interessiert – in die Lechquellenrunde integriert. Dass sie am Krabachjoch ganz knapp auf Tiroler Boden liegt, dürfte dem Besucher kaum auffallen. Errichtet wurde die Stuttgarter Hütte in jener Zeit, als vom Arlberggebiet ausgehend der erste Skiboom in den Alpen Einzug hielt. In der Wintersaison ist sie jedoch längst nicht mehr geöffnet, sondern ganz auf das sommerliche Wanderpublikum ausgerichtet. Dabei gilt die Tour von der Rüfikopfbahn mit Mittagspause in der Stuttgarter Hütte und anschließendem Abstieg nach Zürs als klassische Unternehmung der Tagestouristen. Durchaus anspruchsvolle Übergänge führen zur Leutkircher und Ulmer Hütte, Letztere entweder über den schon 1911 angelegten Boschweg via Trittscharte oder heutzutage eher über die Valluga hinweg. Im näheren Gipfelumfeld ist außerdem die Fanggekarspitze mit dem Calwer Steig zu nennen, während die markante Roggspitze ausschließlich für Klettergewandte infrage kommt.

Eigentümer: DAV Sektion Schwaben, erbaut 1909
Schlafplätze: 56 Schlafplätze, Winterraum offen
Bewirtschaftungszeit: Ende Juni bis Ende September
Kontakt: +43 (0)676 7580250 (Reservierung online möglich)
Homepage: www.alpenverein-schwaben.de
Zustieg: Von Zürs, 1717 m, via Endressweg 2 Std. Von der Rüfikopfbahn (Lech), 2350 m, 2.15 Std. Von Steeg-Prenten durchs Krabachtal 4.30 Std.

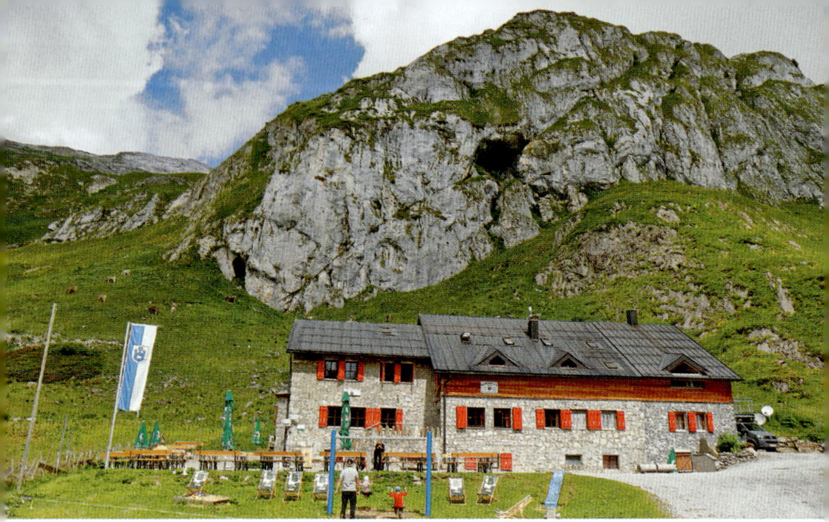

Ravensburger Hütte, 1947 m

Unweit des Spullersees, der vor rund 100 Jahren zwecks Elektrifizierung der Arlbergbahn aufgestaut wurde und seither der Stromgewinnung dient, befindet sich der Standort der Ravensburger Hütte. Mit den umfangreichen Skierschließungen der Region sieht man sich hier zum Glück nicht konfrontiert, stattdessen zeigt sich zwischen Spuller Schafberg und der Gruppe der Wildgrubenspitzen eine urtümliche Szenerie mit Mattengrün und wildem Felsengeschröf. Die imposante Roggalkante oder der Ostgrat der Plattnitzer Jochspitze besitzen in Kletterkreisen den Nimbus von Klassikern. Mittlerweile geht es dort etwas ruhiger zu als noch in den wilden Sechzigern, während der nahe Klettergarten jedoch permanent an Zulauf gewinnt. Die meisten Gäste sind aber wohl auf der Lechquellenrunde unterwegs, besteigen den Spuller Schafberg als Wegegipfel oder verbringen einfach ein paar gemütliche Stunden in der lieblichen Umgebung. Die Ravensburger Hütte beteiligt sich an den Alpenvereinsinitiativen zur Familienfreundlichkeit und zur Verwendung regionaler Produkte, ist also mit zwei Gütesiegeln ausgezeichnet. Der bequeme Zugang vom Spullersee ist sogar mit kleinen Kindern möglich.

Eigentümer: DAV Sektion Ravensburg, erbaut 1912
Schlafplätze: 106 Schlafplätze, Winterraum mit AV-Schloss
Bewirtschaftungszeit: Mitte Juni bis Anfang Oktober
Kontakt: +43 (0)664 5005526 (Reservierung online)
Homepage: www.ravensburgerhuette.at
Zustieg: Vom Spullersee (Mautstraße bzw. Wanderbus) 45 Min. Von Zug über das Stierlochjoch 1.45 Std.

Freiburger Hütte, 1918 m

Wie ihre Nachbarn im Lechquellengebirge wurde auch die Freiburger Hütte kurz vor dem Ersten Weltkrieg erbaut. Offenbar waren damals südwestdeutsche Sektionen auf die reizvollen Tourenmöglichkeiten aufmerksam geworden und begannen die Erschließung ihres jeweiligen »Arbeitsgebiets«, das in diesem Falle besonders reichhaltig erscheint. Einige kecke Gipfelziele wie Fensterlewand, Saladinaspitze, Roggelskopf oder der leichtere Formaletsch stellen Herausforderungen ohne allzu großen konditionellen Aufwand. Mehr Einsatz verlangt freilich die alles beherrschende Rote Wand, die mit ihrer siebenfach geschichteten Südwand über dem Formarinsee zum absoluten Schaustück avanciert. Auch eine Umrundung dieses Massivs zählt zu den lohnenden Touren, nicht zu vergessen die Übergänge zu drei Nachbarhütten im Lechquellengebirge, besonders ausschweifend jener zur Frassenhütte. Die Freiburger Hütte selbst hingegen ist rasch und unkompliziert erreichbar und ein vorbildlich geführtes Basislager für Bergfreunde unterschiedlichen Anspruchs. Neben den drei AV-Gütesiegeln wurde 2017 sogar der landwirtschaftliche Zukunftspreis »i luag druf« eingeheimst.

Eigentümer: DAV Sektion Freiburg, erbaut 1912
Schlafplätze: 120 Schlafplätze, Winterraum mit AV-Schloss
Bewirtschaftungszeit: Mitte Juni bis Anfang Oktober
Kontakt: +43 (0)664 1745042 (Reservierung online möglich)
Homepage: www.freiburger-huette.at
Zustieg: Von der Formarinalpe (Mautstraße bzw. Wanderbus) 30 Min. Von der Alpe Laguz 2.30 Std. Von Dalaas im Klostertal 3 Std.

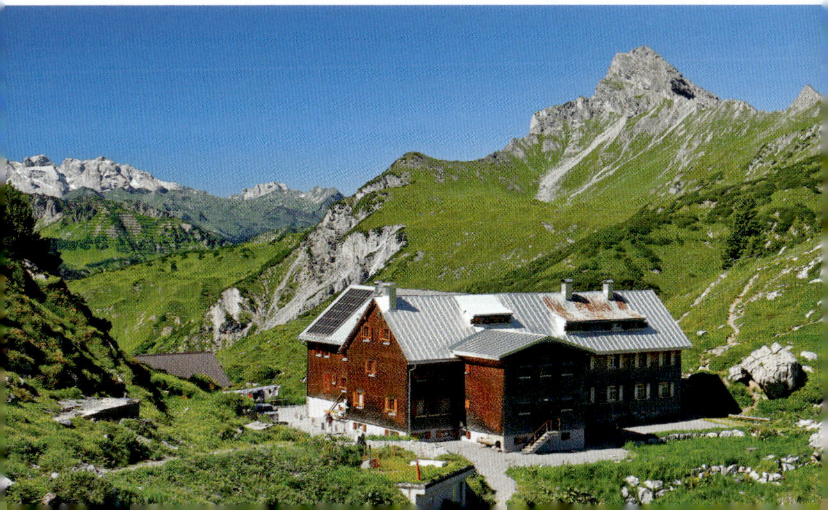

Göppinger Hütte, 2245 m

Auf der wunderschönen Verebnung des Gamsbodens, quasi an der Jochhöhe zwischen dem Quelltal des Lechs einerseits und den innersten Gebirgskammern des Großen Walsertals andererseits, hat die Göppinger Hütte ihren Platz. Es handelt sich um eine gemütliche Bleibe schlichter, holzschindelverkleideter Architektur, die noch echtes Bergsteigerflair verströmt. Ringsum steht freilich die passende Kulisse: respektable Felsgesellen, deren Besteigung in keinem Fall einfach ist. Markierte Routen gibt es ohnehin nur auf den hüttennächsten Gipfel, die Hochlichtspitze, sowie auf die Braunarlspitze im Übergang zur Biberacher Hütte. Eine Hauptrolle spielen somit die Verbindungen auf der Lechquellenrunde, die den Trekkingfreund in handlichen Etappen von einer Hütte zur nächsten bringen. Besonders reizvoll gestaltet sich der Steinmayerweg von und zur Freiburger Hütte. Ansonsten geben sich Tageswanderer ein Stelldichein am Gamsboden, verpassen dort allerdings in der Regel die Steinböcke, die sich meist nur spätabends oder zeitig am nächsten Morgen blicken lassen.

Eigentümer: DAV Sektion Hohenstaufen-Göppingen, erbaut 1913
Schlafplätze: 75 Schlafplätze, Winterraum offen
Bewirtschaftungszeit: Mitte Juni bis Anfang Oktober
Kontakt: +43 (0)5583 3540 (Reservierung online möglich)
Homepage: www.goeppinger-huette.at
Zustieg: Vom Unteren Älpele (Mautstraße und Wanderbus von Lech) 2 Std., ab Zug 3 Std.

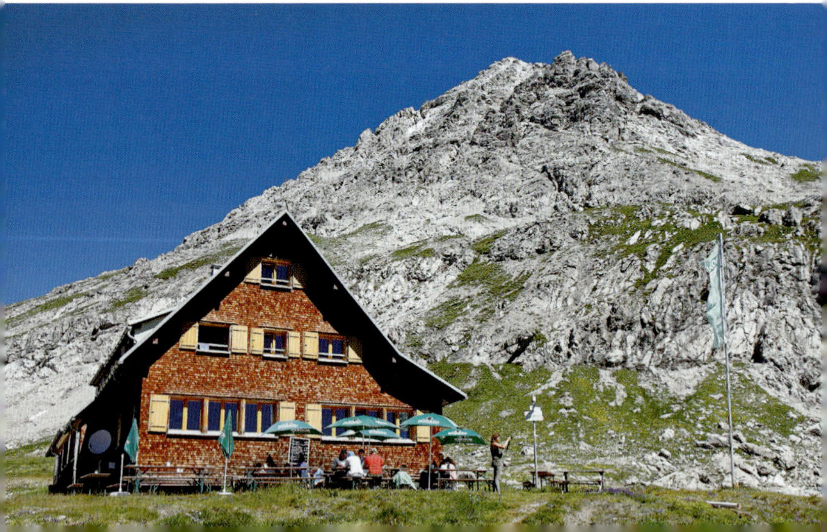

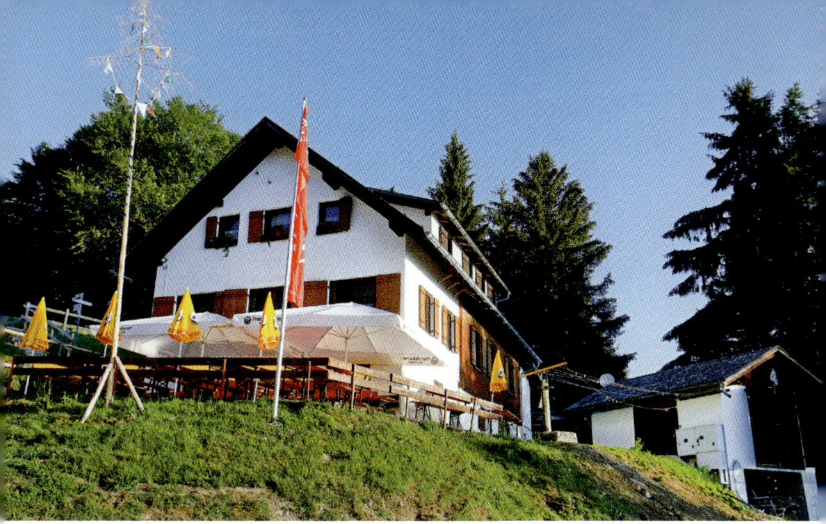

Feldkircher Hütte, 1204 m

An seinen äußersten Nordausläufern, wo der Rätikon im Zwickel zwischen Rheintal und Walgau ziemlich unspektakulär gegen das Feldkircher Becken absinkt, unterhalten die Naturfreunde eine Berghütte. Wie bei diesem Verein häufig zu sehen, besteht keine vorrangige Ausrichtung auf alpine Touren. Und so befindet sich der Standort der Feldkircher Hütte direkt an der Grenze vom Bergwald ins freie Alpgelände. Gleichwohl gelangt man binnen anderthalb Stunden an den Fuß des Drei-Schwestern-Massivs, mit dem der Rätikon von Norden betrachtet erste hochalpine Akzente setzt. Damit ist der Aktionskreis tatsächlich viel größer als vorderhand vielleicht vermutet: Vom beschaulichen Alpbummel bis zu Klettertouren an Volland- und Jahnturm ist allerhand möglich. Und wer vielleicht den großen Österreichischen Zentralalpenweg (Bezeichnung 02) unter die Sohlen nehmen will, startet just in Feldkirch mit dem Aufstieg zu unserer Hütte. Eine Durchquerung des Rätikons – so wie in diesem Büchlein beschrieben – dürfte den meisten Weitwanderern freilich schon genügen …

Eigentümer: Naturfreunde Österreich, Ortsverband Feldkirch
Schlafplätze: 41 Schlafplätze, kein Winterraum
Bewirtschaftungszeit: Anfang Mai bis Mitte Oktober, in der Wintersaison jeweils Do. bis So.
Kontakt: +43 (0)664 3111115 oder +43 (0)664 9730027
Homepage: www.feldkircherhuette.net
Zustieg: Vom Hüttenparkplatz bei Amerlügen 1 Std. Von Feldkirch über Fellengatter 2 Std.

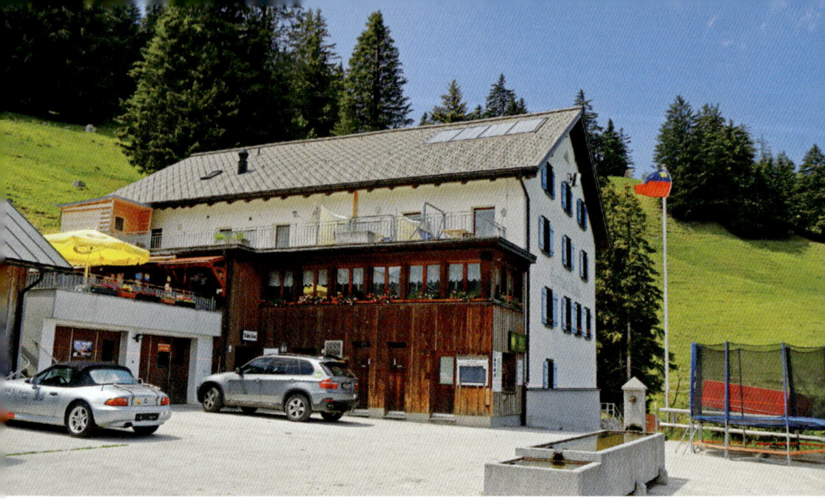

Berggasthaus Sücka, 1402 m

Sücka ist ein altes Alpgebiet im Herzen Liechtensteins, das nachweislich schon seit Anfang des 16. Jahrhunderts bestoßen wird. So taucht in Urkunden der Name Triesner Alp auf. Bald darauf kam es in herrschaftlichen Besitz, der in der Chronik bis zum Jahr 1887 hinterlegt ist. Schon ein paar Jahre später wurde ein Kurbetrieb aufgenommen und damit eine der ersten touristischen Infrastrukturen in der Gegend etabliert. Aus dem geschichtsträchtigen Kurhaus entwickelte sich das Berggasthaus Sücka, welches noch immer mit der traditionellen Alpwirtschaft verbunden ist. So kann man hier hautnah erleben, wie Butter, Käse und Joghurt hergestellt werden. Diese Produkte bilden auch die Grundlage der bodenständigen Küche des Hauses. Weithin gerühmt ist das Käsefondue. Urlauber finden sich ohne Umschweife im wohl schönsten Wandergebiet Liechtensteins wieder. Auf dem Programm stehen die Verbindung nach Gaflei und zum Fürstensteig, die Kammwanderung über Heubüal und Kolme zum Rappastein, die Gipfeltour auf den Schönberg, die Hochtäler von Malbun und Valüna sowie nicht zuletzt der Aufstieg zur Pfälzer Hütte. Als Besonderheit werden Touren mit Lamas und Alpakas angeboten.

Eigentümer: privat, erbaut gegen 1870
Schlafplätze: 36 Schlafplätze
Bewirtschaftungszeit: fast ganzjährig (Mo. Ruhetag), Sommersaison bis Mitte/Ende Oktober
Kontakt: +423 2632579
Homepage: www.suecka.li
Zustieg: Per Auto erreichbar. Von der Bushaltestelle »Steg-Tunnel« 25 Minuten.

Pfälzer Hütte, 2108 m

Der Bau einer Bergunterkunft auf dem Bettlerjoch, oben am Grenzsattel zwischen Vorarlberg und dem Fürstentum Liechtenstein, geht auf die Initiative des Verbandes Pfälzischer Sektionen in den 1920er-Jahren zurück. Doch währte die verheißungsvolle Aufbruchszeit nur ein gutes Jahrzehnt, denn der Zweite Weltkrieg hinterließ die aussichtsreich gelegene Pfälzer Hütte verwahrlost und zunächst in rechtlicher Unsicherheit. Nachdem Deutschland schließlich auf alle Ansprüche zu verzichten hatte, konnte der Liechtensteiner Alpenverein die Substanz erwerben, sanieren und wieder ihrer eigentlichen Bestimmung zuführen. Das aus Naturstein errichtete Haus fügt sich sehr gut in die Umgebung ein. Variantenreiche Zugänge, unter denen der Fürstin-Gina-Steig wohl den größten Reiz ausstrahlt, machen die Pfälzer Hütte zu einem der beliebtesten Wanderziele in Liechtenstein. Darüber hinaus werden ausschweifendere Touren bis in den zentralen Rätikon unterstützt, namentlich die Übergänge Richtung Mannheimer-, Totalp- und Schesaplanahütte. Als Hausberge flankieren Naafkopf und Augstenberg das Bettlerjoch.

Eigentümer: Liechtensteiner Alpenverein, erbaut 1928 (durch Pfälzischen Sektionsverband)
Schlafplätze: 70 Schlafplätze, Winterraum offen
Bewirtschaftungszeit: Anfang/Mitte Juni bis Mitte/Ende Oktober
Kontakt: +423 2633679
Homepage: www.alpenverein.li
Zustieg: Von Malbun durchs Vaduzer Täli oder mit der Sareisbahn zum Fürstin-Gina-Steig, ca. 2 Std. Von Steg durchs Valünatal 3 Std. Vom Nenzinger Himmel (Wanderbus) 2.15 Std.

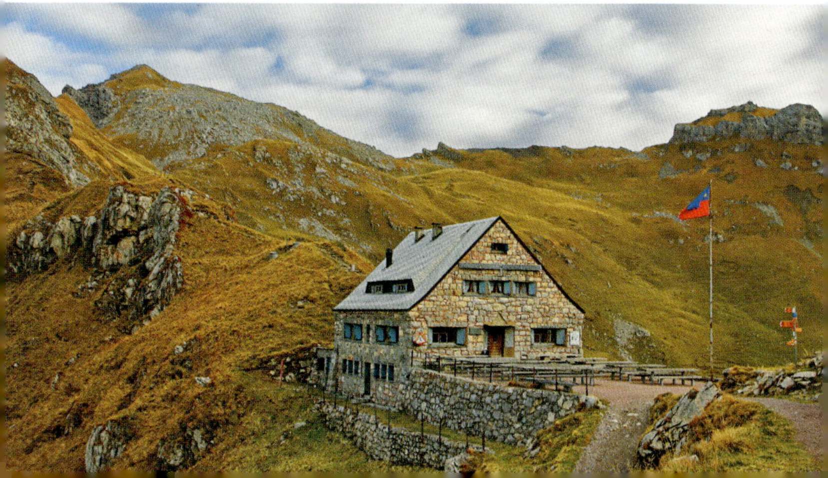

Mannheimer Hütte, 2679 m

Als das Elsass noch zu Deutschland gehörte, plante die Sektion Straßburg eine Hütte im Umfeld des höchsten Rätikongipfels, der Schesaplana, und zwar möglichst weit oben. Den ebenso spektakulären wie gewagten Standort fand man schließlich auf der himmelhohen Gratverbindung zwischen Panüeler und Wildberg, direkt an der Schwelle zum Brandner Gletscher, der vor 100 Jahren recht mächtige Eisdecken getragen hat. Die Folgen des Ersten Weltkrieges bescherte das Haus der Sektion Pfalzgau (bald darauf in Mannheim umbenannt), doch sollten noch über 50 Jahre und viele witterungsbedingte Renovierungsarbeiten vergehen, ehe sich dies auch im jetzt gültigen Namen niederschlug. Nachdem das Vorhaben eines Gletscherskigebiets glücklicherweise scheiterte und selbst unsere moderne Zeit die Wege nicht wesentlich verkürzt hat, ist es noch immer ein voller, zünftiger Tagesmarsch zu diesem abgeschiedenen »Wolkenhaus«: aus dem lieblichen Zalimtal hinein in die hohe Schrofenbarriere, die am Leibersteig geschickt überwunden wird. Heute mag die gleißende Weite des Brandner Gletschers nicht mehr die Pracht früherer Tage besitzen, doch die Stimmungen bleiben zuweilen unvergleichlich. Und die Schesaplana lockt wie eh und je ...

Eigentümer: DAV Sektion Mannheim, erbaut 1905 (durch Sektion Straßburg)
Schlafplätze: 136 Schlafplätze, Winterraum offen
Bewirtschaftungszeit: Ende Juni bis Mitte September
Kontakt: +43 (0)664 1900691
Homepage: mannheimerhuette.co.at bzw. www.dav-mannheim.de
Zustieg: Von Brand über Oberzalimhütte und Leibersteig 5 Std. Vom Nenzinger Himmel (Wanderbus) über Spusagangscharte 4.30 Std.

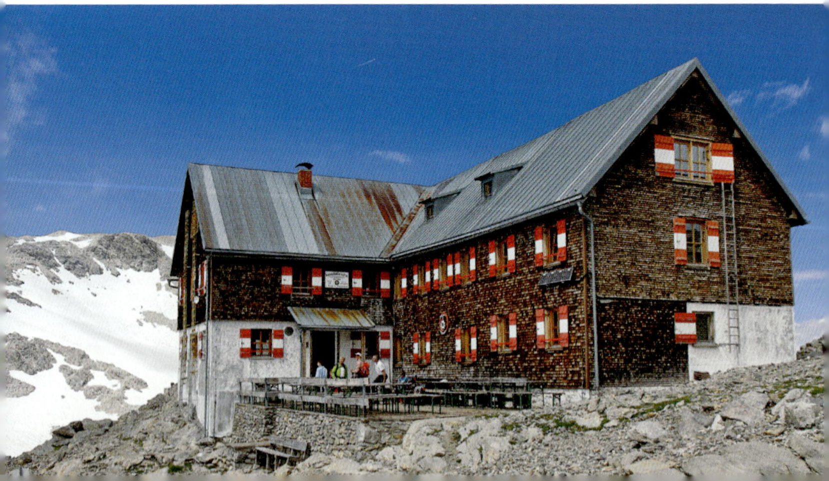

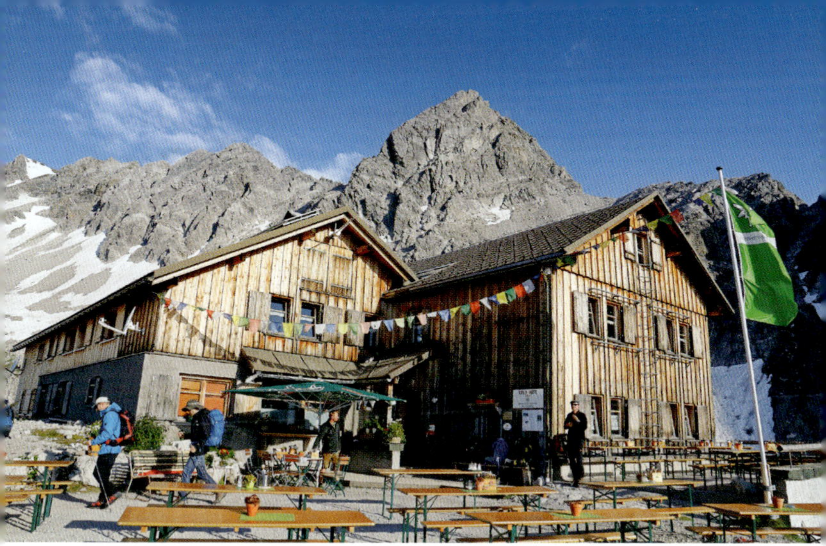

Totalphütte, 2385 m

Auch die Totalphütte gehört zu den wichtigen Schesaplana-Stützpunkten; der Hauptgipfel des Rätikons ist von hier in weniger als zwei Stunden zu erreichen. Gebaut wurde das Haus ursprünglich allerdings von den Illwerken, die hier oben Erschließungen zur Energiegewinnung durchführten (etwa eine Stollenleitung vom Brandner Gletscher). Als die Arbeiter abgezogen waren, übernahm der Vorarlberger Alpenverein die Baubaracke und funktionierte sie zu einer Bergsteigerunterkunft um, die heute vor allem auch viele Tagesgäste empfängt. Diese wandern gemütlich vom Lünersee herauf und begnügen sich mit dem Zwischenziel auf der steinigen Geländeterrasse im Osten des Schesaplana-Massivs. Ein hochalpines Ambiente ohne ebensolchen Anspruch gilt zu Recht als Attraktion. Nachdem erst vor ein paar Jahren umfangreiche Sanierungen Gediegenheit brachten, schockierte Anfang 2019 die Meldung, dass die Totalphütte durch einen Lawinenabgang vom Zirmenkopf schwer beschädigt worden ist. Inzwischen ist der Abriss vollzogen und ein Neubau in Angriff genommen worden – Aktuelles bringe man via Internet in Erfahrung.

Eigentümer: ÖAV Vorarlberg, erbaut 1960
Schlafplätze: 88 Schlafplätze, Winterraum offen
Bewirtschaftungszeit: Mitte Juni bis Anfang/Mitte Oktober
Kontakt: +43 (0)664 2400260 (Reservierung online möglich)
Homepage: www.totalp.at
Zustieg: Vom Lünersee (Seilbahn aus dem Brandnertal) 1.30 Std.

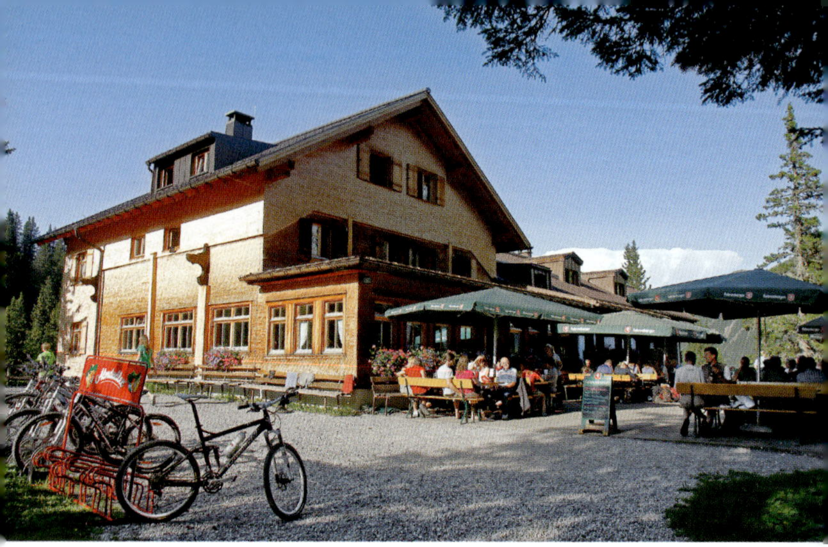

Lindauer Hütte, 1744 m

Das Gauertal besitze den schönsten Talschluss Vorarlbergs, hört man immer wieder. Nun, im Angesicht von Sulzfluh und Drusenfluh, insbesondere aber der unverwechselbaren Drei Türme, tut man sich wohl schwer zu widersprechen. Unterhalb dieser steinernen Phalanx erbaute die Alpenvereinssektion Lindau ausgangs des 19. Jahrhunderts ihre Hütte, die sich im Laufe der Zeit zur stattlichsten Bergunterkunft weit und breit entwickelt hat. An schönen Tagen ist der Wanderer-Zustrom schon immens. Und da es neben attraktiven Gipfeltouren eine ganze Handvoll praktikabler Übergänge zu Nachbarhütten gibt (unter anderem auch grenzübergreifend zur Carschinahütte des SAC), braucht es natürlich beachtliche Kapazitäten. Eine besondere Erwähnung verdient neben der gut organisierten Hütte selbst der Botanische Alpengarten, dem sich Sektionsangehörige bereits seit über 100 Jahren liebevoll widmen. In der geologischen Gemengelage zwischen Kalk und Kristallin, die den Rätikon auszeichnet, kann hier im Bergsommer eine Fülle unterschiedlichster Arten begutachtet werden.

Eigentümer: DAV Sektion Lindau, erbaut 1899
Schlafplätze: 163 Schlafplätze, Winterraum offen
Bewirtschaftungszeit: Ende Mai bis Mitte Oktober und zur Skitourenzeit
Kontakt: +43 (0)664 5033456 (Reservierung online möglich)
Homepage: www.lindauerhuette.at
Zustieg: Von der Golmerbahn über den Latschätzer Höhenweg 1.45 Std. Von Latschau durchs Gauertal 2.30 Std.

Tilisunahütte, 2211 m

Nur ein paar hundert Meter von der Schweizer Grenze entfernt befindet sich im Bergwiesengelände über dem innersten Gampadelstal die älteste Rätikon-Hütte, benannt nach dem fremd klingenden Flurnamen »Tilisuna«. Die erste Idee dafür gab es bereits 1872. Finanzielle Einschränkungen sowie Unstimmigkeiten mit den Grundbesitzern und in der Bauplanung führten zwar zu Verzögerungen, doch setzte die Tilisunahütte schließlich den ersten Meilenstein in der alpintouristischen Erschließung des Rätikons. Im »Mischgelände« zwischen Kalk und Urgestein offenbaren sich starke landschaftliche Kontraste – man vergleiche nur mal die Gipfel von Schwarzhorn und Tilisuna-Seehorn, die sich dunkelfelsig über grünen Matten aufbauen, mit dem gleißend hellen Kalk an Weißplatte und Sulzfluh. Letztere stellt das Paradeziel im Umkreis der Tilisunahütte dar, wobei die Route über das vom Karst zerschründete Karrenfeld die technisch leichteste an diesem Berg ist und daher viel begangen wird. Regen Zuspruchs erfreuen sich auch die Übergänge zur Lindauer- und Carschinahütte. Und wer so richtig die Seele baumeln lassen möchte, hockt sich einfach auf die Terrasse und blinzelt hinab zum malerischen Tilisunasee, der manch einen wohl auch zu einem erfrischenden Bad verführt …

Eigentümer: ÖAV Vorarlberg, erbaut 1878
Schlafplätze: 122 Schlafplätze, Winterraum offen
Bewirtschaftungszeit: Mitte Juni bis Mitte Oktober
Kontakt: +43 (0)664 1472896
Homepage: tilisuna-huette.at
Zustieg: Von Grabs über Alpila und Schwarzhornsattel 3 Std. Von Tschagguns durchs Gampadelstal 4 Std.

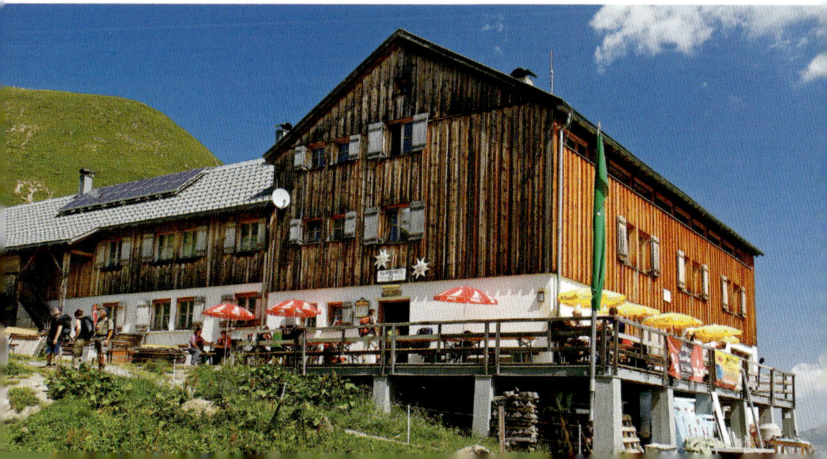

Tübinger Hütte, 2191 m

Im Westteil der Silvrettagruppe besitzt die Tübinger Hütte eine Schlüsselposition. Ganz zuhinterst im Garneratal liegt sie auch heute noch meilenweit von der Zivilisation entfernt. Dementsprechend finden sich nur wenige Tagestouristen ein. Dass die Tübinger Hütte trotzdem mehrfach erweitert werden musste und relativ groß ausfällt, mag auf ein attraktives Tourenangebot hindeuten. Vor allem ist es aber wohl die Verbundenheit, die sie traditionell speziell aus dem Schwabenland erfährt. Ein Hüttenwochenende auf der abgeschiedenen »Tübinger« steht einfach hoch im Kurs! Anstelle des eher eintönigen Normalzustiegs durchs Garneratal wird häufig der großartige Höhenweg von der Versettlabahn (ebenfalls ab Gaschurn) gewählt, alternativ auch der Übergang von Gargellen durchs Vergaldatal. Zu den wichtigsten Gipfelzielen zählen Westliche Plattenspitze und Hochmaderer – andere sind indes nur weglos zu erreichen, was im Falle der kantigen Valgraggestürme kaum ein Kinderspiel sein dürfte. Damit steht in puncto Begehungshäufigkeit eindeutig der zwar hochalpine, aber kaum ausufernde Übergang zur Saarbrücker Hütte an erster Stelle.

Eigentümer: DAV Sektion Tübingen, erbaut 1908
Schlafplätze: 119 Schlafplätze, Winterraum offen
Bewirtschaftungszeit: Ende Juni bis Anfang Oktober
Kontakt: +43 (0)664 2530450 (Reservierungen online möglich)
Homepage: www.tuebinger-huette.de
Zustieg: Von Gaschurn durchs Garneratal 4.30 Std. Von Gargellen über das Vergaldner Joch 4.30 Std.

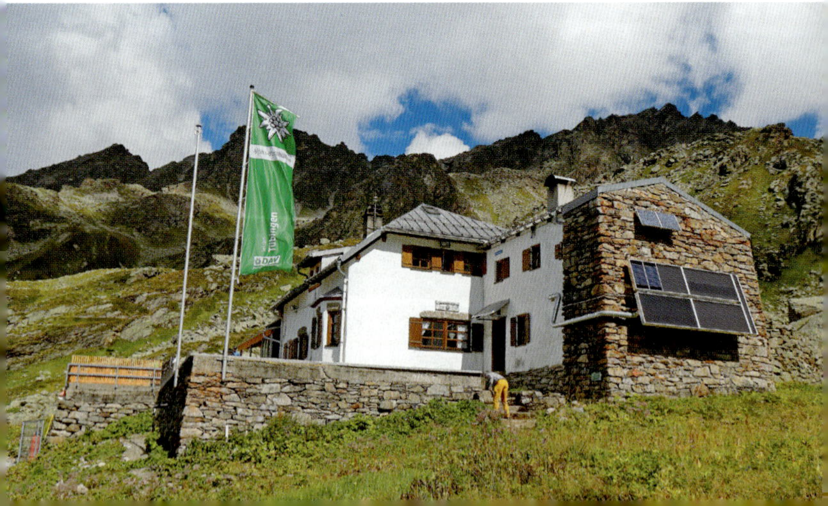

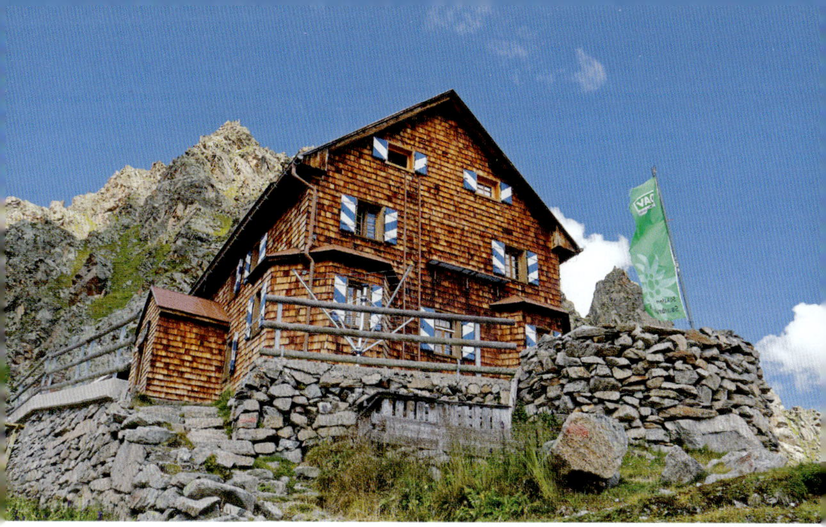

Saarbrücker Hütte, 2538 m

Der Saarbrücker Hütte gebührt das Prädikat »höchstgelegenes Schutzhaus in der Silvretta«. Wie ein Adlerhorst unterm Kleinlitzner-Ostgrat eingenistet, besitzt sie einen echten Logenplatz für die stärksten Schaustücke des Kromertals, die sich im wuchtigen Seehorn und dem spitzigen Großlitzner manifestieren. Die Überschreitung des berühmten Dreitausender-Duos gilt als schönste hochalpine Grattour weit und breit. Befeuert durch solche Kulissen wurde die Saarbrücker Hütte in den 1920er-Jahren rasch bekannt. 1931 dann die Katastrophe: Nach einem verheerenden Brand blieben nur die Grundmauern. Der umgehend veranlasste Ersatzbau verleiht der Saarbrücker Hütte bis heute ihr rustikales Erscheinungsbild. Nach wie vor zieht es ambitionierte Bergsteiger und Kletterer hierher, denn die Tourenmöglichkeiten sind auf engem Raum vielfältig. Mit eingerichteten Klettergärten und dem mittelschweren Eisenweg auf den Kleinlitzner wird auch modernen Entwicklungen Rechnung getragen. Das Gros der Gäste sind freilich Wanderer, die entweder von Hütte zu Hütte trekken oder die Hütte selbst als Ziel wählen. Dabei wird nicht zuletzt auch auf das Familienerlebnis abgezielt.

Eigentümer: DAV Sektion Saarbrücken, erbaut 1911
Schlafplätze: 88 Schlafplätze, Winterraum offen
Bewirtschaftungszeit: Ende Juni bis Ende September sowie um Ostern
Kontakt: +43 (0)664 8925587 oder +43 (0)650 8301434
Homepage: www.saarbrueckerhuette.at
Zustieg: Vom Vermunt-Stausee durchs Kromertal 2.15 Std. Von der Bielerhöhe über Tschifernella 3 Std.

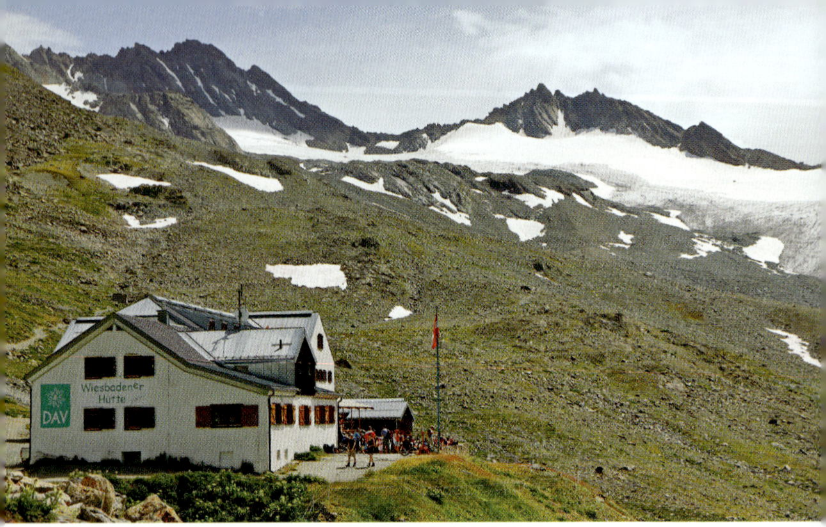

Wiesbadener Hütte, 2443 m

Man ist geneigt zu sagen, am Piz Buin schlage das Herz der Silvretta. Dergestalt käme der Strecke von der Bielerhöhe hinein ins Ochsental und zur Wiesbadener Hütte gleichsam die Bedeutung einer Hauptschlagader zu. Die Verlockungen der »blauen Silvretta« haben schon früh Skitourengeher in diese Geländekammer gelockt, ebenso wie den Sommerbergsteiger, der Ziele wie Dreiländerspitze, Silvrettahorn und eben jenen markanten Piz Buin schätzt. Der als höchster Berg Vorarlbergs zu Ehren gekommene »Ochsenspitz« gilt ja seit eh und je als Renommierziel ersten Ranges. Wenn sich infolge zurückweichender Gletscher anderswo die Klientel schon deutlich Richtung (Genuss-)Wandern verschoben hat, so sind auf der Wiesbadener Hütte die mit Pickel, Seil und Steigeisen bepackten Hochtourengeher noch immer stark vertreten. Demgemäß herrscht hier nicht selten buntes Treiben, sodass die immerhin fast 200 Schlafplätze manchmal noch zu wenig sind. Für den passionierten Hüttentrekker dient die Wiesbadener Hütte als unerlässlicher Stützpunkt auf der Silvretta-Durchquerung – im Hin und Her Richtung Saarbrücker und Jamtalhütte. Auch ein Übergang zur Chamanna Tuoi in Graubünden über den vergletscherten Vermuntpass gehört zum Programm.

Eigentümer: DAV Sektion Wiesbaden, erbaut 1898
Schlafplätze: 180 Schlafplätze, Winterraum offen
Bewirtschaftungszeit: Ende Juni bis Anfang Oktober und zur Skitourenzeit
Kontakt: +43 (0)5558 4233 (Reservierung online möglich)
Homepage: www.wiesbadener-huette.com
Zustieg: Von der Bielerhöhe 2 bis 2.30 Std.

Jamtalhütte, 2165 m

Es ist sicher nicht verfehlt, die Jamtalhütte zu den modernsten Hütten ihrer Art zu zählen – sowohl was die Ausstattung als auch das Bewirtschaftungskonzept betrifft. Dabei hatte anno 1882 alles überaus bescheiden begonnen: mit einem kleinen Selbstversorgerhüttchen, das nur rund 10 Leuten Platz bot. Noch vor dem Ersten Weltkrieg und dann wieder 1958 bzw. 1978 fanden im Zuge zunehmender Frequentierung notwendige Erweiterungen statt. Damit konnte schließlich ein alpines Ausbildungszentrum etabliert werden – bis heute wichtiger Eckpfeiler im Betrieb der Hütte, für die seit Anbeginn die Galtürer Pächterfamilie Lorenz verantwortlich zeichnet, mittlerweile in der vierten Generation. Vorteil: Sommer- und Skitourensaison besitzen vergleichbar großen Stellenwert, und das im vielleicht größten Tourengebiet der Silvretta. Nach einem massiven Schaden im Lawinenwinter 1999, der für den Talort Galtür so verheerende Auswirkungen zeitigte, wurde der »Jam« das heutige, großzügige Erscheinungsbild verpasst. Der Zulauf ist ungebrochen, auch wenn sich der leuchtende Jamtalferner als größter Schmuck immer weiter in den Hintergrund zurückzieht.

Eigentümer: DAV Sektion Schwaben, erbaut 1882
Schlafplätze: 180 Schlafplätze, Winterraum offen
Bewirtschaftungszeit: Mitte Juni bis Ende September und zur Skitourenzeit
Kontakt: +43 (0)5443 8408 (Reservierung online möglich)
Homepage: www.jamtalhuette.at
Zustieg: Von Galtür durchs Jamtal 3.15 Std., ab Parkplatz Mentaalm 2.30 Std.

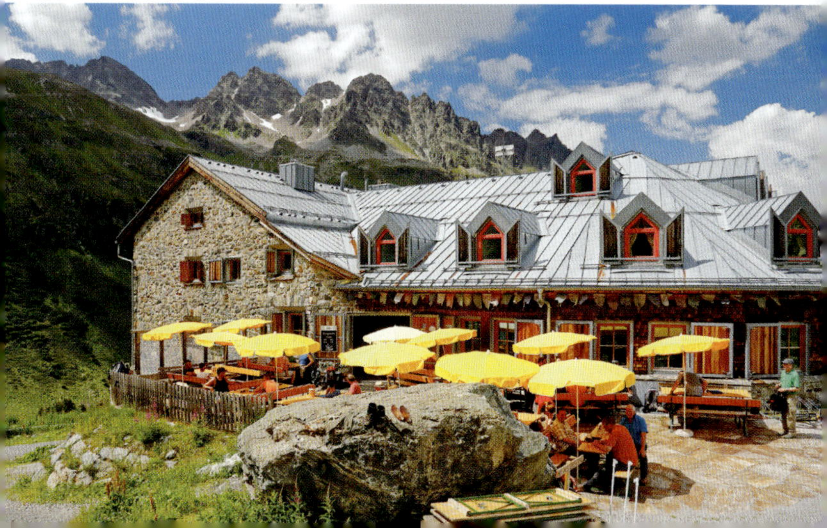

Heidelberger Hütte, 2264 m

Eine etwas merkwürdige Grenzziehung quer über das Fimbatal (Val Fenga) hinweg bewirkt, dass die Heidelberger Hütte als einziger Stützpunkt des Deutschen Alpenvereins auf Schweizer Boden zu liegen kommt. Der topografisch natürliche Zugang und damit auch die Versorgung erfolgt freilich von Ischgl im Paznaun. Wanderer machen auf der Heidelberger Hütte nicht unbedingt die Hauptklientel aus. Zum einen gilt die Umgebung als ideales Skitourengebiet, sodass zwischen Weihnachten und Ostern nicht selten sogar mehr los ist als im Sommer. In der warmen Jahreszeit geben sich zahlreiche Mountainbiker ein Stelldichein – zumal hier eine beliebte Transalp-Route Station macht und die Strecke von Ischgl herauf eher per Radl Spaß macht denn auf Schusters Rappen. Die Wanderer schätzen indes die Übergänge via Ritzenjoch ins Laraintal sowie übers Kronenjoch ins Jamtal. Einsamere Routen führen auch hinüber ins Unterengadin. Als Gipfelziele stehen hauptsächlich Breite Krone, Piz Tasna und Heidelberger Spitze im Fokus, für Experten auch noch das mächtige Fluchthorn als etwas widerspenstiger Brocken.

Eigentümer: DAV Sektion Heidelberg, erbaut 1889
Schlafplätze: 127 Schlafplätze, kein Winterraum
Bewirtschaftungszeit: Mitte Juni bis Ende September und zur Skitourenzeit
Kontakt: +43 (0)664 4253070 (Reservierung online möglich)
Homepage: www.heidelbergerhuette.at
Zustieg: Von der Bodenalpe (Zufahrt von Ischgl) 4 Std. Von Tschafein via Laraintal und Ritzenjoch 5 Std.

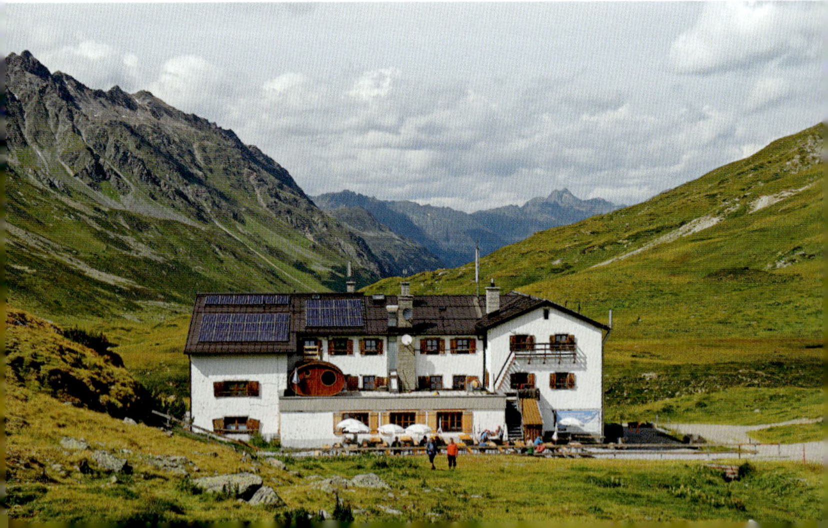

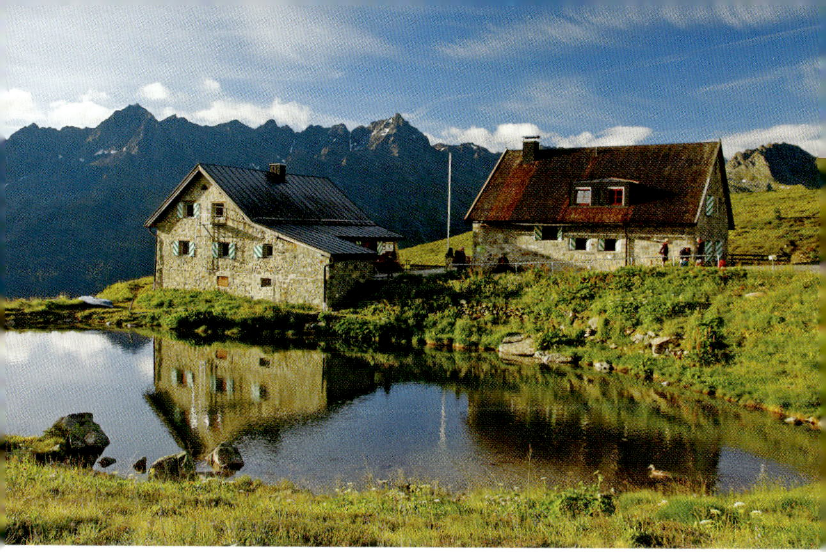

Friedrichshafener Hütte, 2138 m

Auf den weitläufigen, südexponierten Hängen der Muttenalpe über dem Paznaun entstand 1908 in Privatregie eine Berghütte, die nach ihrem Erbauer Benjamin Kathrein getauft und vor allem von einheimischen Sennen und Hirten besucht wurde. Als sich die Alpenvereinssektion Friedrichshafen Anfang der 1920er-Jahre um eigenen Hüttenbesitz bemühte, bekam sie die Möglichkeit zur käuflichen Übernahme. Während der Inflationszeit soll sie ein echtes »Schnäppchen« gewesen sein. Mit dem Ausbau zu einer vollwertigen Bergsteigerunterkunft etablierte sich auch der neue Name. Die Friedrichshafener Hütte hat im Wegenetz der Verwallgruppe heute ihren festen Platz und beherbergt damit vor allem Mehrtageswanderer auf ihren Höhenwegen Richtung Heilbronner, Darmstädter und Konstanzer Hütte. Speziell der hochalpine Ludwig-Dürr-Weg zählt zu den anspruchsvollen Highlights in seiner Kategorie. Tagesgäste genießen die heitere Umgebung auf der Muttenalpe mit dem Hüttensee und der freien Schau weit über das Paznaun hinweg Richtung Silvretta- und Samnaunberge. Die Emsigen nehmen auch gern den Georg-Prasser-Weg über den Vertinespleiskopf unter die Sohlen.

Eigentümer: DAV Sektion Friedrichshafen, erbaut 1908
Schlafplätze: 66 Schlafplätze, Winterraum mit AV-Schloss
Bewirtschaftungszeit: Mitte Juni bis Anfang Oktober
Kontakt: +43 (0)676 7908056 (Reservierung online möglich)
Homepage: www.dav-fn.de
Zustieg: Vom Hüttenparkplatz bei Piel 1.45 Std.

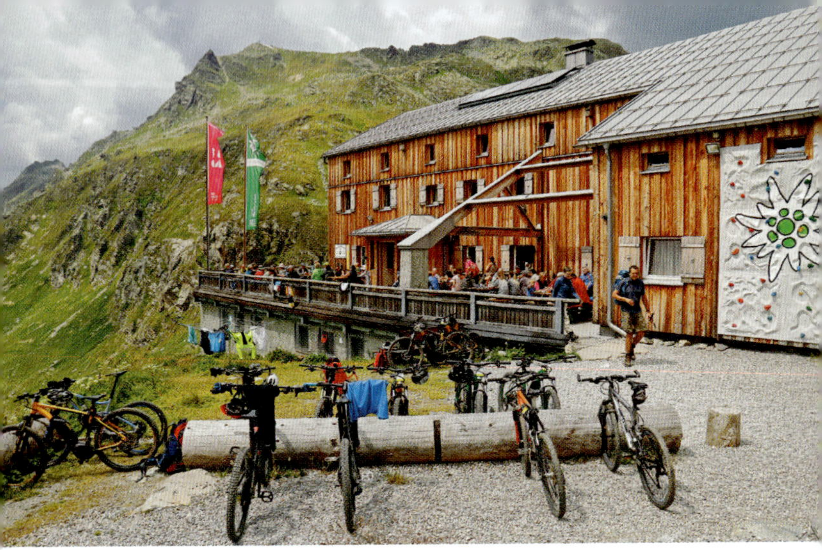

Neue Heilbronner Hütte, 2308 m

Die »Bergheimat« der Sektion Heilbronn lag eigentlich in Südtirol, wo 1910 die erste Heilbronner Hütte hoch über dem Schnalstal errichtet wurde. Als dieser Besitz nach dem Ersten Weltkrieg unwiederbringlich verloren gegangen war, engagierte man sich im Verwall und weihte oberhalb der malerischen Scheidseen 1928 die Neue Heilbronner Hütte ein. Trotz kaum namhafter Berge im Umkreis (der stolze Patteriol geht schon ein wenig auf Distanz) wurde es eine fortwährende Erfolgsgeschichte, sogar mit neuen Besucherrekorden in jüngster Zeit. Der problemlose, nicht sonderlich anstrengende Zugang, das allgemein gestiegene Interesse am Hüttentrekking sowie der Mountainbike-Boom der letzten Jahre mögen dafür zuträglich sein. Man kann nämlich das Verwall von St. Anton hinüber ins Paznaun oder Montafon prima auf zwei Rädern überqueren – und diese Route führt genau an der Heilbronner Hütte vorbei. Die Mehrtageswanderer hingegen schwärmen Richtung Friedrichshafener, Konstanzer und Wormser Hütte aus, wobei der lange Wormser Höhenweg fraglos das Nonplusultra darstellt.

Eigentümer: DAV Sektion Heilbronn, erbaut 1927
Schlafplätze: 122 Schlafplätze, Winterraum offen
Bewirtschaftungszeit: Mitte Juni bis Anfang Oktober
Kontakt: +43 (0)664 1804277 (Reservierung online möglich)
Homepage: www.dav-heilbronn.de
Zustieg: Vom Gasthof Zeinisjoch bzw. Kops-Stausee 2.30 Std. Von Partenen (Tafamuntbahn) via Wiegensee 4.30 Std.

Wormser Hütte, 2305 m

Im äußersten Westen der Verwallgruppe nimmt die Wormser Hütte einen echten Panoramaplatz hoch über dem Montafon ein. Über 1600 Meter beträgt die Höhendifferenz zum Talort Schruns. Als man diesen großartigen Standort Anfang des 20. Jahrhunderts auserkoren hatte, konnte natürlich noch niemand ahnen, dass er einmal von Skigebietserschließungen vereinnahmt werden würde. Diese ambivalente touristische Funktion hat die Wormser Hütte jedoch für Berggänger keinesfalls entwertet. Für die 20 Kilometer messende Verbindung zur Heilbronner Hütte ist der Stützpunkt sogar quasi unerlässlich, um einen frühen Start zu gewährleisten oder am Ende eines sehr langen Marschtages hier Quartier beziehen zu können. Wer nicht so weit laufen mag, findet im Umkreis ein paar lohnende Gipfel: Zum Kreuzjoch ist es bloß ein Katzensprung, südlich davon abgesetzt zeigt die Zamangspitze ein interessantes Profil. Am schrofigen Hochjoch sind mittlerweile zwei Klettersteige eingerichtet worden. Natürlich muss man mit den störenden Liftanlagen in der Nähe irgendwie leben. Doch eines ist sicher: die zauberhaften Sonnenuntergänge auf der Wormser Hütte haben nichts von ihrer Magie verloren …

Eigentümer: DAV Sektion Worms, erbaut 1907
Schlafplätze: 64 Schlafplätze, kein Winterraum
Bewirtschaftungszeit: Mitte/Ende Juni bis Anfang Oktober und zur Skisaison
Kontakt: +43 (0)664 1320325 (Reservierung online möglich)
Homepage: www.wormser-huette.at
Zustieg: Vom Sennigrat (Seilbahn/Sessellift von Schruns) 15 Min. Von der Kapellalpe direkt 1.15 Std. oder über Seeweg 1.45 Std.

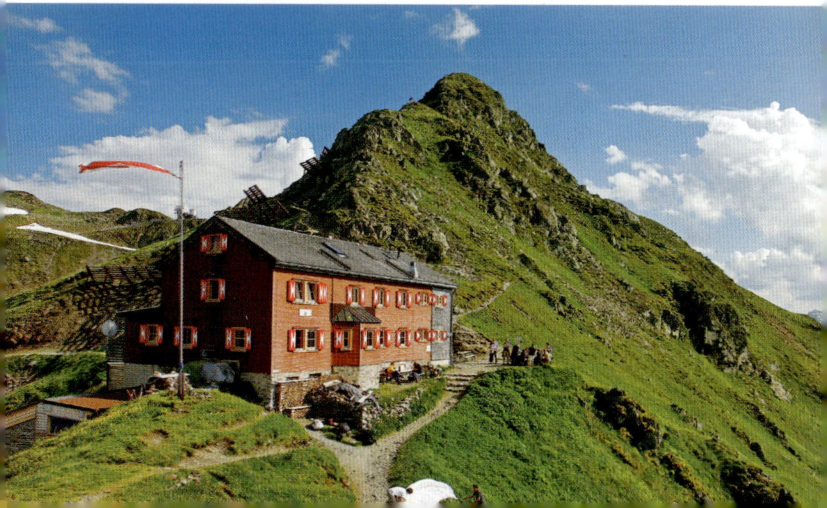

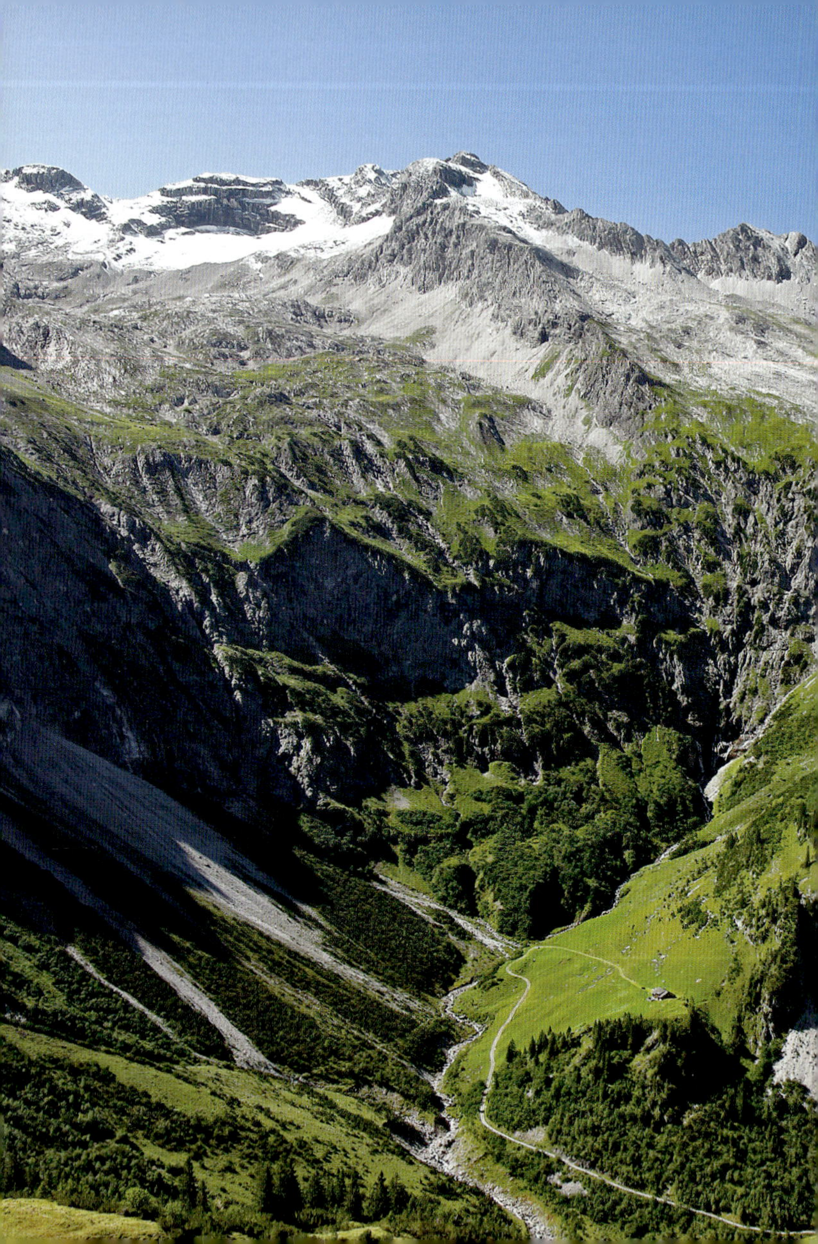

Bregenzerwald-Tour

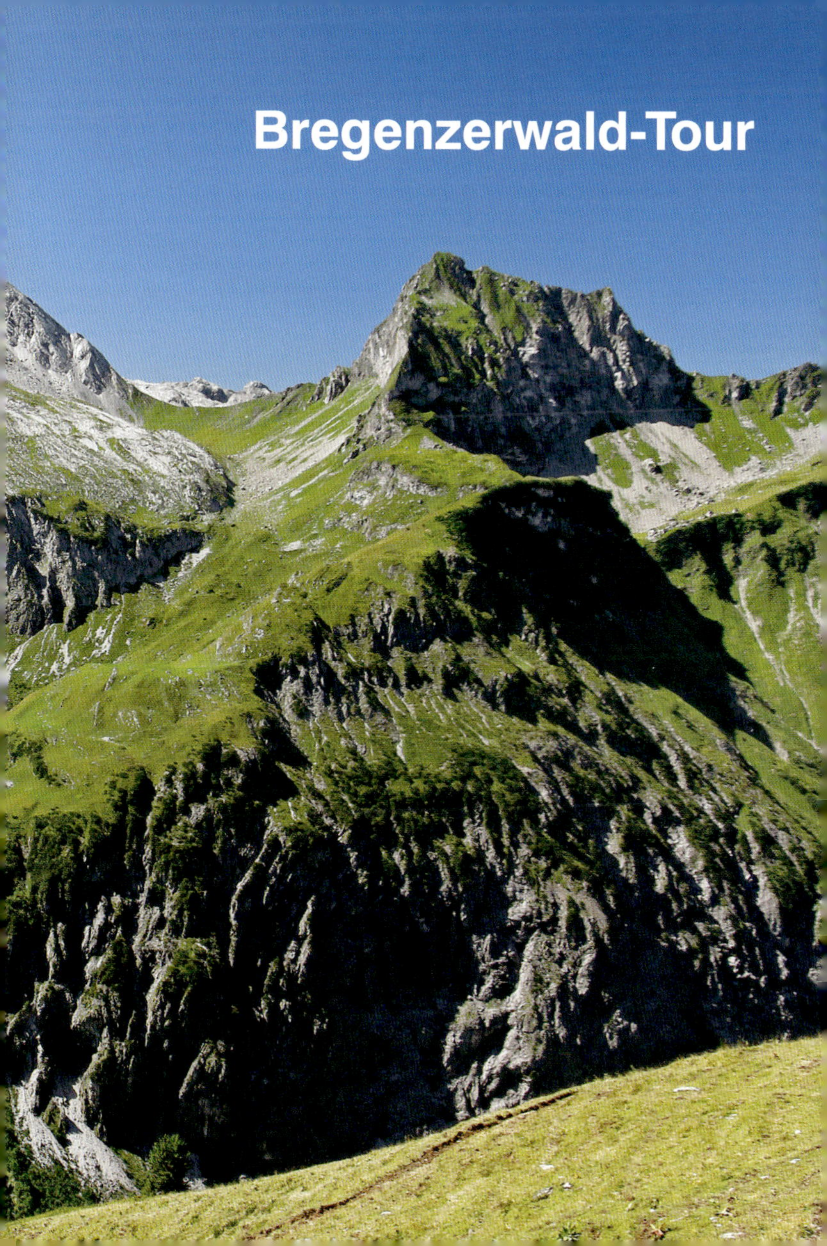

Bregenzerwald-Tour

Von den Voralpen bis unter den Hochtannberg

Als Bregenzerwald wird die nordöstliche Region Vorarlbergs bezeichnet, orografisch im Wesentlichen das Einzugsgebiet der Bregenzerach, die an der Mohnenfluh entspringt und bei Bregenz in den Bodensee mündet. Das einst fast vollständig bewaldete Gebiet – darin ist sicher der Namensursprung zu suchen – wurde im Zuge der Besiedlung weithin geschwendet und zu einer vielfach offenen bäuerlichen Kulturlandschaft umgeprägt. Sie beginnt im Norden als sanft gewelltes Hügelland und nimmt gen Süden sukzessive alpine Züge an. Die Steigerung der Kulissen ist demnach ein Merkmal, das sich auch auf unserer Tour widerspiegelt. Insofern sind Marschrichtung und Dramaturgie des Ablaufs eigentlich logisch vorgegeben.
Im Rahmen eines auf Hütten ausgerichteten Alpintrekkings bleibt der mittelgebirgsähnliche Vordere Bregenzerwald außen vor. Die Tour nimmt also an der Schwelle zum Mittelwald ihren Ausgang und führt zunächst durch das Westliche Bregenzerwaldgebirge im Bereich von Hochälpelegruppe, Dornbirner First, Freschengruppe und Damülser Bergen, um anschließend ins

Vorhergehende Doppelseite: Im Hinterwald bildet das Lechquellengebirge eine starke Kulisse, hier auf der Etappe über das Braunarlfürggele.
Unten: Die Zafernalpe in den Matten unterhalb des Zafernhorns.

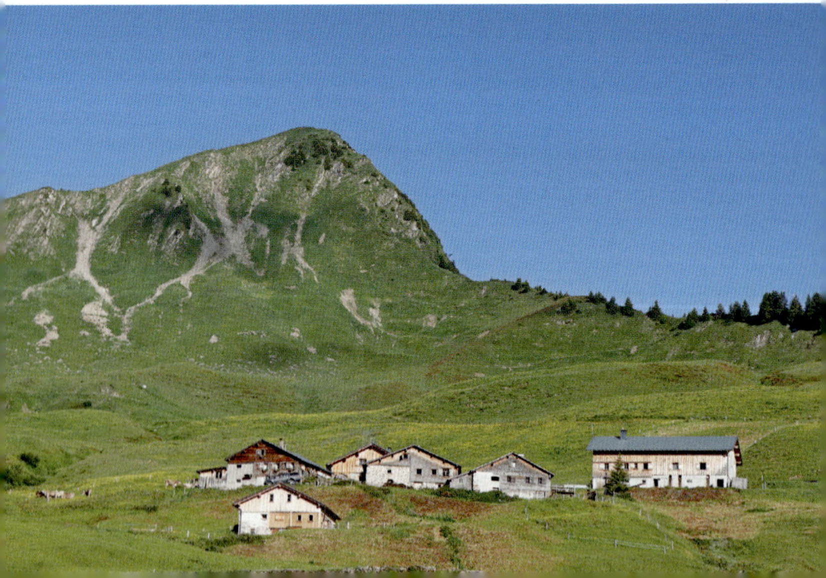

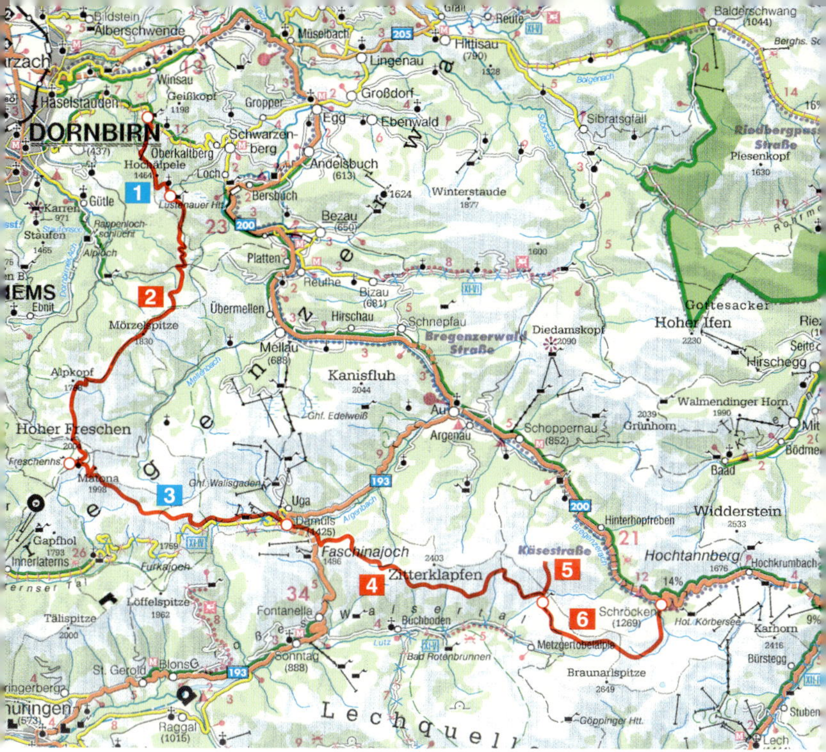

Lechquellengebirge überzutreten. Dieses wird hauptsächlich in der Zitterklapfengruppe durchquert, wobei man zuletzt auch die Braunarlspitze tangiert. Ein wenig verwirrend mag sein, dass die Begriffe Bregenzerwald und Bregenzerwaldgebirge demnach geografisch nicht gleichbedeutend sind. Letzterer resultiert aus der offiziellen Alpenvereinseinteilung der Ostalpen und bezieht sich mehr auf die topografische Struktur als auf die kulturell gewachsene Region.

Nun aber genug der Theorie und hinein in die Bregenzerwald-Tour, die vom Bödele aus mit einer ganz gemütlichen Einlaufetappe beginnt. Bereits am zweiten Tag sind wir allerdings schon beachtlich gefordert, nicht nur weil das Freschenhaus als nächstes Quartier ziemlich weit ent-

Schönster Rastpunkt der Auftaktetappe: am Hochälpelekopf.

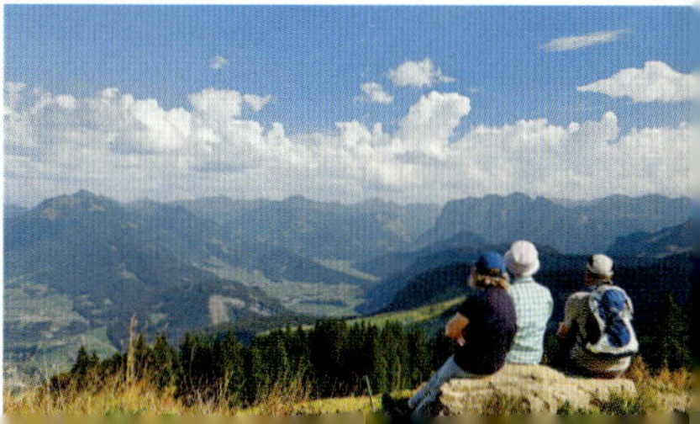

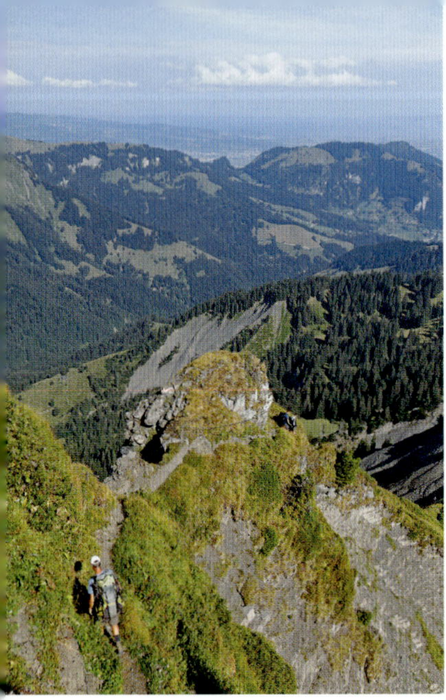

Der exponierte Binnelgrat zählt zu den Schlüsselpassagen.

fernt liegt, sondern auch, weil uns der sogenannte Binnelgrat am Hohen Freschen als erste Schlüsselpassage Standfestigkeit und gute Nerven abverlangt. Damit erreichen wir freilich einen Höhepunkt in Sachen Aussicht! Der dritte, wieder deutlich gemäßigtere Abschnitt endet im Bergdorf Damüls, das auf eine Walsergründung Anfang des 14. Jahrhunderts zurückgeht. Hier übernachten wir ausnahmsweise nicht in einer Berghütte, sondern können je nach Wunsch und Ausstattung des Geldbeutels auch sehr komfortabel logieren. Manch einem mag das zur Regeneration vielleicht willkommen sein, denn die nächste Etappe – mit der wir ins schroffere Lechquellengebirge eintreten – hat es ziemlich in sich. Sie ist die längste und mit einigen Steilpassagen am Hochschereweg wohl auch die anspruchsvollste. Nach einer langen, aussichtsreichen Hangtraverse erreichen wir die Biberacher Hütte als letzten Stützpunkt, können dort noch einen Abstecher auf die Hochkünzelspitze einstreuen, ehe es über das landschaftlich besonders reizvolle Braunarlfürggele schlussendlich nach Schröcken hinübergeht.

Fünf Tage quer durch den Mittleren und Hinteren Bregenzerwald, vornehmlich entlang der Leitlinie des E4 – diese Trekkingroute mag vielleicht noch nicht die Popularitätswerte anderer genießen, kann aber mit vielfältigen Impressionen punkten, meist dominiert von einer älplerisch geprägten Szenerie sowie dem allmählichen Wandel von voralpinen zu hochalpinen Kulissen. Leichtere und fordernde Übergänge wechseln einander ab, sodass die Tour in Summe als mittelschwer einzustufen ist. Jeder Wanderer sollte zumindest die Fähigkeit mitbringen, sich auch mal eine Stunde lang in ausgesetzterem Gelände zu bewegen, ohne bei jeder kleinen Hürde sofort zu zagen. War der vorangegangene Winter nicht zu schneereich, kann ab Mitte Juni Startschuss in die Saison gegeben werden – ansonsten wären speziell für den Hochschereweg besser noch zwei, drei Wochen abzuwarten. Anfang Oktober schließen dann die ersten Hütten, leider oft schon während der stabilsten Herbsthochs …

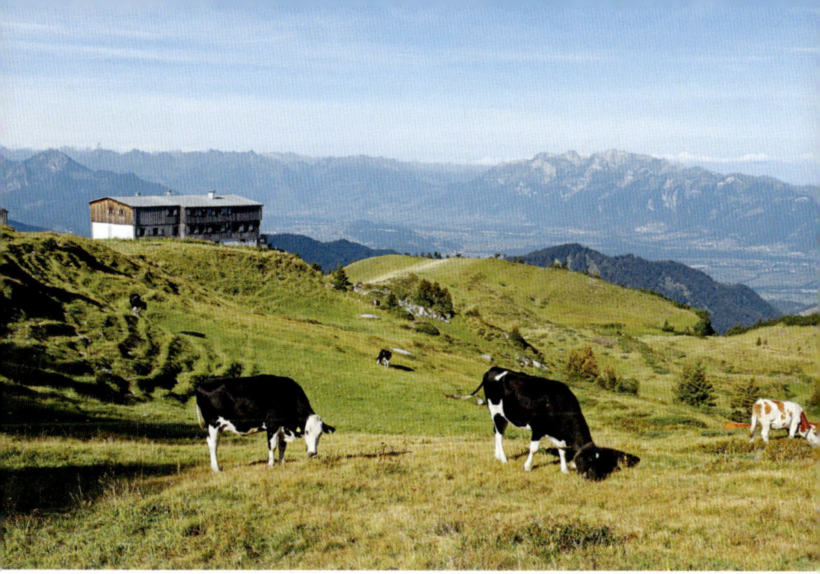

Oben: Auf aussichtsreichem Wiesenplateau empfängt uns das Freschenhaus.
Unten: Ein markantes, weithin begrüntes Relief wie an der Mörzelspitze prägt den Bregenzerwald.

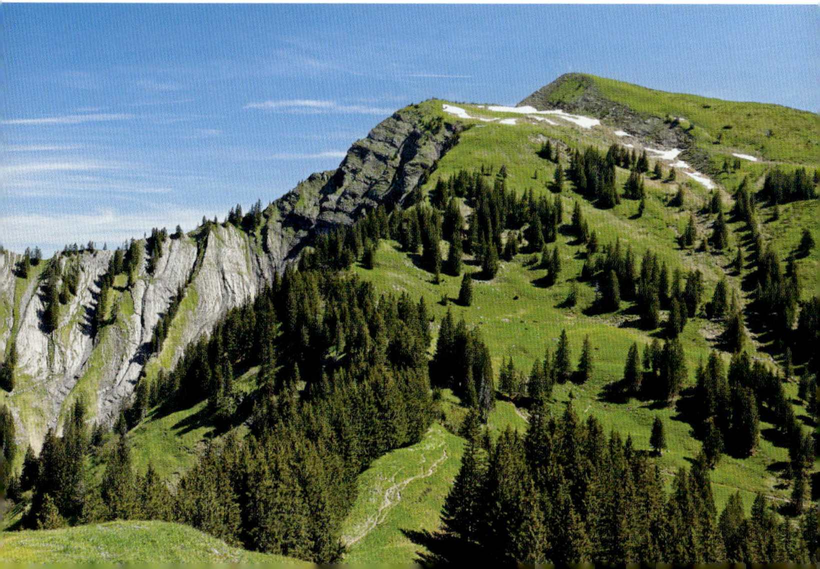

1 Bödele – Lustenauer Hütte

2.00 Std.

↑370 ↓260

Lockere Einstiegsetappe über den Hochälpelekopf

Es wird unter Umständen nicht unwillkommen sein, wenn am Anreisetag zunächst ein gemütliches Einlaufprogramm bevorsteht. Dabei sollten wir ruhig den Weg über den Hochälpelekopf wählen und damit bereits ein erstes zwar bescheidenes, aber stimmungsvolles Gipfelchen mit einbauen. Besonders nach Osten zeigt sich ein weiter Horizont über ein grün geschecktes Relief bis zu den Allgäuer Alpen. Und wenige Meter unterhalb lockt die reizende, kleine Hochälpelehütte, in der man sich übrigens auf Anfrage auch einquartieren könnte.

Ausgangspunkt: Bödele, 1140 m, touristische Siedlung ehemaliger Vorsäße am Scheitel der Straßenverbindung zwischen Dornbirn und Schwarzenberg. Gebührenpflichtige Parkplätze; Buslinie 38 vom Bahnhof Dornbirn.
Endpunkt: Lustenauer Hütte, 1250 m.
Anforderungen: Maximal T2. Leichte Bergwanderwege und breite Wirtschaftswege. Nirgends problematische Stellen und auch konditionell sehr moderat.
Einkehr/Unterkunft: Meierei bei Bödele (Di. Ruhetag), Lankhütte, Hochälpelehütte (Tel. +43 664 4308881; Di. Ruhetag), Lustenauer Hütte (Mo. Ruhetag).
Variante: Ein etwas schnellerer Zugang führt auf breitem Forstweg binnen 1.30 Std. ostseitig am Hochälpelekopf vorbei zur Lustenauer Hütte.
Tipp: Alternativ kann man am 1. Tag auch noch knapp 20 Min. weiter bis zur Bregenzer Hütte, 1290 m, marschieren und im Naturfreundehaus übernachten (Tel. +43 664 4000864; Do. Ruhetag).

Die Benediktkapelle auf der Hochälpelealpe.

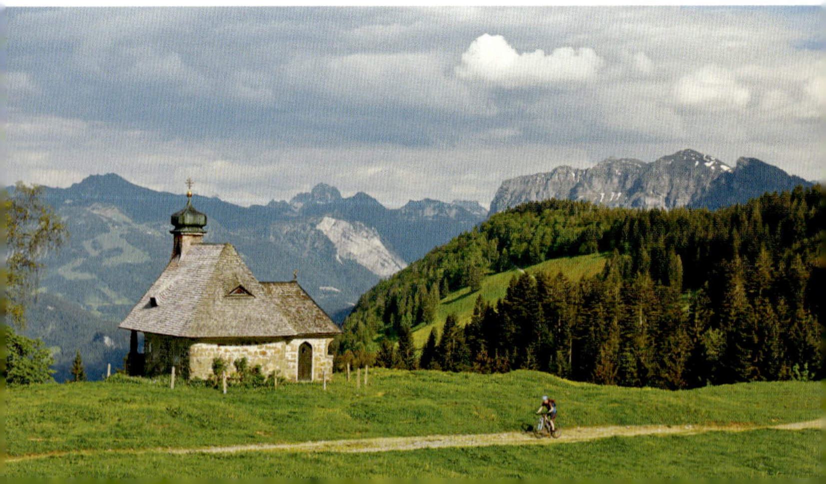

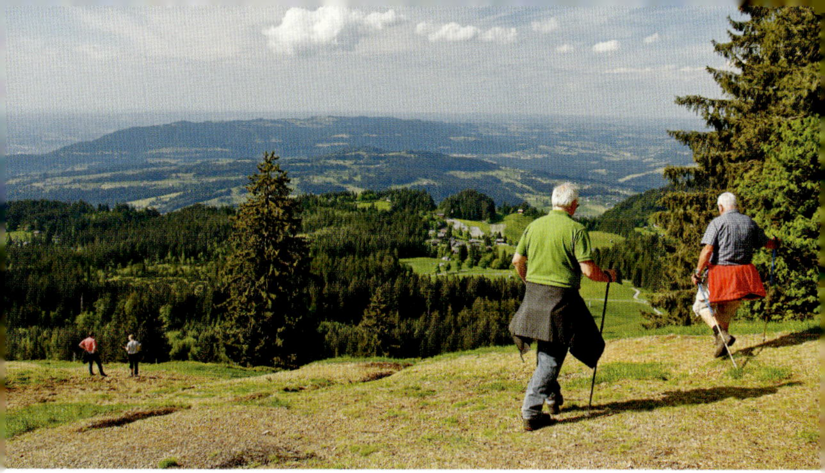

Unterwegs am Lank mit Blick bis ins Oberschwäbische.

Vom **Bödele (1)** wandern wir nach Hinweis »Hochälpele« zunächst Richtung Meierei (Gasthaus) und weiter zur **Lankhütte (2)**, 1230 m, am Skihang. Dieser wird nun über das Aussichtsbankerl »Am Lank« erstiegen. Im Bereich des licht bewaldeten Kamms gewinnt der Weg nur noch wenig an Höhe und bringt uns zum **Hochälpelekopf (3)**, 1464 m, mit der gleichnamigen Hütte direkt nebenan. Auf einer Schottertrasse verlieren wir anschließend wieder rund 200 Meter bis zur Hochälpelealpe (kurz »Älpele« genannt) und treffen dort auf die Direktroute vom Bödele. Wir passieren die Benediktkapelle, durchlaufen eine bewaldete Grabensenke und kommen mit einer kleinen Gegensteigung schließlich zur **Lustenauer Hütte (4)**.

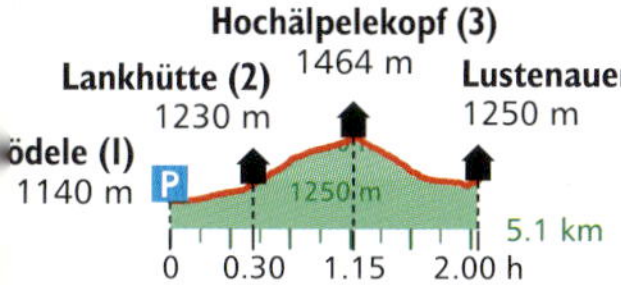

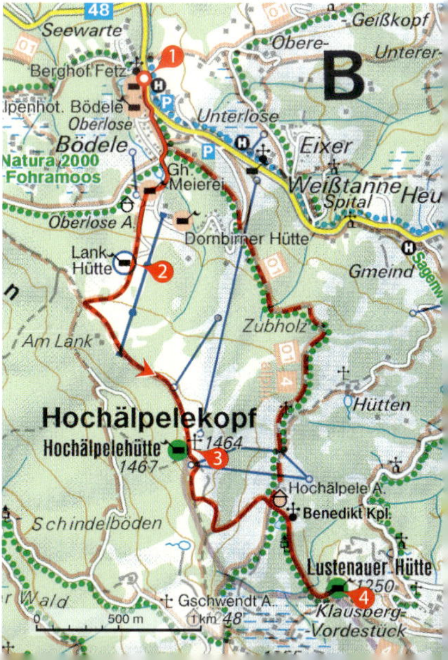

2 Lustenauer Hütte – Freschenhaus

6.40 Std.

↑1350 ↓750

Alp- und Kammwege bis zum Hohen Freschen

Dieser zweite Abschnitt der Brengenzerwald-Tour hat es durchaus in sich. Allein schon die beachtliche Strecke, die wir bis zum Freschenhaus zurückzulegen haben, ist nicht zu unterschätzen. Dabei geht es über diverse Alpgebiete zunächst noch moderat los. Doch steigern sich Anspruch und Eindrücke sukzessive. Wir beschreiten die Kammlinie am Dornbirner First, kommen via Mörzelspitze und Salzbödenkopf zum Binnelgrat voran und knacken am Hohen Freschen schließlich die 2000-Meter-Marke. Hier verliert das Voralpine zugunsten hoher, zerfurchter Schieferflanken, die dem Berg zumindest auf drei Seiten ein respektables Antlitz verleihen. Entsprechend zünftig geht es auch für uns am luftigen Binnelgrat zu. Lange wird man die gewaltige Aussicht am Hohen Freschen – der im 3. Jahrhundert übrigens schon als »Hochwacht« zwischen rätoromanischem und alemannischem Siedlungsraum bekannt gewesen sein soll – würdigen, ehe die abwechslungsreiche Etappe über die harmlose Seite des Berges gemütlich ausklingt.

Ausgangspunkt: Lustenauer Hütte, 1250 m.
Endpunkt: Freschenhaus, 1846 m.
Anforderungen: T3–4 (am Binnelgrat), sonst selten schwieriger als T2. Wege unterschiedlicher Beschaffenheit im Alpgelände, teils breite Güterwege, teils Wiesenpfade, die bei Nässe da und dort unangenehm erdig sein können. Am weitaus anspruchsvollsten ist der steile und relativ

Als erste höhere Hürde baut sich der Dornbirner First vor uns auf.

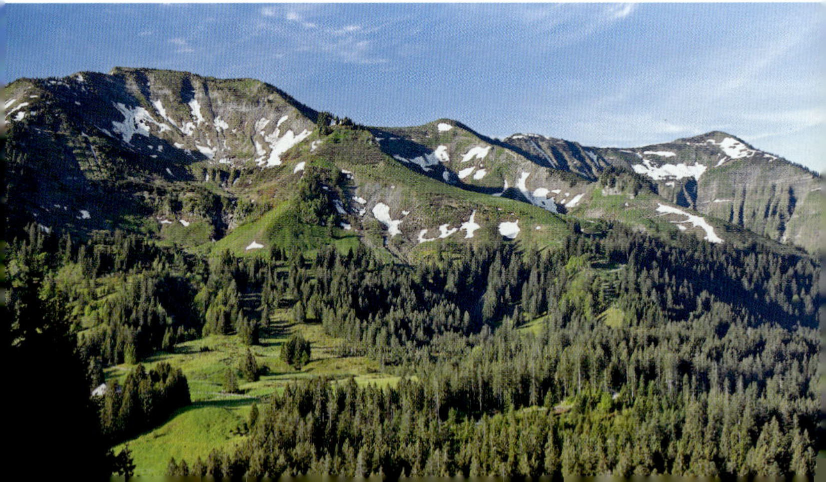

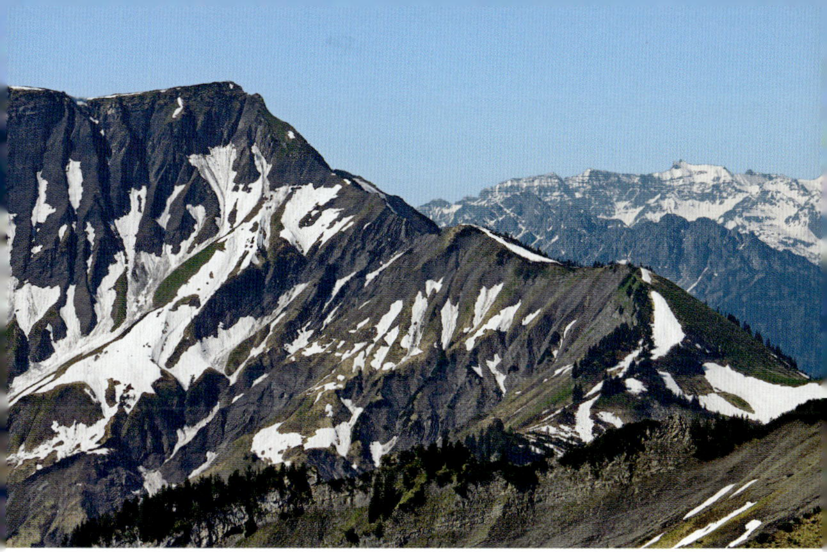

Der Binnelgrat am Hohen Freschen stellt eine echte Herausforderung dar.

ausgesetzte Nordgrat am Hohen Freschen, hier sind Trittsicherheit und Schwindelfreiheit angezeigt. Der lange Marschtag erfordert zudem gute Kondition.
Einkehr/Unterkunft: Lustenauer Hütte, Bregenzer Hütte, Weißenfluhalpe, Freschenhaus.
Hinweis: Eine Umgehung des Hohen Freschen ist nur umständlich möglich, etwa mit Abstieg ins innere Mellental und via Lindachalpe von Osten gegen den Freschensattel hinauf.

Von der **Lustenauer Hütte (1)** geht es anfangs Richtung Südosten und bald merklich rechts eindrehend zur **Bregenzer Hütte (2)**, 1290 m, der Naturfreunde. In der vorerst noch ausgesprochen mittelgebirgstypischen Umgebung durchschreiten wir mit einer Linkskurve eine kleine Mulde und stoßen auf den Abzweig Richtung **Weißenfluhalpe (3)**, 1375 m, die auf einer plateauartigen

Nur noch wenige Schritte bis auf die Mörzelspitze …

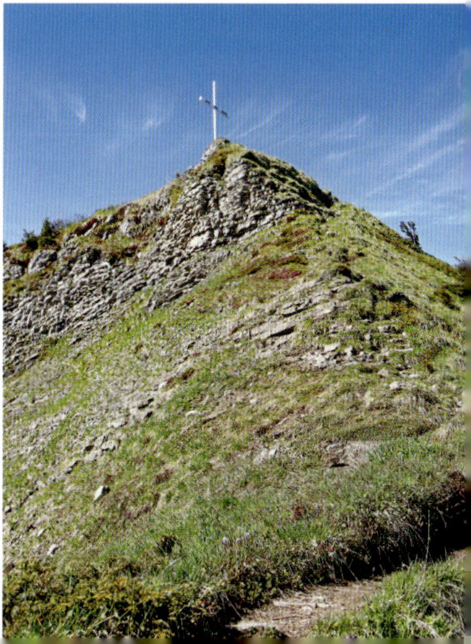

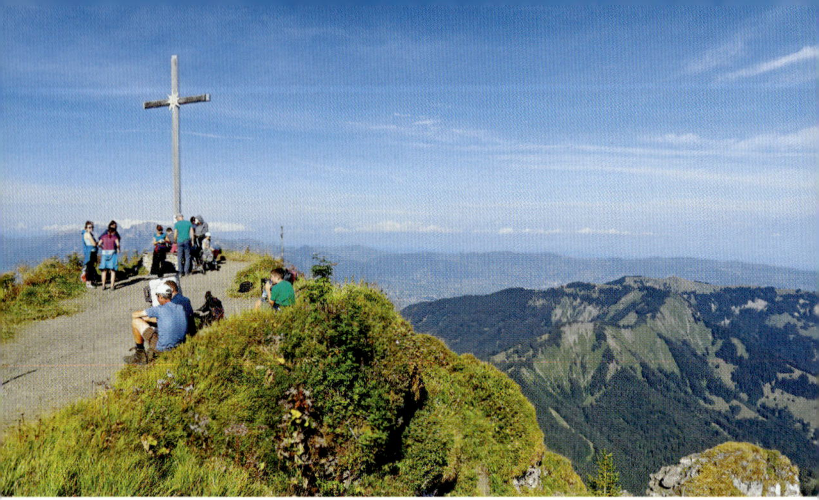

Der Hohe Freschen zählt zu den meistbesuchten Gipfeln im Bregenzerwald.

Kuppe liegt und über einen erdigen Wiesenpfad angelaufen wird. Auf der Rückseite folgen wir dem breiten Wirtschaftsweg hinab in eine weite Senke mit Feuchtgebiet und im nächsten Gegenanstieg zur **Untersehrenalpe**. Nun abermals über einen erdigen Weg schräg rechts hinauf bis kurz vor die **Obersehrenalpe**, 1519 m, wo man auf einem Wiesenrücken links abzweigt **(4)** und die Kammhöhe am **Dornbirner First**, 1733 m, ersteigt. Der Leuenkopf kann wahlweise überschritten oder links umgangen werden, bevor wir mit einem kurzen, steilen Anstieg auf die **Mörzelspitze (5)**, 1830 m, gelangen – ein perfekter Rastplatz auf halber Strecke!

Das folgende Bergab führt über einen erodierten Weg. Am Sattel zwischen Bäumen hindurch und zur Gabelung am Salzboden, ca. 1600 m, wo wir uns links aufwärts orientieren und fast bis zum **Salzbödenkopf (6)**, 1765 m, ansteigen. Man durchmisst dort Latschenfelder und verliert Richtung Altenhofalpe wieder rund 150 Höhenmeter. Ein Karrenweg zieht leicht aufwärts links um den Alpkopf herum und hinter dem Kammrücken zur **Binnelalpe (7)**,

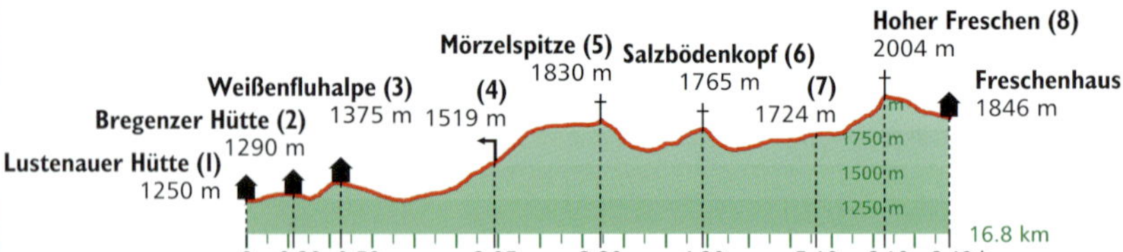

1724 m. Nach einem Flachstück über die Bergwiesen steilt der Hohe Freschen mit dem Binnelgrat vor uns auf. Der Pfad wechselt von bewachsenem in mürbes, schrofiges Gelände und wird ausgesetzter, ist aber ordentlich gesichert. Am Abzweig zum mindestens ebenso anspruchsvollen Valüragrat vorbei meistern wir die letzten steilen Meter zum Gipfel des **Hohen Freschen (8)**, 2004 m. Der Abstieg auf der Südabdachung präsentiert sich wesentlich gutmütiger: Über mäßig steile Matten vollzieht man einen Bogen um ein Geländeeck, gelangt schräg abwärts zum Freschensattel und rechts haltend über die Böden zum **Freschenhaus (9)**.

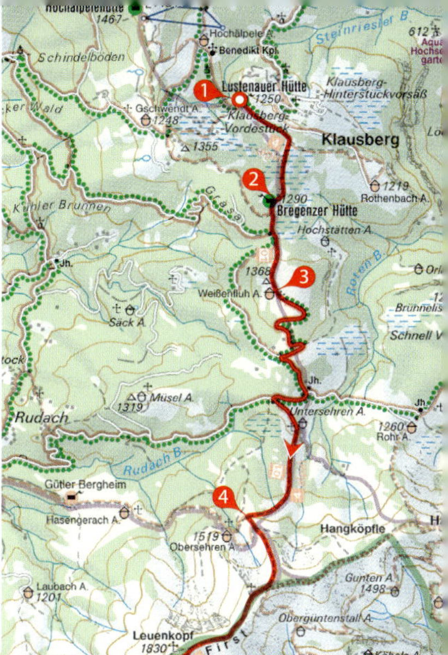

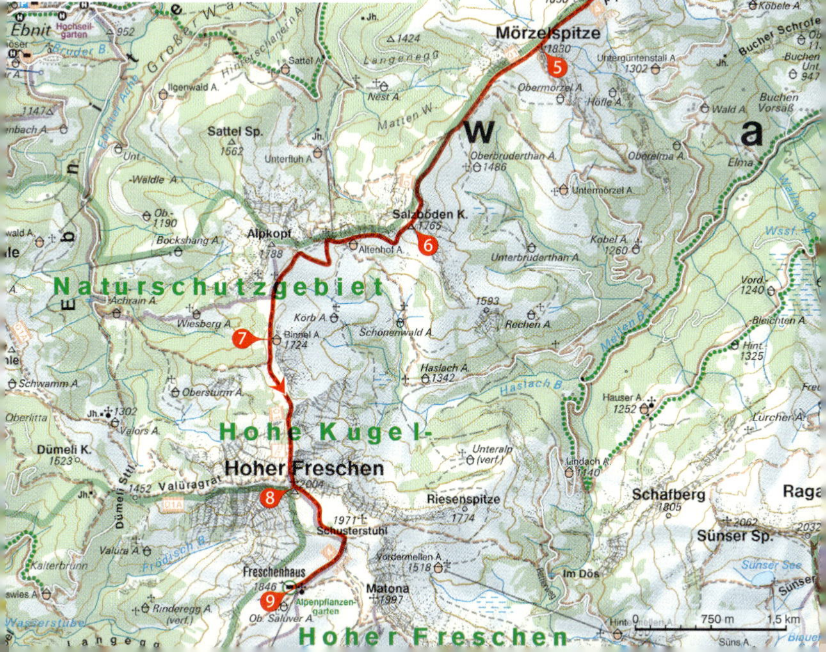

3 Freschenhaus – Damüls

4.00 Std.
↑380 ↓800

Via Gäviser Höhe und Portlafürkele

Diese Etappe geht wieder deutlich gemäßigter vonstatten, im weithin von Alpmatten überzogenen Gelände auch frei von besonderen Hindernissen. Fast ohne steilere Passagen kommen wir ein gutes Stück Richtung Südosten voran und beziehen mangels Zwischenstützpunkt ausnahmsweise in einer Ortschaft Quartier. Damüls ist als Walsersiedlung freilich ein richtiges Bergdorf und auf gut 1400 Metern kaum viel tiefer gelegen als die Berghütten im Bregenzerwald.

Ausgangspunkt: Freschenhaus, 1846 m.
Endpunkt: Damüls, 1431 m. Zwecks Unterkunft: Damüls Faschina Tourismus, Kirchdorf 138, A-6884 Damüls, Tel. +43 5510 620-0, www.damuels.travel.
Anforderungen: Überwiegend T2. Meist leichte Wanderwege ohne nennenswerte Gefahren, im Mattengelände bzw. phasenweise durch Erlengebüsch bei feuchten Bedingungen manchmal etwas Trittsicherheit vorteilhaft. Einzig der optionale Abstecher zur Matona ist mit »rot« zu bewerten.
Einkehr/Unterkunft: Freschenhaus, Jägerstüble, Oberdamülser Alpe, Damüls.
Tipp: Vom Portlafürkele aufs Portlahorn, 2010 m, das Richtung Oberdamülser Alpe überschritten werden kann.

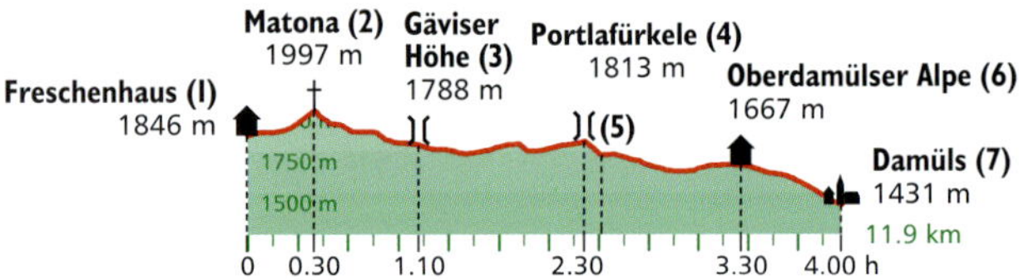

Vom **Freschenhaus (1)** steigen wir in Ostrichtung zunächst leicht an, schwenken dann im Bogen nach Süden und erreichen das **Matonajöchle**,

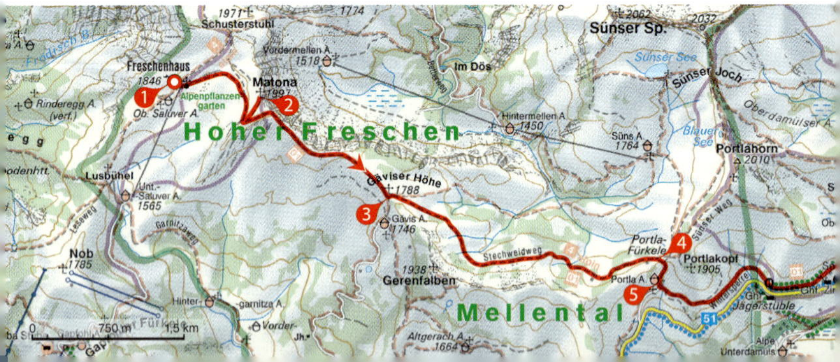

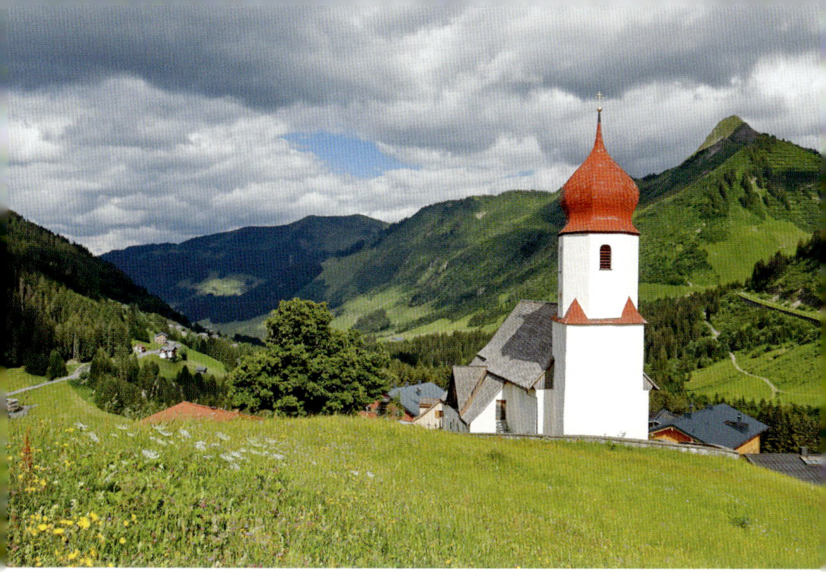

Zielpunkt der dritten Etappe ist das Walserdorf Damüls.

1925 m, wo ein schmaler Wiesenpfad zur nahen **Matona (2)**, 1997 m, abzweigt. Nach dem reizvollen Abstecher zu einer südseitigen Traverse des Gipfelaufbaus (man kann von oben her auch auf dürftiger Spur abkürzen) und weiter im Kammbereich zum Sattel der **Gäviser Höhe (3)**, 1788 m, unweit der gleichnamigen Alpe. Wir wenden uns hier allerdings mit dem Stechweidweg auf die andere Seite und passieren die Nordseite des Gehrenfalben quer durch mehrere seichte Hangbuchten. Das leichte Auf und Ab führt teils durch Erlenbestände. Nächstes Zwischenziel ist das **Portlafürkele (4)**, 1813 m, von wo es südseitig rasch zur **Portlaalpe (5)**, 1730 m, hinabgeht. Bei den Ställen schlagen wir links den Grasweg ein, der sich bald als kleinerer Pfad fortsetzt und parallel zur Furkastraße beim Jägerstüble auf einen breiten Wirtschaftsweg stößt. An der **Oberdamülser Alpe (6)**, 1667 m, vorbei Richtung Hotel Alpenstern und von dort schließlich abwärts nach **Damüls (7)** – zuletzt vom Skihang direkt zur hübschen Kirche und ins Dorfzentrum.

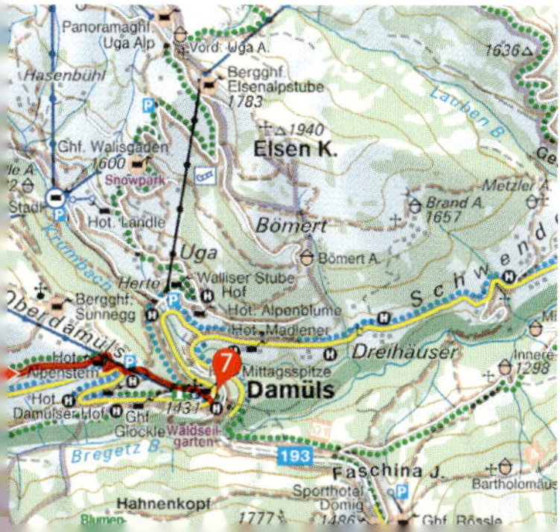

4 Damüls – Biberacher Hütte

7.15 Std.
↑1500 ↓1080

Auf dem Hochschereweg ins Lechquellengebirge

Mit diesem Übergang lassen wir das Bregenzerwaldgebirge hinter uns und wechseln ins Lechquellengebirge, das bereits den Kalkhochalpen zuzuordnen ist. Dabei dürfen wir uns auf einen strammen Marsch einstellen, der im Bereich der Hochschere auch ein paar Tücken besitzt. Nachdem die Scharte etwas mühsam überschritten ist, wartet noch eine sehr lange und manchmal nur spärlich gepfadete Traverse in den Südflanken von Zitterklapfen, Kilkaschrofen und Schöneberg, bis wir endlich die Biberacher Hütte am Schadonapass erreichen. Landschaftlich gewinnt die Umgebung an Format. Man gewahrt die inneren Geländekammern des Großen Walsertals.

Ausgangspunkt: Damüls, 1431 m.
Endpunkt: Biberacher Hütte, 1846 m.
Anforderungen: T3–4. Streckenweise recht anspruchsvolle Route. Obwohl keine besonders schwierigen Einzelstellen, über längere Zeit Trittsicherheit und Konzentration in abschüssigem Gelände erforderlich, speziell dies- und jenseits des Hochscherefürkele (vereinzelt Drahtseile; besondere Vorsicht bei Schneeresten). Im Zusammenspiel mit dem hohen konditionellen Anspruch absolut an der Grenze zu »schwarz«.
Einkehr/Unterkunft: Faschina, Biberacher Hütte.
Variante: Als Notlösung bei Schlechtwetter mit dem Bus von Damüls nach Buchboden, 910 m, und auf dem normalen Hüttenweg über die Untere Ischkarneialpe zum Etappenziel.

Wir verlassen das Kirchdorf von **Damüls (1)** bergab zur Faschinastraße und gewinnen hinter dem Bach parallel zur Galerie Richtung **Faschinajoch (2)**, 1486 m, wieder an Höhe. Dort beginnt der Zafern-Rundweg mit einem kräftig ansteigenden Güterweg. Hinter der **Bartholomäusalpe (3)**, 1653 m, noch ein Stück weit quer durch den Hang und anschließend in Kehren zur Gumpener Höhe, 1830 m, hinauf. Jenseits der Rippe im Bogen durch eine Hangmulde und teils schrofig (Drahtseil) zum **Gumpengrätle (4)**, 1900 m. Nächstes Ziel ist jetzt die deutlich tiefer gelegene **Zafernalpe (5)**, 1702 m, die wir nach einem Wiesenabstieg auf breitem Wirtschaftsweg erreichen. Bis in die Nähe der Hinteren Kriegbodenalpe büßt man sogar noch mehr Höhenmeter ein, ehe der langwierige und oft steile Aufstieg zum Hochscherefürkele eingeleitet wird. Vorerst lässt sich nur ein dürftiger Graspfad nutzen, der sich links ausholend im Schutt jedoch besser

Typisches Vorarlberger Ambiente auf der Zafernalpe.

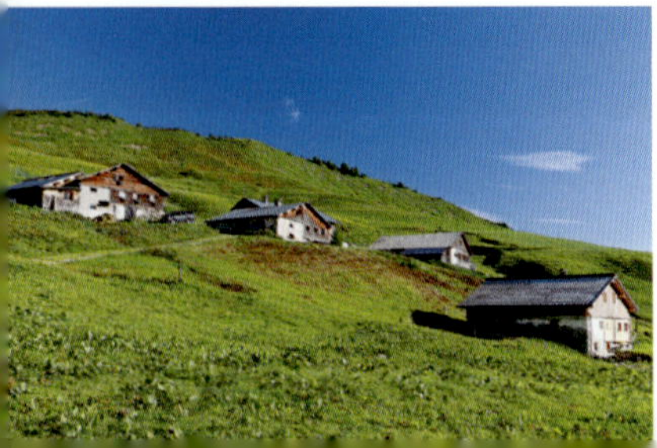

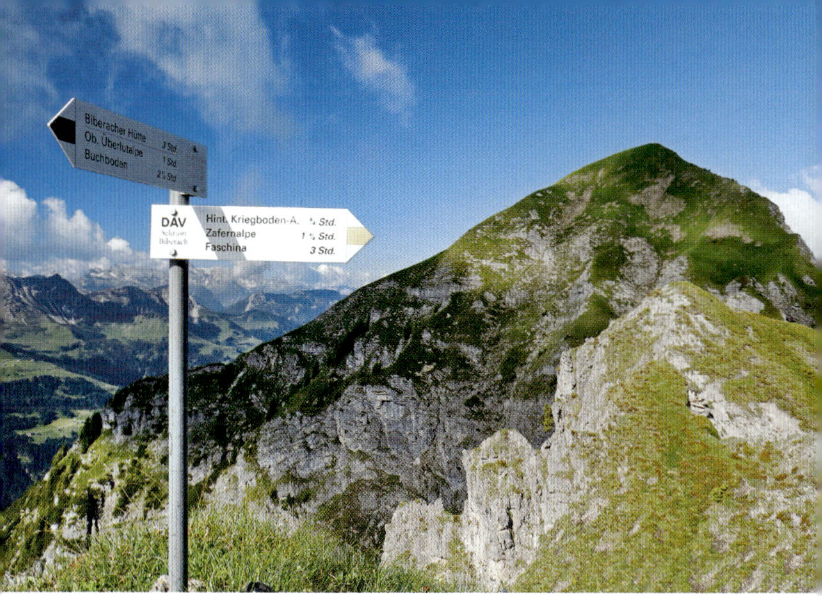

Seitenwechsel am Hochscherefürkele. Jetzt breitet sich das Lechquellengebirge vor uns aus.

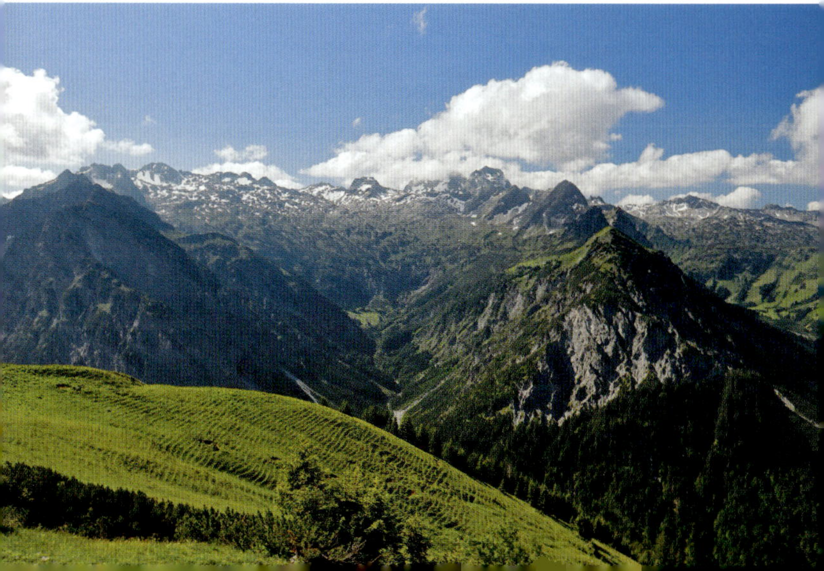

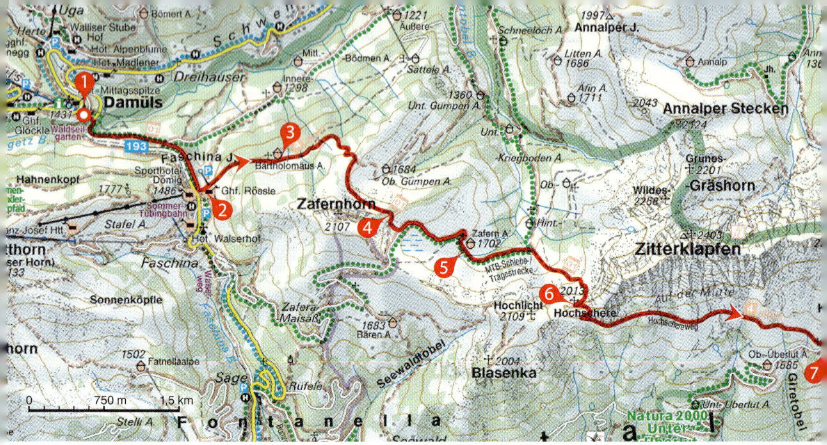

ausprägt. Man absolviert einige Serpentinen, quert unter den Felsen nach rechts (Vorsicht in Rinnen, wenn diese im Frühsommer noch schneegefüllt sind) und gewinnt mit Drahtseilhilfe die Lücke am Grat. Ein paar Meter höher befindet sich der eigentliche Übergang am **Hochscherefürkele (6)**, 2013 m. Südseitig schraubt sich der Steig in Steilschrofen zunächst ein Stück bergab

Blick in die Furche des Großen Walsertals kurz vor unserem Tagesziel.

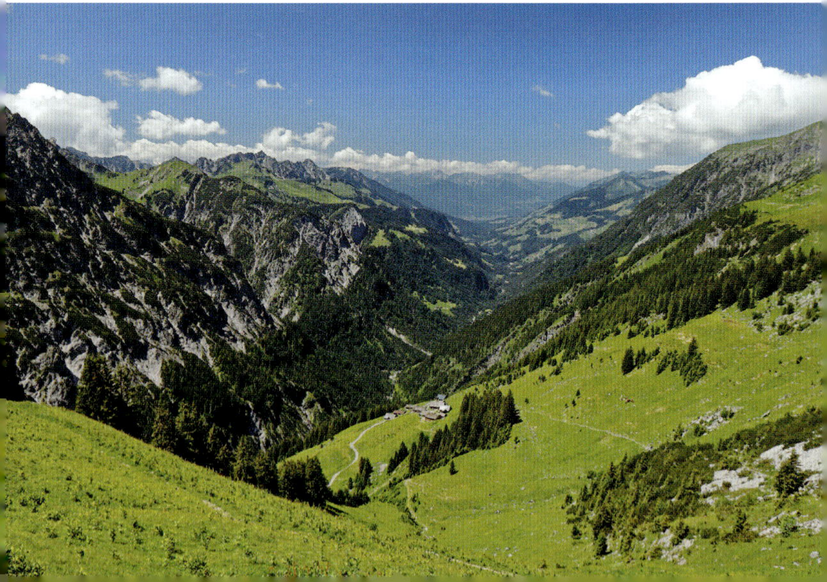

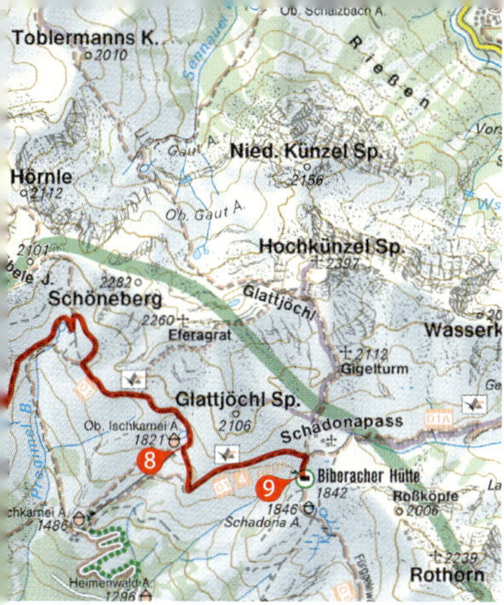

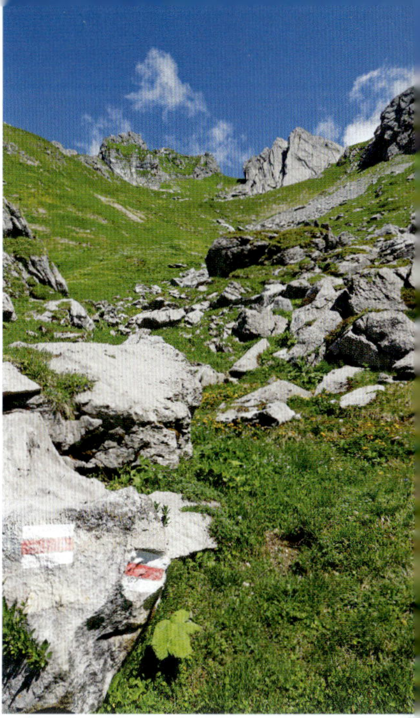

Der Hochscherewegquert stundenlang durch die Flanken.

und leitet dann in die lange Traverse gen Osten über. Eine Weile präsentiert sich der Untergrund noch ziemlich rau und abschüssig – manchmal sind Rinnen oder Geröllzungen zu kreuzen. Später geht es gutmütiger öfters über Rasen, zum Beispiel auf der »Mutte« in Falllinie des mächtigen Zitterklapfen. Wir steuern die **Oberalpe (7)**, 1713 m, an und kommen auf einem breiteren Alpweg vorübergehend zügiger voran. Das Ausgehen des Pregimel-Einschnitts wird dann wieder zeitaufwendiger, verbunden mit einem deutlichen Höhengewinn und nicht immer ganz klar in der Routenführung. Hinter einem isolierten Felsgupf entlang passieren wir einen Sattel und steigen zur **Oberen Ischkarneialpe (8)**, 1821 m, ab. Etwas unterhalb stößt man auf den Zugang von Buchboden, der schließlich leicht ansteigend die abschüssigen Mergelhänge hinüber zum Schadonapass quert. Ein paar Schritte oberhalb empfängt uns die **Biberacher Hütte (9)**.

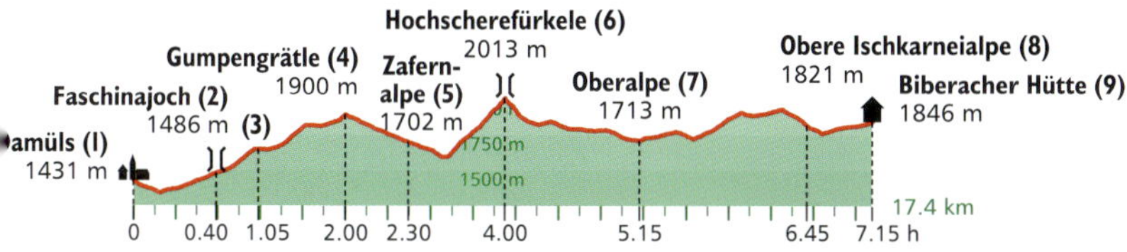

5 Hochkünzelspitze, 2397 m

3.00 Std.

↑↓600

Auf den Hausberg der Biberacher Hütte

Als einen der lohnendsten Aussichtsgipfel im Lechquellengebirge sollten wir die Hohe Künzel nicht versäumen, zumal eine Besteigung zeitlich durchaus der Abschlussetappe vorangestellt werden kann, also keinen ganzen Tag extra verschlingt. Man blickt nicht nur im großen Bogen über die Allgäuer und Lechtaler Alpen, die Zentralalpen im Hintergrund unseres Lechquellengebirges, bis hin zu den Schweizer Bergen im Westen, sondern auch tief hinab in die Talschaft des Hinteren Bregenzerwaldes. Ein toller Logenplatz!

Ausgangspunkt: Biberacher Hütte, 1846 m.
Anforderungen: T3. Teilweise steiler Steig in steindurchsetztem Wiesen- und Krautgelände, erst zuletzt felsig mit Drahtseilen an ausgesetzten Stellen. Trittsicherheit und Schwindelfreiheit nötig, bei Nässe mitunter heikel glitschig. Halbtagesprogramm.
Einkehr/Unterkunft: Biberacher Hütte.

Schritt um Schritt weitet sich das Panorama übers Lechquellengebirge.

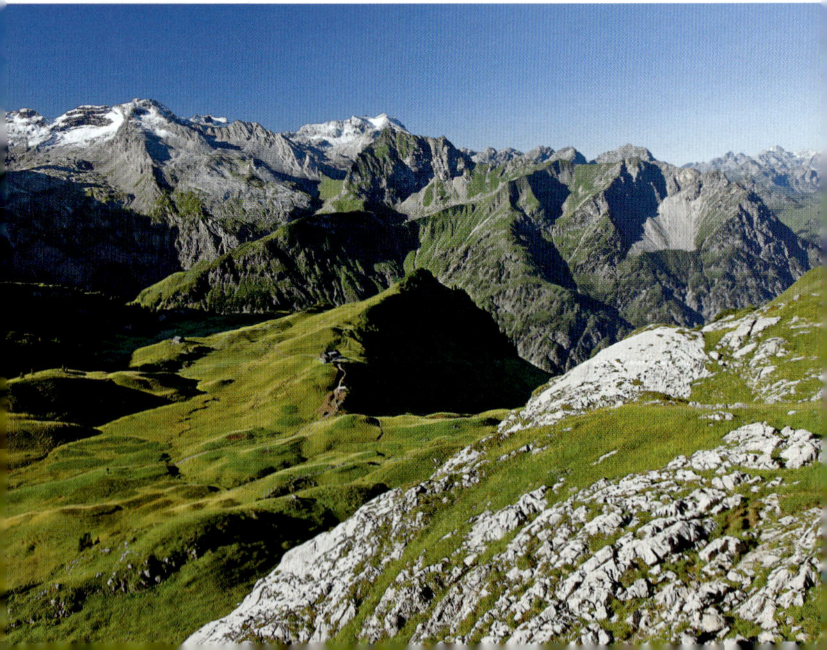

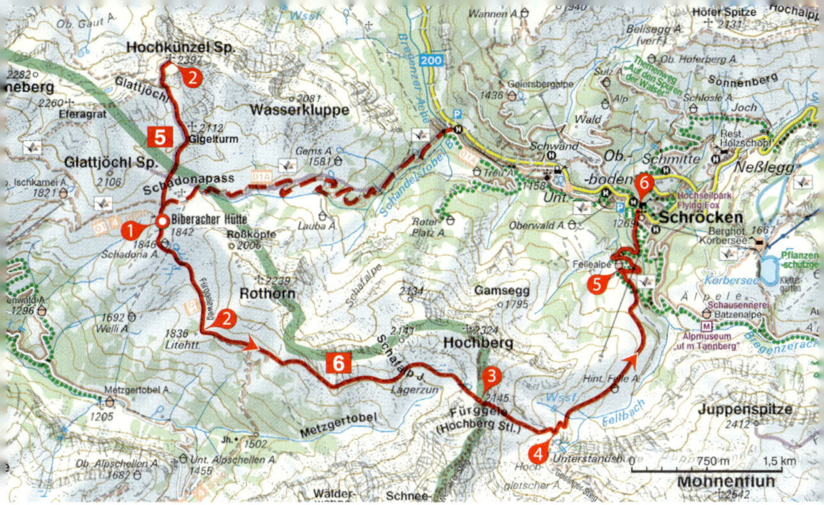

Von der **Biberacher Hütte (1)** kurz abwärts zum nahen Schadonapass, wo die Gipfelroute abzweigt. Im Wiesengelände wandern wir zunächst über einige Böden, holen am aufsteilenden, steindurchsetzten Hang etwas nach rechts aus und gelangen damit unter den Gigelturm. Hier ist der Steig nun vorübergehend angenehmer, weil von Kies bedeckt, ehe es nach dem Abzweig zum Glattjöchle in einen verkrauteten Hang hineingeht. Rund 100 Meter oberhalb beginnt das recht anregende schrofige Finale: mithilfe einiger Drahtseile auf den Westgrat und kurz in ein Schärtchen hinab, dann auf einem Band schattseitig ausbiegend und nochmals gesichert über Felsschrofen zum Gipfel der **Hochkünzelspitze (2)**, 2397 m. Der Abstieg verläuft gleich.

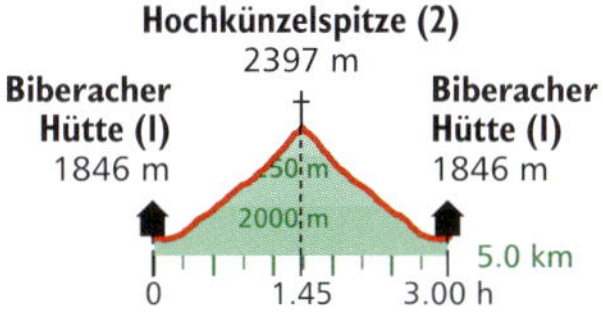

In steilen Schrofen ist Trittsicherheit gefragt.

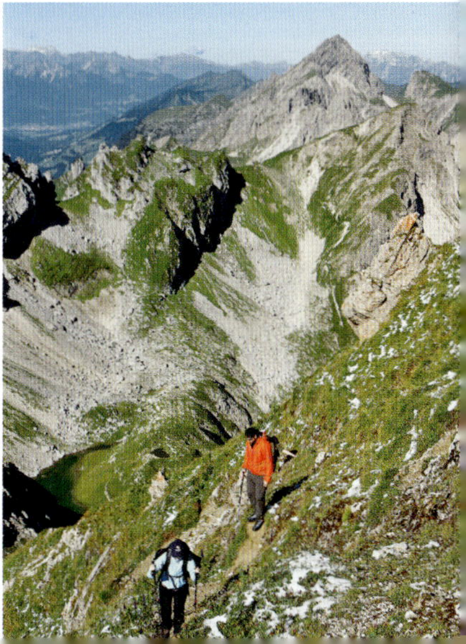

6 Biberacher Hütte – Schröcken

3.50 Std.

↑400 ↓980

Finaler Übergang via Braunarlfürggele

Von der Biberacher Hütte beenden wir unser Trekking plangemäß mit dem Abstieg zur Brengezerach. Wenn es das Wetter gut meint und keine Eile geboten ist, sollte man unbedingt der Route übers Fürggele nach Schröcken den Vorzug geben, denn sie bietet landschaftlich wesentlich mehr als der direkte Weg hinab nach Landsteg. Die charismatischen Gipfel des Lechquellengebirges kommen nochmals wunderbar zur Geltung – vor allem mit der wuchtigen Braunarlspitze gehen wir sogar ziemlich auf Tuchfühlung. Und der Hochgletscherkessel zeigt sich als besonders wilder Winkel.

Ausgangspunkt: Biberacher Hütte, 1846 m.
Endpunkt: Schröcken, 1269 m, oberstes Kirchdorf im Bregenzerwald. Mit dem Landbus zurück nach Dornbirn bzw. Bödele.
Anforderungen: T3. Bis zum Fürggele normaler Bergweg, der allenfalls bei Matsch stellenweise für Verdruss sorgen kann. Jenseits aber deutlich steiler und recht rau (grundlegende Trittsicherheit notwendig), später dann üppig mit Gras und Kraut bewachsen. Kein volles Tagespensum mehr.
Einkehr/Unterkunft: Biberacher Hütte, Fellealpe.
Variante: Vom Schadonapass auf der Route der Via Alpina hinab nach Landsteg, 1070 m (Bushaltestelle). Nur halb so lang und bei Schlechtwetter vorzuziehen.

Urweltlicher Hochgletscherkessel am Fuß von Butzen- und Braunarlspitze.

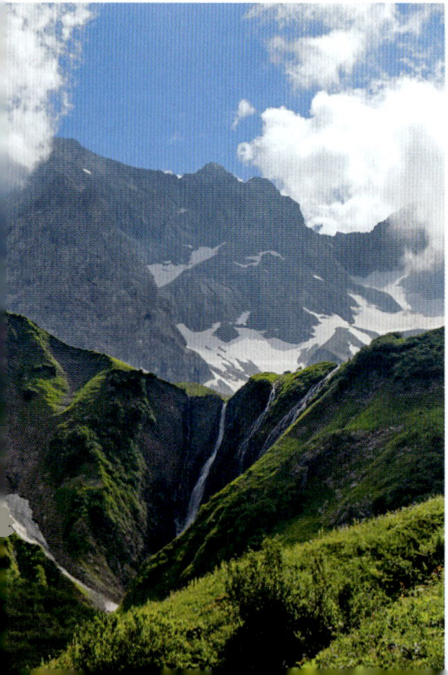

Ab **Biberacher Hütte (1)** wird der erste Abschnitt auf einem Fahrweg mit geringem Zwischenabstieg über die Schadonaalpe zur **Litehütte (2)**, 1836 m, absolviert. An der aussichtsreichen Schulter dreht der Fürggeleweg links in die Südflanke des Rothorns ein und zieht jetzt Richtung Osten. Hoffentlich ist die Trasse nicht allzu sehr vom Vieh zertrampelt, ansonsten gegebenenfalls links in die Wiesen ausweichen. Imposant zeigen sich die Nordabstürze von Orgel- und Braunarlspitze.

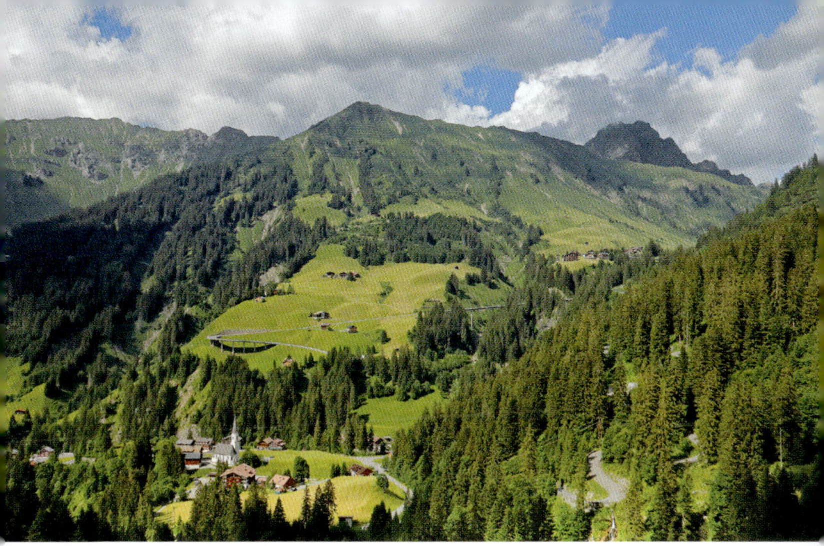

Richtung Schröcken läuft unsere Bregenzerwald-Tour aus.

Um einen Vorsprung kommen wir an den Rand der Mulde von Lägerzun (das Hüttchen bleibt unterhalb) und steigen vom Boden schließlich etwas steiler bis zum **Fürggele (3)**, 2145 m, empor.
Auf der Ostseite schraubt sich unser Pfad nun hinunter in den prägnanten Kessel der **Hochgletscheralpe (4)**, wo er sich auf 1820 Metern Richtung Schröcken bzw. Lech gabelt. In der nächsten Steilstufe ist Trittsicherheit gefragt, bevor es in flacher geneigte Hänge hineingeht. Weil hier das Kraut ziemlich wuchert, kann es bei Nässe unerquicklich werden. Wir verbleiben oberhalb der Hinteren Fellealpe, wandern über eine Art Absatz und allmählich hinab zur bewirtschafteten **Fellealpe (5)**, 1420 m. Die Zufahrt führt bis in den Tobel und nach einer minimalen Gegensteigung ins Walserdorf **Schröcken (6)**, wo wir die Bushaltestelle an der Hauptstraße aufsuchen.

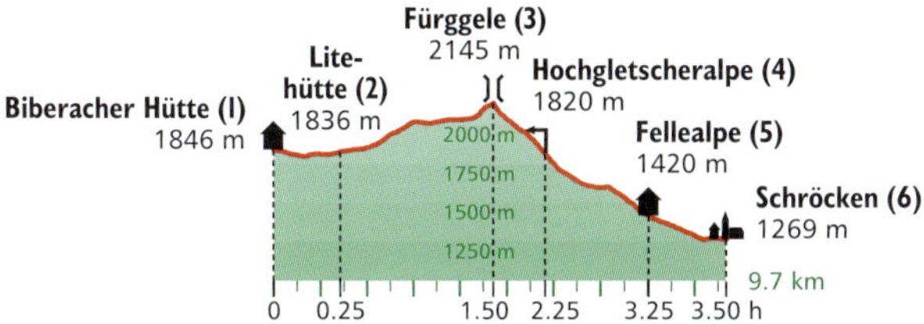

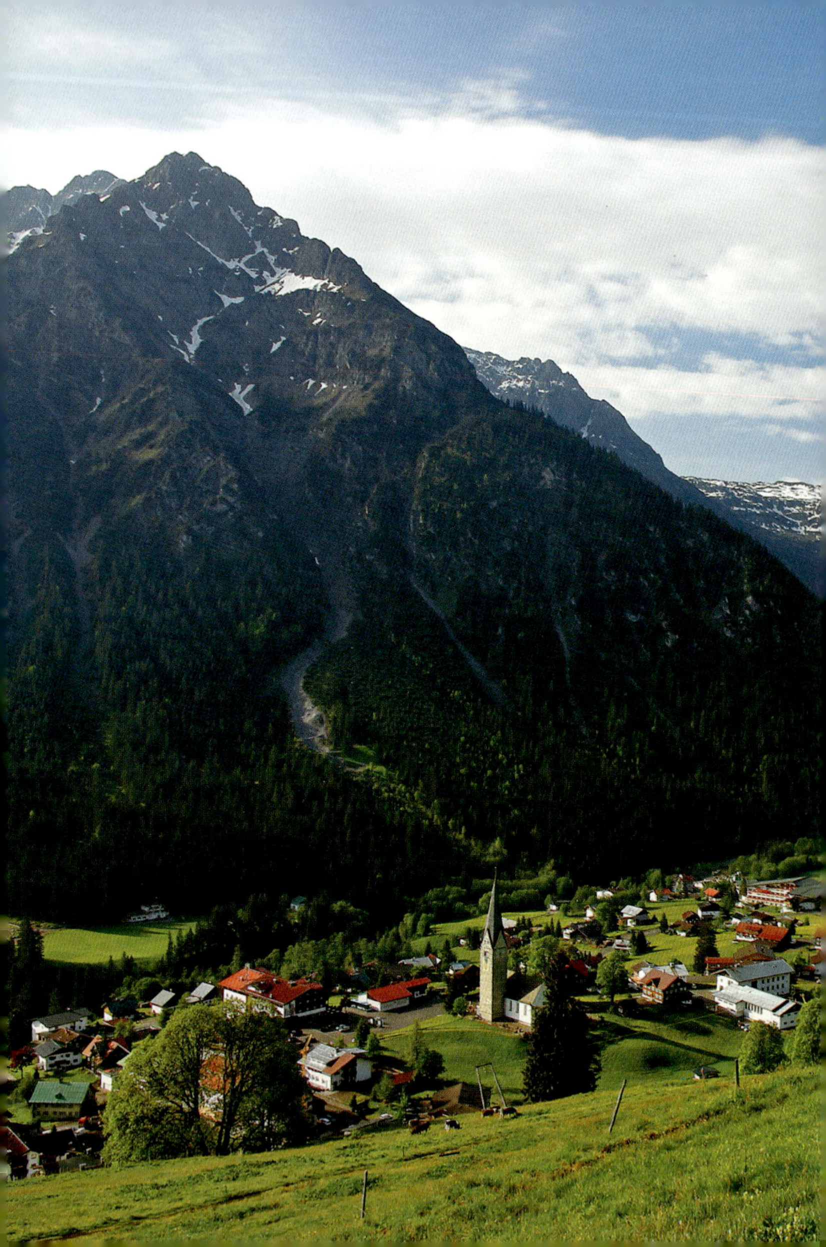

Kleinwalsertaler Runde

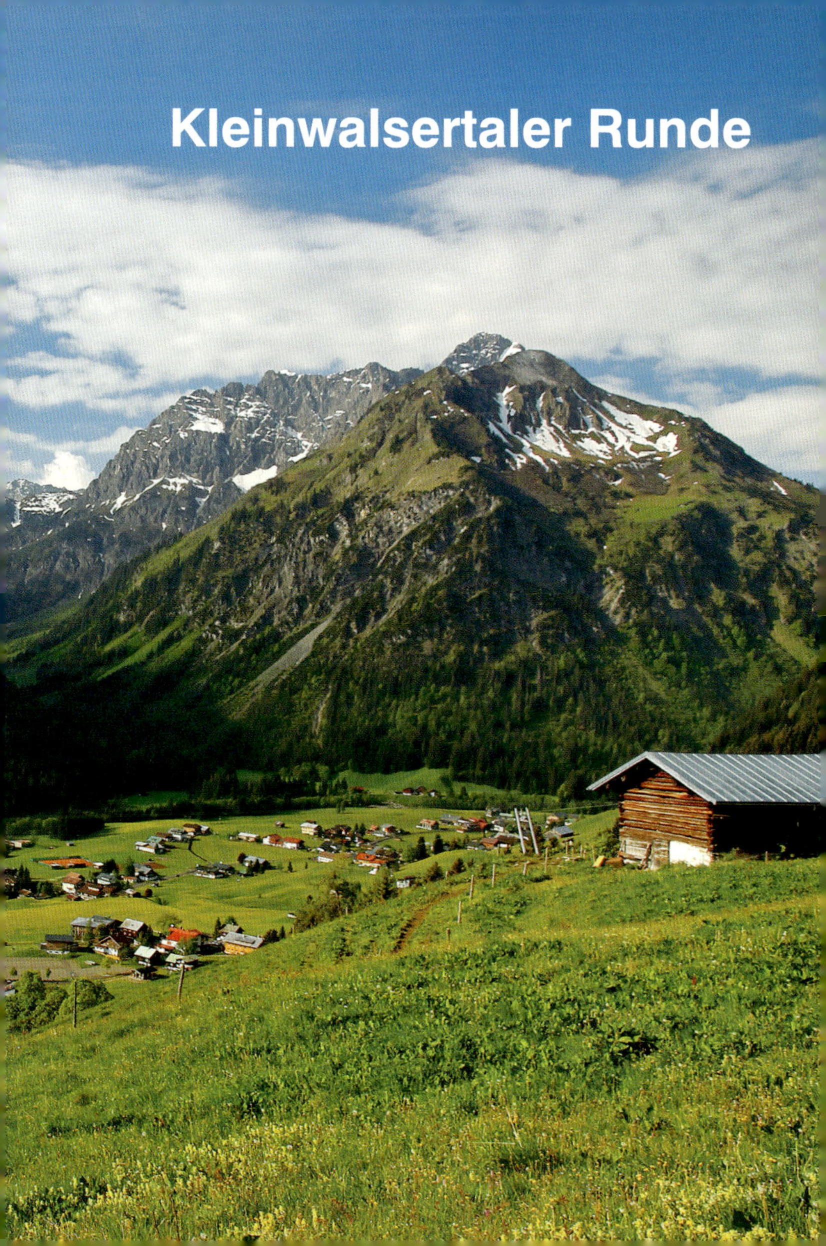

Kleinwalsertaler Runde

Ein großer Bogen um das beliebte Feriengebiet in den Allgäuer Alpen

Gefühlt gehört es ja irgendwie zum Allgäu, zumal die Touristik eng verzahnt ist und als einzige Verkehrsverbindung jene mit Oberstdorf besteht, also jeder Gast über Deutschland hineinfahren muss. Selbst wenn die Deutschen die weitaus größte Klientel im Fremdenverkehr ausmachen – spätestens an den Autokennzeichen der Einheimischen erkennt man, dass das Kleinwalsertal Teil des österreichischen Bundeslandes Vorarlberg ist. 1891 bekam es den Status eines Zollausschussgebiets, der erst in jüngerer Zeit im Rahmen der EU wieder an Bedeutung verlor.
Mit lediglich 15 Kilometern Längsausdehnung erscheint das Kleinwalsertal überschaubar, dennoch zählt es mit 1,7 Millionen Nächtigungen jährlich zu den wichtigsten und ergiebigsten Tourismusdestinationen Österreichs. Dabei wird sogar ein ausgewogenes Verhältnis zwischen Sommer- und Wintersaison erzielt, was bedeutet, dass der Wandertourismus dem sonst vielerorts überlegenen Skisport hier durchaus ebenbürtig ist. Und das hat gute Gründe – landschaftliche Reize natürlich, aber auch eine praktisch perfekte

Vorhergehende Doppelseite: Das Kleinwalsertal erfreut sich bei Wanderern enormer Beliebtheit.
Unten: Am Hohen Ifen genießt man an klaren Tagen eine gewaltige Aussicht.

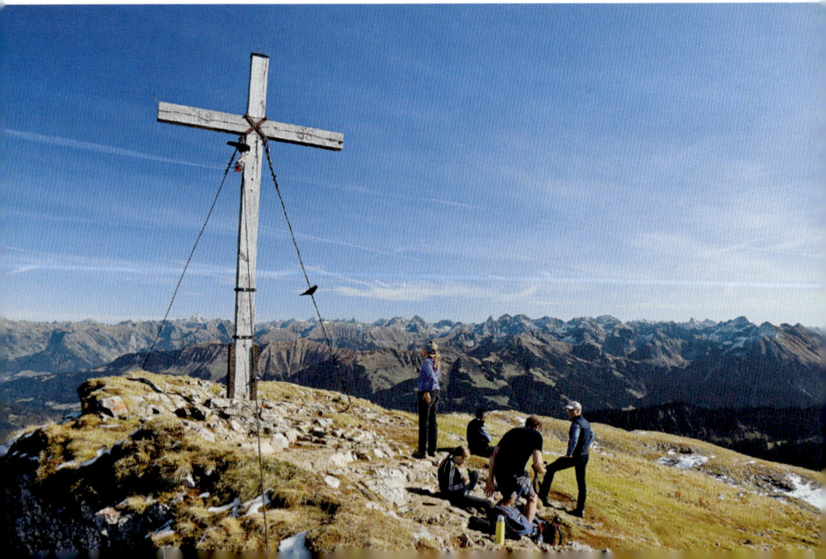

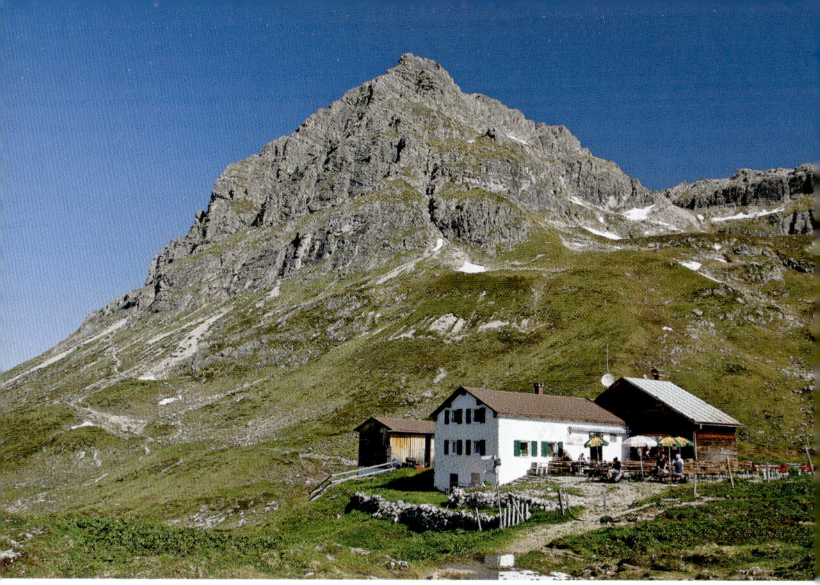

Die Widdersteinhütte mit ihrem Hausberg.

Infrastruktur. Die Hauptorte Riezlern, Hirschegg und Mittelberg sind mittlerweile schon so gut wie zusammengewachsen. Im Talschluss liegt noch das kleinere Baad, abgesehen davon gibt es etliche Weiler an den Hängen, wie es typisch für die Siedlungskultur der im 13. Jahrhundert eingewanderten Walser ist. Drumherum wirkt das Tal allenthalben wiesengrün, eingerahmt von einem Bilderbuchrelief, das Grasberge unterschiedlicher Steilheit, aber auch einige Felsrecken vereint. Die bekanntesten Berge des Kleinwalsertals dürften die Kanzelwand und das Walmendinger Horn (beide per Seilbahn erschlossen), vor allem aber der unnachahmliche Hohe Ifen sowie der alles überragende Widderstein sein. Wir werden damit auf Tuchfühlung gehen …

Die Rundtour beginnt bei der Kanzelwandbahn und hat zunächst drei Abschnitte in petto, die sich als Halbtagesetappen individuell gestalten lassen. Über die Walser Hammerspitze geht es als Erstes zur Fiderepasshütte, anschließend über den Krumbacher Höhenweg zur Mindelheimer und von dort über den Koblatpass – mit etwaigem Abstecher zum Geißhorn – Richtung

Walmendinger Horn (links) und Hoher Ifen über dem Kleinwalsertal.

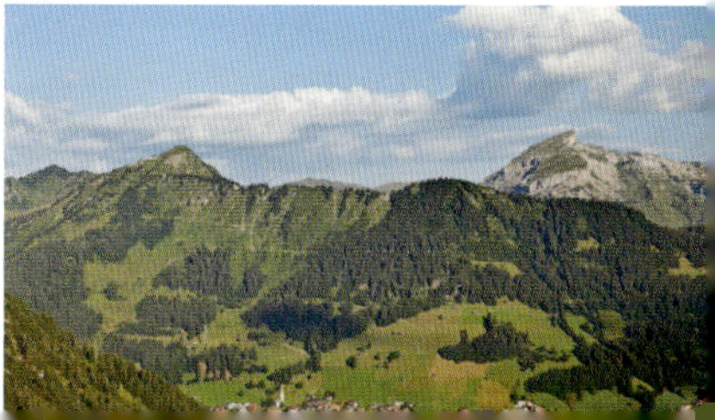

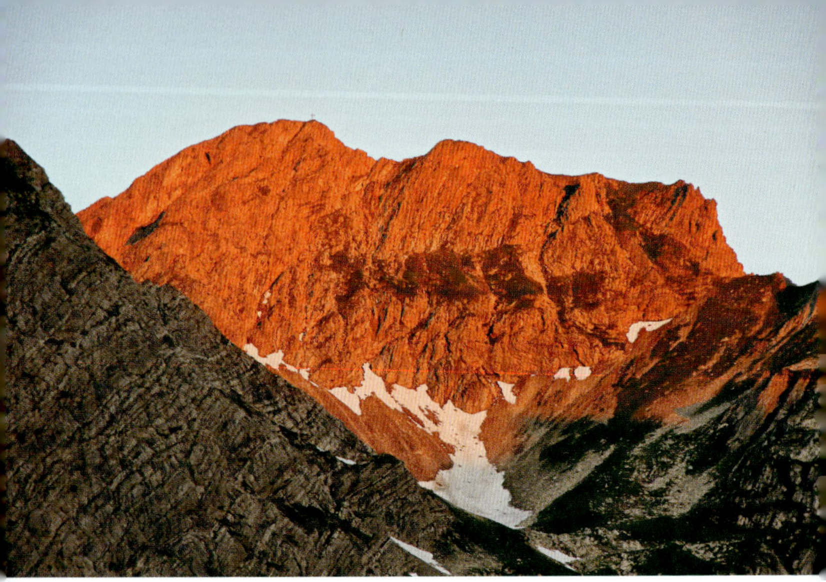

Im Gebiet der Mindelheimer Hütte kündigt sich ein neuer verheißungsvoller Bergtag an.

Am Weg zum Fiderepass, wo wir am ersten Tag Quartier beziehen.

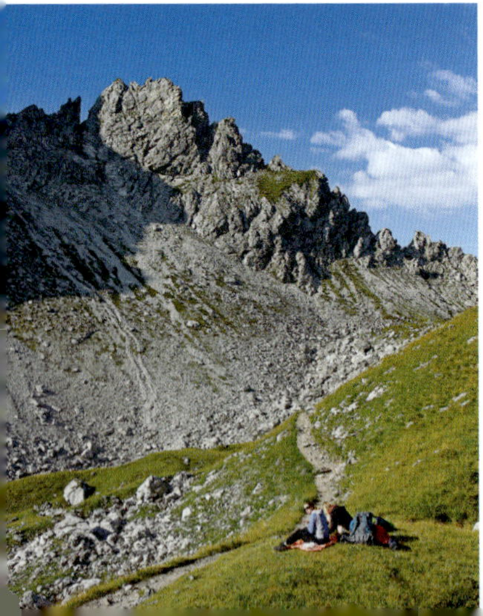

Widdersteinhütte. Damit sind wir im südlichsten Winkel der Kleinwalsertaler Bergwelt angelangt und können nun dem stolzen Widderstein sogar aufs felsige Haupt steigen. Die Schwierigkeiten liegen dabei naturgemäß eine Stufe höher als auf den Hüttenverbindungen, doch braucht der Trittsichere nicht vor einem Versuch zurückschrecken.

Zum Kleinwalsertal gehören natürlich auch diverse sekundäre Seitentälchen, deren drei wir auf der nächsten Etappe kennenlernen. Durchs Bärgunttal steigen wir Richtung Baad ab, orientieren uns dort ins Turatal und wechseln über die Ochsenhofer Scharte in den Bereich des Schwarzwassertals, das oft besonders eifrig erwandert wird. Von der gleichnamigen Hütte steht dann mit der Ifen-Überschreitung die großartige Schlussetappe bevor – umso intensiver, wenn man gleich noch das vom Zahn der Zeit zernagte Gottesackerplateau erkundet und mit einem Füllhorn von Eindrücken im Rucksack ins Tal zurückkehrt.

Fünf Tage sind zu veranschlagen, wenn in jeder Hütte genächtigt werden soll. Wer ausdauernd ist und die Wanderzeit möglichst effektiv ausnutzen möchte, kommt sicher auch mit vier Etappen zurecht und müsste dabei die beschriebenen Gipfeloptionen noch nicht einmal auslassen. Gerade der Spielraum zur individuellen Gestaltung und die Möglichkeit, alle Anforderungen im gemäßigten Rahmen zu halten, erweisen sich als Vorteile der Kleinwalsertaler Runde. Diese Umstände rufen dann freilich gern auch den Genusswanderer auf den Plan. Und mit ausreichend Muße hat man am Ende noch am meisten davon …

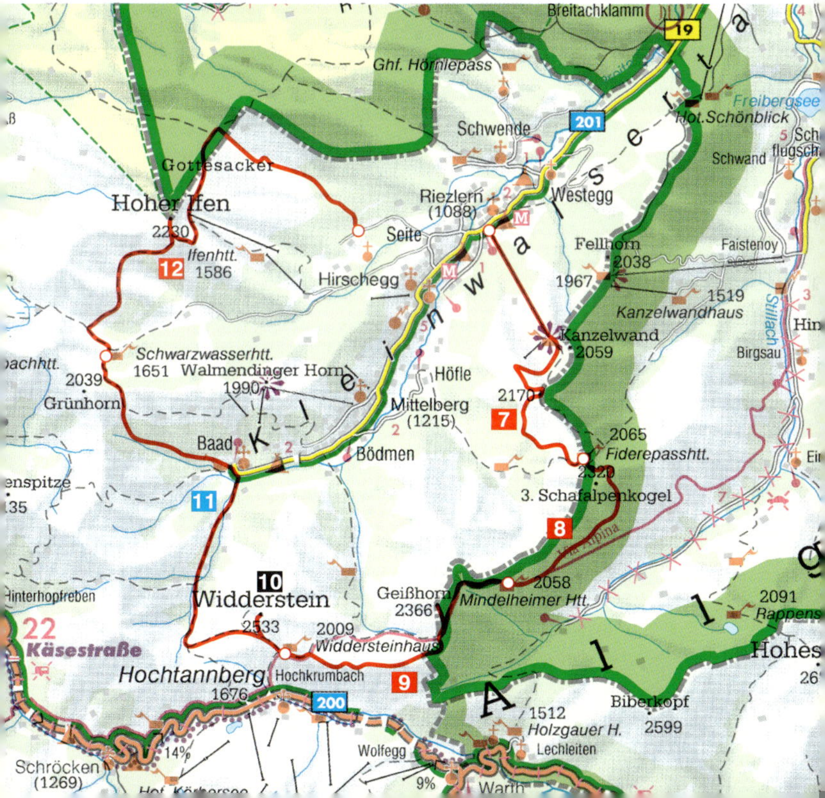

7 Riezlern – Fiderepasshütte

3.00 Std.

↑600 ↓480

Spannender Auftakt über die Walser Hammerspitze

Warum sollen wir es uns nicht einfach machen und mithilfe der Kanzelwandbahn sofort in der Etage der aussichtsreichen Höhenwege starten? Bis zur Fiderepasshütte steht damit ein Halbtagesprogramm bevor, für das es sozusagen zweieinhalb Möglichkeiten gibt. Dass die Walser Hammerspitze gleichsam im Weg steht, kann unsere Begeisterung ja nur beflügeln: Die Überschreitung des Schrofengipfels sorgt für Spannung und einen großartigen ersten Überblick über die Region.

Ausgangspunkt: Riezlern, 1088 m, im Kleinwalsertal, Talstation der Kanzelwandbahn zum Gundkopf, 1949 m. Betriebszeiten zwischen Ende Mai und Anfang November, täglich 8.30 bis 16.45 Uhr (bis Anf. Juni 9 bis 16.15 Uhr). Das Kleinwalsertal besitzt eine ausgesprochen dicht getaktete Busverbindung mit Oberstdorf.

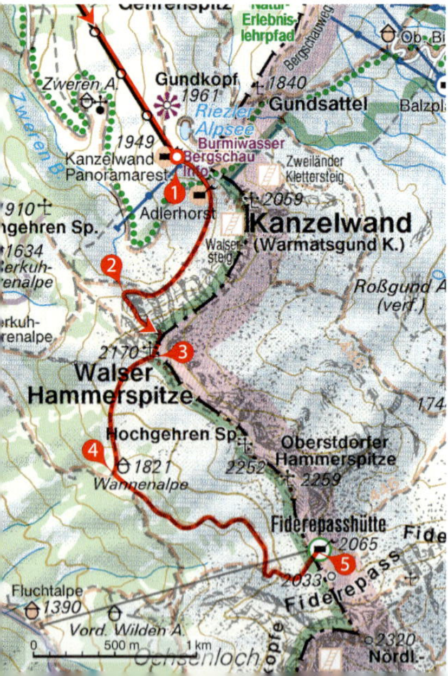

Endpunkt: Fiderepasshütte, 2065 m.

Anforderungen: T3. Gewöhnliche Bergwege, die vor allem im schrofigen Gipfelbereich stellenweise Trittsicherheit verlangen. Mit Seilbahnhilfe konditionell recht moderates Halbtagespensum.

Einkehr/Unterkunft: Bergrestaurant Kanzelwand, Adlerhorst, Fiderepasshütte.

Varianten: 1. Man kann auch zunächst zur Kanzelwand, 2059 m, aufsteigen und anschließend dem mit leichten Kletterstellen gespickten Verbindungsgrat zur Walser Hammerspitze folgen. Einstufung eher »schwarz« (T4).

2. Von der Lücke neben der Kanzelwand mit Nr. 446 auf deutscher Seite bis auf gut 1700 m hinab, dann auf dem Höhenweg Richtung Kühgundalpe und von dort durch den Einschnitt des Warmatsgundbachs hinauf zum Fiderepass. Bewertung T2–3, Gehzeit ab Seilbahn 2.45 Std.

Nach der Bergfahrt mit der **Kanzelwandbahn (1)** beginnen wir die Tour auf einem Promenadenweg und wenden uns bei der großen Kreuzung rechts hinab. In Kürze bei der Jausenstation Adlerhorst links auf den Steig abzweigen und im Bogen durch eine Hangmulde. Nach etwas Höhenverlust gewinnen wir im Gegenanstieg über eine stark bewachsene Stufe den **Kuhgehren-**

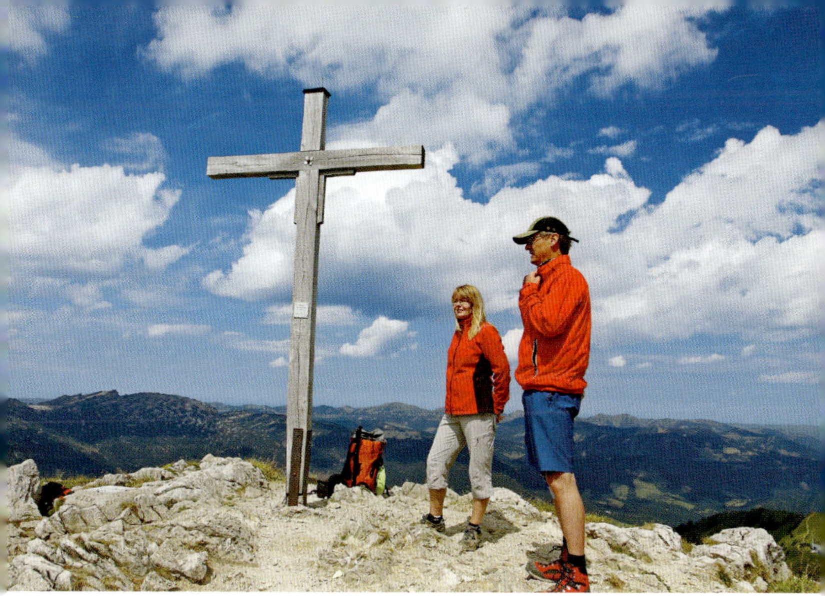

Erster Gipfelerfolg an der Walser Hammerspitze.

sattel (2), 1857 m, und orientieren uns hier gipfelwärts. Das Rasengelände wird teilweise durch steinigeren Untergrund abgelöst. Später links haltend zum oberen Nordostgrat, über den die **Walser Hammerspitze (3)**, 2170 m, schließlich erstiegen wird.
Der südwestwärts gerichtete Gratrücken gibt die Abstiegslinie vor, verliert sich später in den Hängen und bringt uns zur **Wannenalpe (4)**, 1821 m. Nun nach links und auf dem oberen Weg quer durch die Flanken, allmählich wieder ansteigend und zuletzt gemeinsam mit dem üblichen Hüttenzustieg hinauf zur **Fiderepasshütte (5)**, die knapp oberhalb des Sattels genau auf der Grenze liegt.

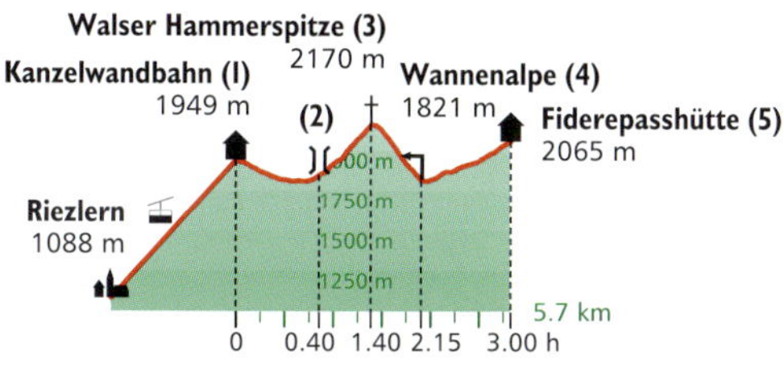

8 Fiderepasshütte – Mindelheimer Hütte

2.45 Std.

↑370 ↓420

Über den Krumbacher Höhenweg

Zwischen Fiderepass- und Mindelheimer Hütte besteht im Hin und Her fast täglich reger Verkehr. Routinierte Bergsteiger setzen natürlich mit Vorliebe den Mindelheimer Klettersteig über die drei Schafalpenköpfe aufs Programm, was allerdings den Rahmen eines typischen Hüttentrekkings sprengen würde. Zudem müsste man die komplette Klettersteigausrüstung mitführen. Viel unbeschwerter wandert es sich hingegen über den Krumbacher Höhenweg, auf den wir jenseits der Fiderescharte stoßen. Die Schau auf den Allgäuer Hauptkamm ist auch von diesem Geländebalkon fantastisch.

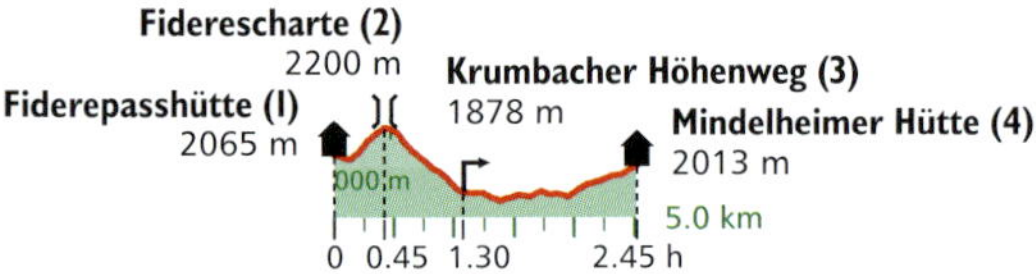

Vom Krumbacher Höhenweg bewundern wir den Allgäuer Hauptkamm.

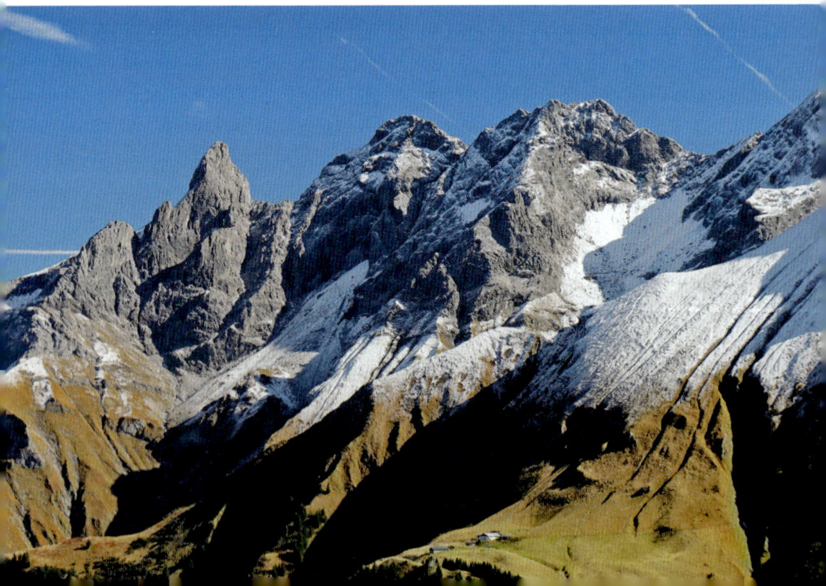

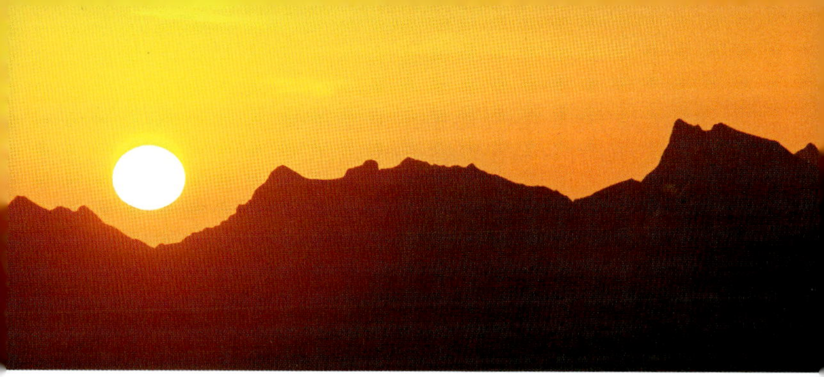

Stimmungsvoller Sonnenaufgang am Fiderepass.

Ausgangspunkt: Fiderepasshütte, 2065 m.
Endpunkt: Mindelheimer Hütte, 2013 m.
Anforderungen: T2–3. Im Prinzip gut ausgebaute Bergwege ohne besondere Hindernisse, streckenweise steiniger Untergrund und daher elementare Trittsicherheit angenehm. Lockeres Halbtagesprogramm.
Einkehr/Unterkunft: Fiderepasshütte, Mindelheimer Hütte.

Variante: Der Mindelheimer Klettersteig wird mit dem Grad C eingestuft (in unserer Skala vergleichbar mit T5) und macht Selbstsicherung notwendig. Richtzeit von Hütte zu Hütte: 5 Std.
Tipp: Zumindest das Kemptner Köpfl, 2191 m, das ebenfalls vom Klettersteig überschritten wird, könnte nachmittags noch eine kleine Spritztour hergeben. Hin und zurück ca. 1 Std.

Von der **Fiderepasshütte (1)** kurz zum Sattel hinunter und am geröllreichen Gegenhang schräg links Richtung **Fiderescharte (2)**, 2200 m, empor. Der Durchschlupf am Gratausläufer der Schafalpenköpfe wird zuletzt mit ein paar Kehren gewonnen. Jenseits ignorieren wir den Abzweig zum Mindelheimer Klettersteig und steigen nach einer kurzen Traverse durch das steinige Saubuckelkar bis auf den **Krumbacher Höhenweg (3)** im Bereich der Taufersbergalpe ab. Dieser trägt die Bezeichnung 442/443 und führt ohne größere Höhendifferenzen quer durch die freien Hanglagen über dem Rappenalpental. Bei der **Oberen Angererhütte**, 1907 m, nimmt man den Zugang vom Tal auf und bewältigt bis zur **Mindelheimer Hütte (4)**, 2013 m, noch gut 100 Meter Steigung.

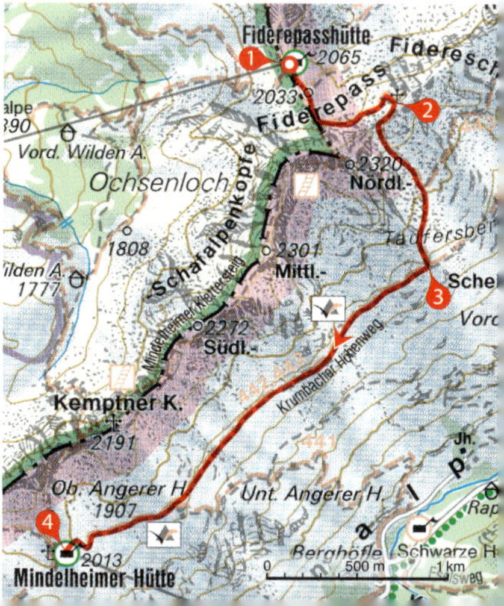

9 Mindelheimer Hütte – Walser Geißhorn – Widdersteinhütte

4.00 Std.

↑↓ 600

Nach bayerischem Intermezzo über den Koblatpass zurück ins Ländle

In ähnlicher Weise wie am Krumbacher Höhenweg setzt sich auch der nächste Übergang zur Widdersteinhütte fort. Die Route pendelt um die 2000-Meter-Marke und bietet sogar die Chance auf einen Mitnahmegipfel. Sehr lohnend, denn am Walser Geißhorn entfaltet sich das Panorama noch viel stärker, und zwar auch in nördlicher Richtung. Ausdauernde können die beiden Halbtagesetappen im Übrigen zusammenlegen und die Mindelheimer Hütte damit überspringen.

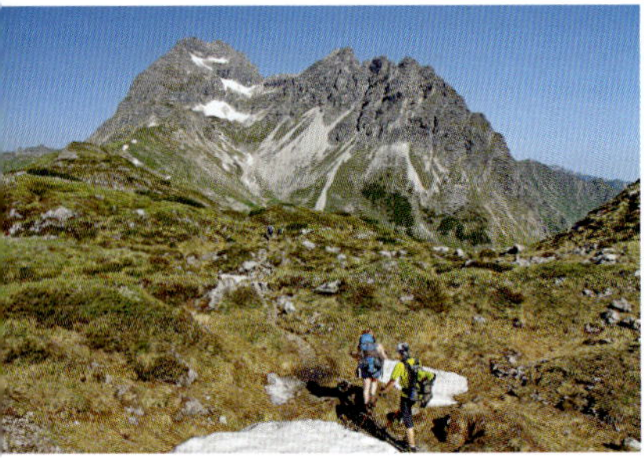

Über das wellige Koblat im Angesicht des stolzen Widdersteins.

Ausgangspunkt: Mindelheimer Hütte, 2013 m.
Endpunkt: Widdersteinhütte, 2009 m.
Anforderungen: T2–3. Normale Bergwege, die mit elementarer Trittsicherheit beherrschbar sind. Etwas steiler nur zum Geißhorn, am Koblat wellig-verkarstetes Terrain. Ohne Gipfel reduziert sich die Gehzeit auf 3 Std.
Einkehr/Unterkunft: Mindelheimer Hütte, Widdersteinhütte.

Von der **Mindelheimer Hütte (1)** mit leichtem Auf und Ab unter dem Angererkopf entlang in den »Wilden Gund« und aus dieser Karmulde bis

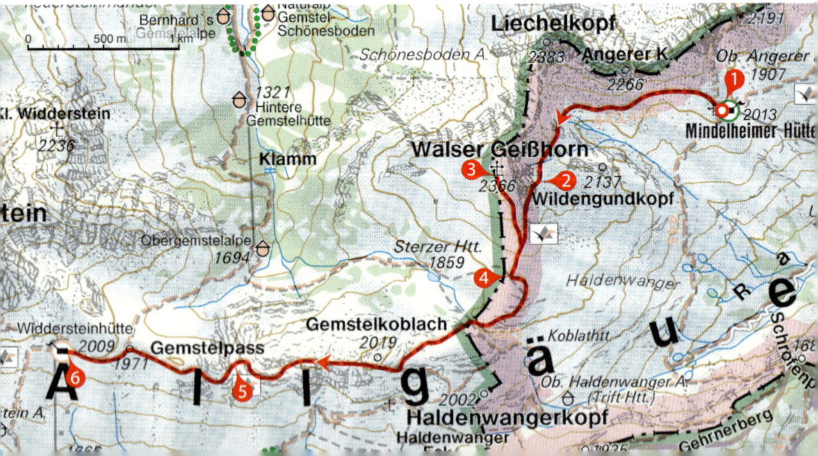

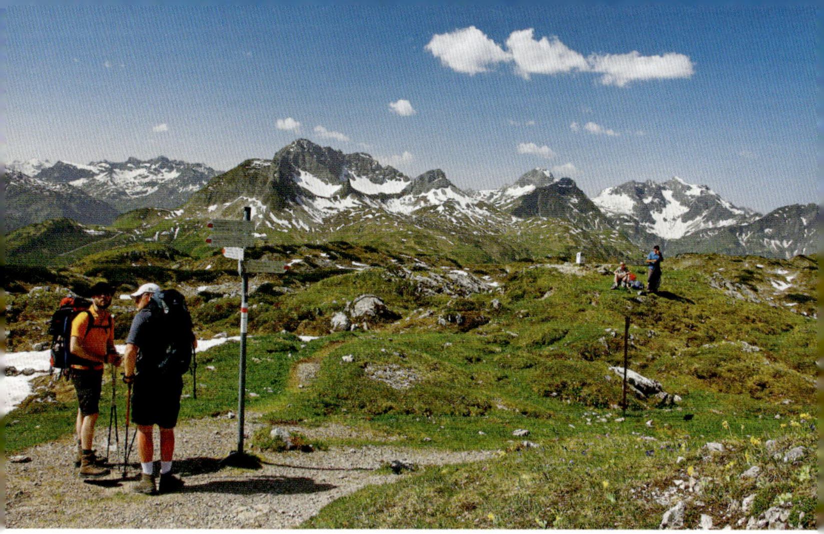

Weite Schau über die Gegend um den Hochtannberg.

in den **Wildengundsattel (2)**, 2172 m, hinauf. Wir queren die Ostflanke des Geißhorns und stoßen auf den Gipfelabzweig, am besten mit abkürzender Spur. Wer entsprechende Lust und Kraft verspürt, kann das **Walser Geißhorn (3)**, 2366 m, nun über seinen Südrücken hindernisarm binnen 40 Minuten ersteigen.

Im Anschluss an den Abstecher geht es zur nächsten Wegkreuzung am **Koblatpass (4)**, 2053 m. Mit einem ausgeprägten Rechtsbogen erreichen wir einen anderen Sattel (P. 1982) und befinden uns damit bereits auf der kupierten Hochfläche des Koblat, die offenkundige Karsterscheinungen zeigt. Wir halten Kurs Richtung Westen und haben im weiteren Verlauf nur kleine Auf- und Abstiege vor uns. Markant ist allenfalls der Einschnitt des **Schärtle (5)**. Inzwischen rückt mehr und mehr der Widderstein in den Fokus. Wir kommen zum **Gemstelpass**, 1971 m, mit einer Abstiegsmöglichkeit nach Mittelberg-Bödmen und treffen eine Viertelstunde später bei der **Widdersteinhütte (6)**, 2009 m, ein.

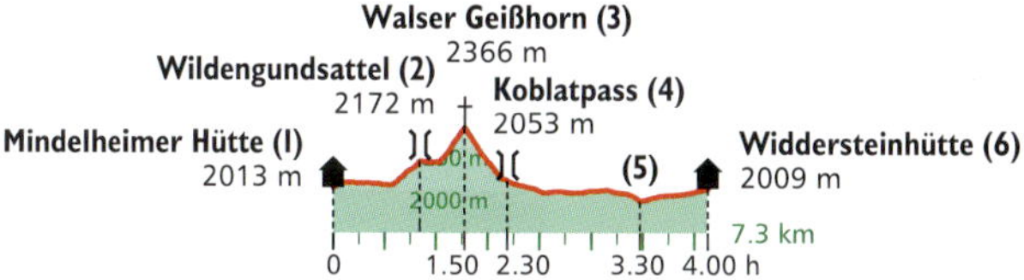

10 Widderstein, 2533 m

2.50 Std.

↑↓ 530

Auf das alpine Wahrzeichen des Kleinwalsertals

Kein Gipfel im Kleinwalsertal kann ernsthaft mit dem Widderstein konkurrieren. Als mächtiges Felskastell beherrscht er den Talschluss und gerät unweigerlich zum Blickfang, wenn man ringsum unterwegs ist. So unnahbar sich der Felsklotz auch gebärdet – eine Schwachstelle auf der Südseite eröffnet auch dem Normalbergsteiger einen Zugang. Für uns eine günstige Gelegenheit, von der Widdersteinhütte aus diesen Charakterberg des Kleinwalsertals in unser Trekking einzubauen. Einen halben Tag ist man damit recht zünftig beschäftigt.

Ausgangspunkt: Widdersteinhütte, 2009 m.
Anforderungen: T4. Markierte Felsroute mit deutlichen Wegspuren und gestuftem Gelände, teilweise im I. Grad (ohne Sicherungen). Gute Trittsicherheit und Schwindelfreiheit wichtig. Der Fels ist in der Substanz recht fest, aber geröllbedeckt, deshalb Steinschlaggefahr durch Voraussteigende. Halbtagesprogramm von der Hütte aus.
Einkehr/Unterkunft: Widdersteinhütte.

Von der **Widdersteinhütte (1)** begeben wir uns westwärts durch spärlich begrüntes Schottergelände bis unter den Auslauf der Südschlucht, die den

Mächtiger Klotz: der Widderstein. Durch die Südrinne führt der Anstieg.

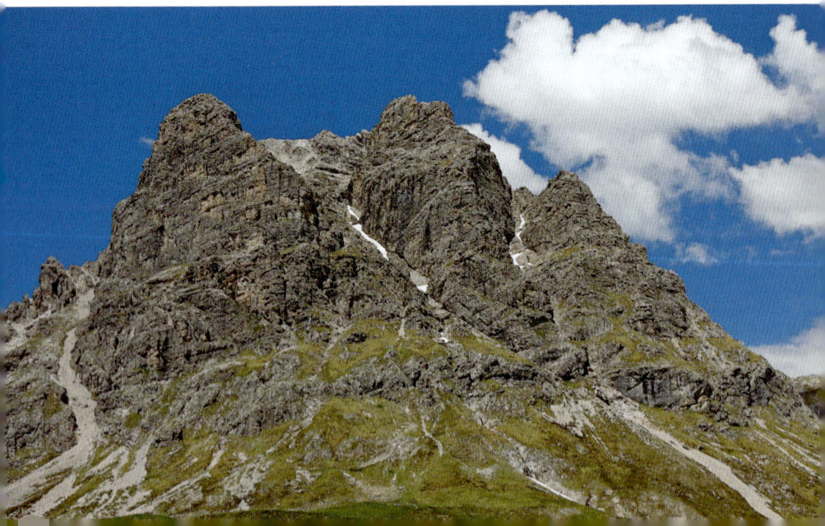

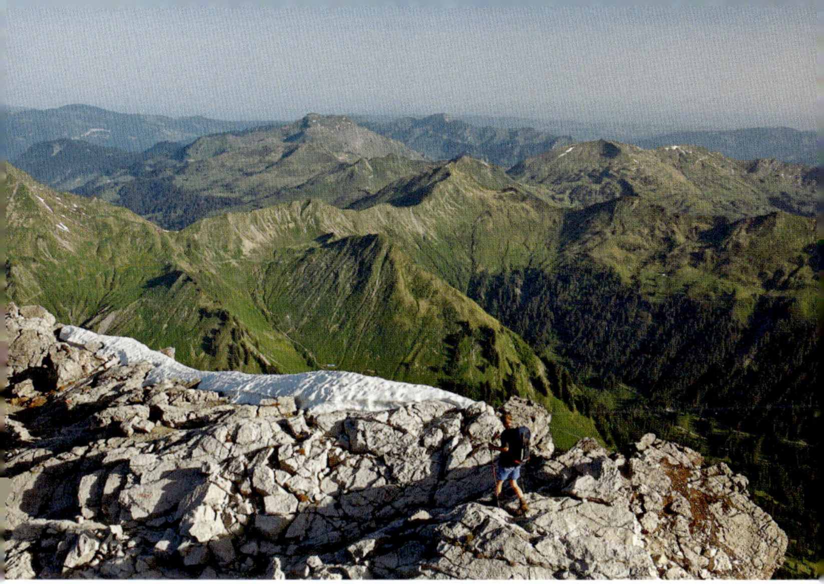

Am Gipfelgrat fühlt man sich wie beflügelt.

weiteren Aufstieg vermittelt. Das schaut vorderhand zwar grimmig aus, doch mit solider Trittsicherheit und allgemeiner Bergerfahrung werden sich keine unüberwindlichen Hindernisse aufbauen. Blaue Markierungen und deutliche Steigspuren lotsen uns also in die Schluchtrinne hinein, wo man wegen Steinschlag besonders auf der Hut sein sollte. Über etliche Felsstufen, die mitunter etwas Zupacken verlangen, orientieren wir uns allmählich mehr auf die linke Seite und lavieren gegen den Südwestgrat empor. Dort erlebt man schon ein befreiendes Gefühl – mehr noch, wenn auch die letzten Felspassagen auf und neben dem Grat absolviert sind und man droben auf dem **Widderstein (2)**, 2533 m, angelangt ist. Zurück nur auf derselben Route.

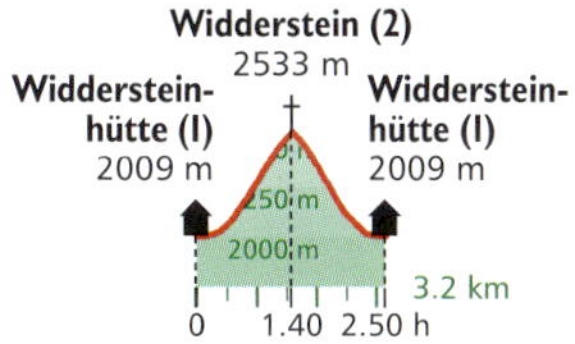

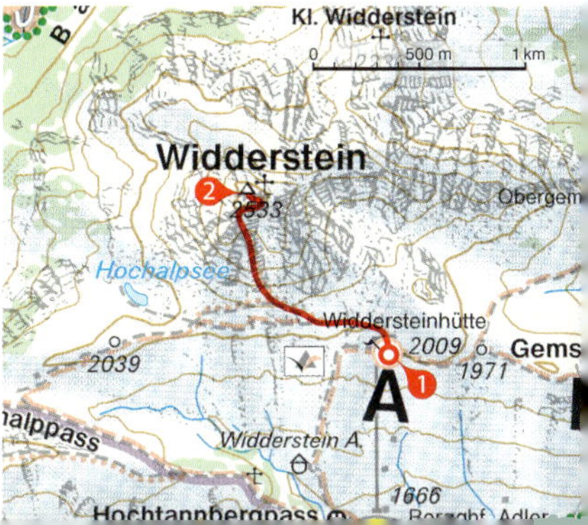

11 Widdersteinhütte – Baad – Schwarzwasserhütte

4.50 Std.

↑700 ↓1090

Der Wechsel ins Ifengebiet

Heute haben wir deutlich mehr Strecke zu absolvieren als an den Vortagen und müssen dabei unvermeidlich auch einen zwischenzeitlichen Talabstieg in Kauf nehmen. Denn eine durchgehende Höhenwegverbindung fehlt in dem abschüssigen, stark gegliederten Relief zwischen Hochalppass und Derrenjoch. So lernen wir nach dem Abstieg durchs Bärgunt das Walserdörfchen Baad im Talschluss kennen und wenden uns via Tura- und Starzelalpe wieder bergauf, um über die Ochsenhofer Scharte ins innere Schwarzwassertal und zur gleichnamigen Hütte zu wechseln. Dort steht der Hohe Ifen markant im Blickfeld.

Ausgangspunkt: Widdersteinhütte, 2009 m.
Endpunkt: Schwarzwasserhütte, 1620 m.
Anforderungen: T2. Allgemein unschwierige Bergwege und in Talnähe auch Güterwege. Etwas steilere Abschnitte hinter dem Hochalppass sowie im Aufstieg zur Starzelalpe. Bei Nässe kann es auf erdigem Untergrund streckenweise unerquicklich werden. Durchschnittliches Tagespensum.
Einkehr/Unterkunft: Widdersteinhütte, Bärgunthütte, Baad, Schwarzwasserhütte.
Tipp: Wer noch einen Gipfel einbauen möchte, kann von der Ochsenhofer Scharte das Grünhorn, 2039 m, besteigen.

An der einladenden Bärgunthütte möchte man nicht vorbeigehen.

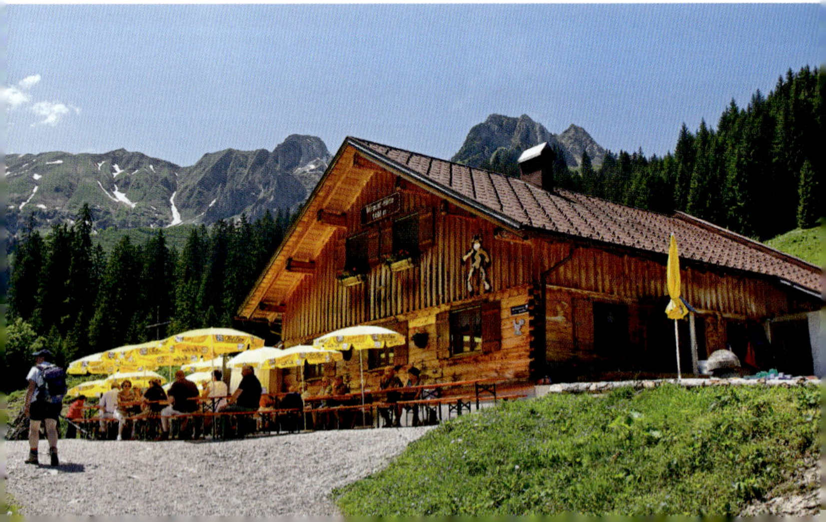

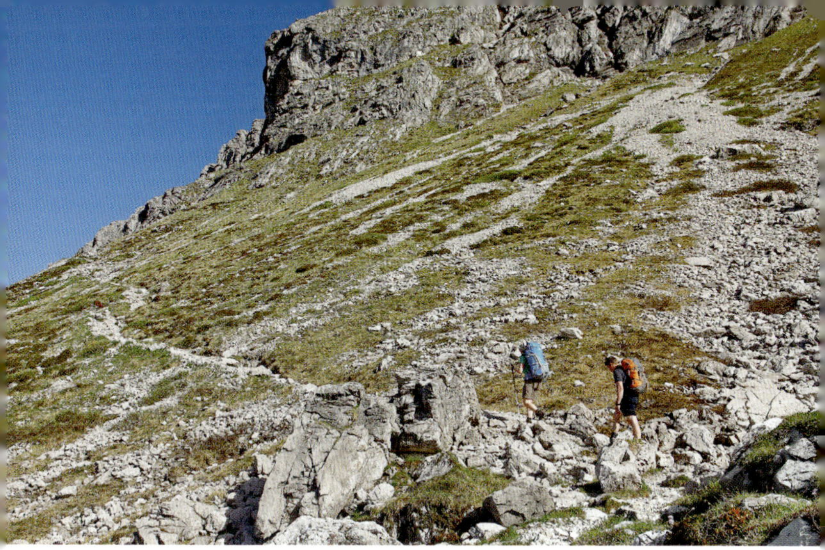

Während der ersten Traverse Richtung Hochalppass.

Bei der **Widdersteinhütte (1)** nehmen wir den Hangweg in westlicher Richtung auf, bleiben auf der unteren Spur und passieren damit die Südabstürze des mächtigen Widdersteins Richtung Hochalppass. Nachdem der grüne Buckel des Seekopfes mit seiner Hütte hinter uns liegt, führt der Weg vom **Hochalppass (2)**, 1938 m, noch ein Stück weit in mäßigem Gefälle über Wiesen dahin und schwenkt anschließend rechts ins Bärgunttal ein. Die steile Geländestufe mit Wasserfall wird im Zickzack überwunden. Ein schöner Boden gliedert den weiteren Abstieg, der sich anschließend im Wechsel zwischen Waldparzellen und offenen Hängen vollzieht. Später kreuzt man einen Bach und wandert sanft zur **Bärgunthütte (3)**, 1408 m, hinaus. Von der urigen Jausenstation sind es noch gut zwei Kilometer neben dem Bärguntbach, bis wir mit **Baad (4)**, 1224 m, das innerste Dorf im Kleinwalsertal erreichen. Halbzeit der Etappe!

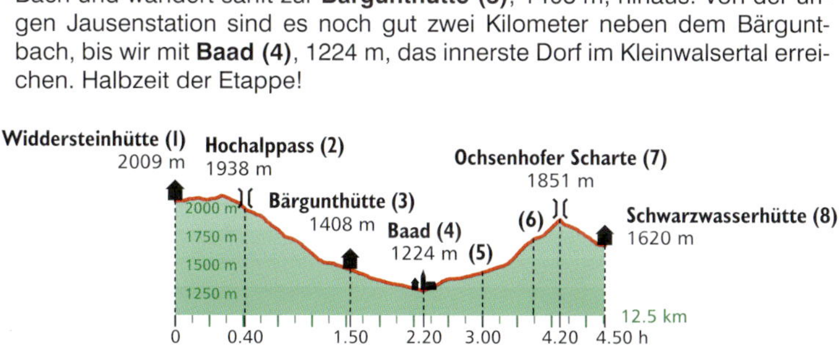

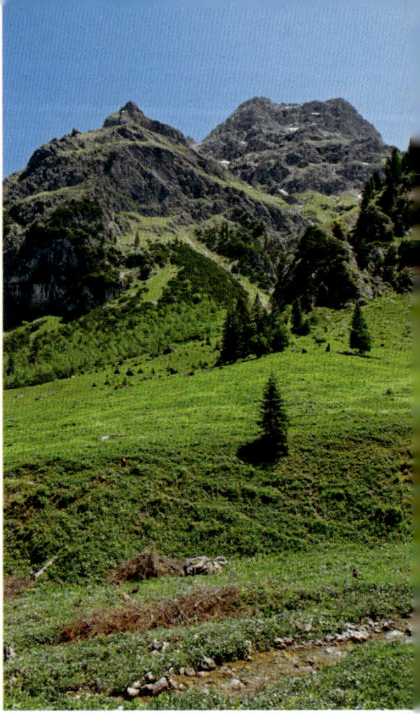

Szenerie im tief eingeschnittenen Bärgunttal.

Am Kreisel nach links und nun auf einem kräftig ansteigenden Sträßchen ins Turatal hinein, wobei man sich ein gutes Stück oberhalb der tiefen Sohle bewegt. Wir passieren die Äußere und **Innere Turaalpe (5)**, 1386 m, und setzen die Route bald auf einem Steig fort. Dieser überwindet rechts haltend eine bewaldete, von Tobeln durchzogene Geländepartie und gewinnt den freien Balkon bei der **Starzelalpe (6)**, 1678 m. Nun durch die Wiesenhangmulde geradeaus weiter zur **Ochsenhofer Scharte (7)**, 1851 m. Auf der Nordseite geht es erdig und bei Nässe unerfreulich rutschig durch einen strauchbewachsenen Hang auf die Matten der Schwarzwasseralpe und im Abwärtsbogen bis zur stattlichen **Schwarzwasserhütte (8)**, 1620 m.

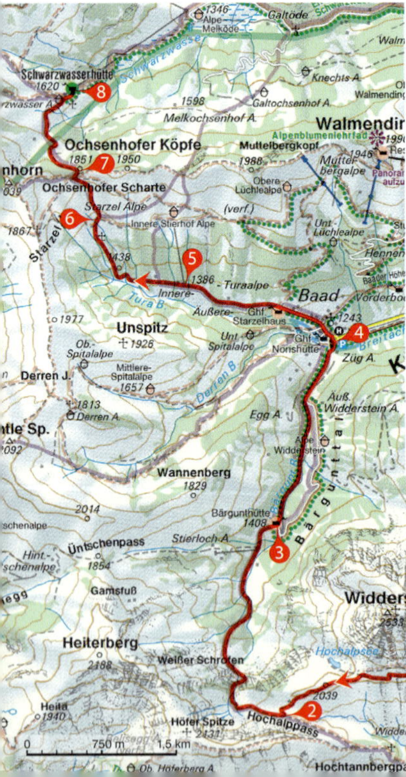
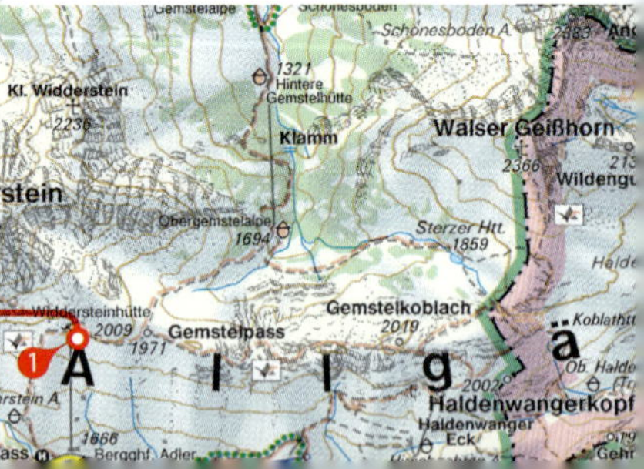

6.00 Std.

↑780 ↓1200

Schwarzwasserhütte – Hoher Ifen – Wäldele

12

Über das unverwechselbare Gipfelpult zum Gottesacker

Der Hohe Ifen ist geradezu ein alpines Markenzeichen des Kleinwalsertals und ein wahres Unikum. Als augenfälligstes Element zeigt sich das geneigte, wiesengrüne Pultdach mit der Ifenmauer, die sich ganz um den Berg zieht und auf beiden Gipfelzugängen jeweils die Schlüsselstelle bildet. Von einer Flyschhülle umgeben, fungiert widerstandsfähiger Schrattenkalk als Gipfelbildner. Ebenfalls davon geprägt und untrennbar mit dem Ifen verbunden ist aber auch das steinern-bleiche Gottesackerplateau, das mit seinen typischen Karsterscheinungen besonders herb wirkt. Nach der Gipfelüberschreitung fangen wir hier nochmals außergewöhnliche Impressionen ein.

Ausgangspunkt: Schwarzwasserhütte, 1620 m.
Endpunkt: Wäldele, 1200 m, Weiler im Kleinwalsertal mit regelmäßiger Busanbindung an die Hauptstrecke.
Anforderungen: T3–4. Zum Teil recht anspruchsvolles Gelände in abschüssigen Schrofen (zwei gesicherte Passagen), auf mitunter schmalen erdigen Pfaden und am rauen Gottesackerplateau über nackte Karrenfelder (hier oft ohne richtige Trasse, aber markiert). Neben Trittsicherheit braucht es auch Orientierungsvermögen; bei schlechter Sicht besser zur Ifenhütte absteigen. Gut gefüllte Tagesetappe.
Einkehr/Unterkunft: Schwarzwasserhütte, auf der Variante: Ifenhütte, Auenhütte.
Varianten: Bei der Gabelung auf der Schattseite des Hohen Ifen rechts haltend in die Ifenmulde hinunter und karauswärts über eine Geländeschwelle in Kehren zur Ifenhütte, 1586 m. Dort haben wir die Wahl zwischen der Seilbahn und

Über die Ifersguntalpe nähern wir uns dem Hohen Ifen.

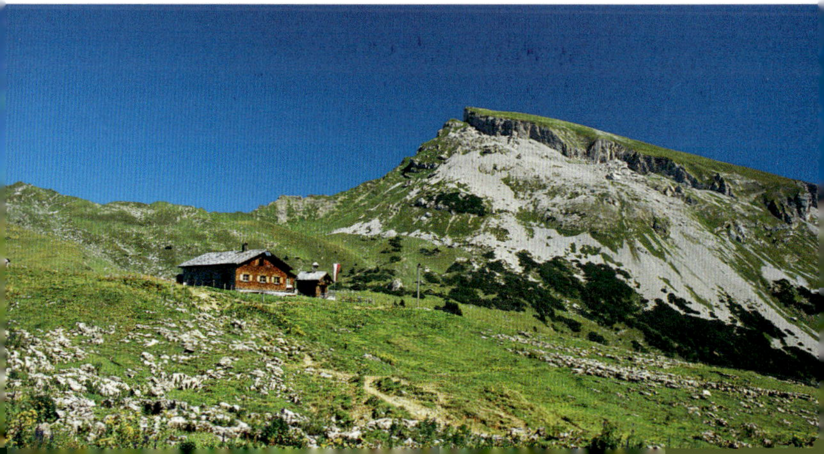

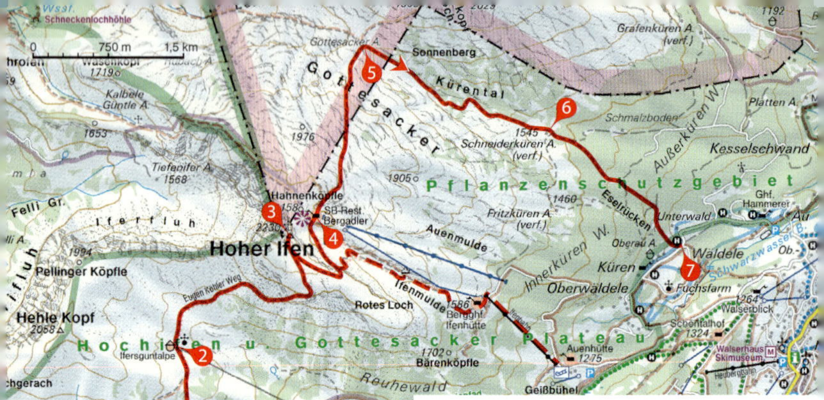

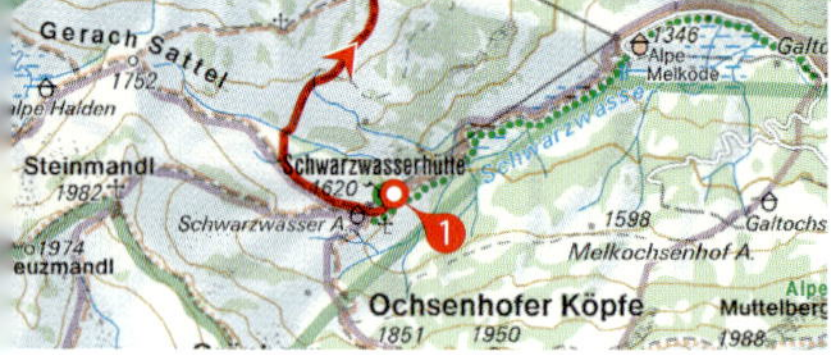

dem nach links ausholenden Wirtschaftsweg zur Auenhütte, 1275 m (Großparkplatz und Bushaltestelle). Gehzeit 4.30 Std.

Von der **Schwarzwasserhütte (1)** geht es über sanfte Bergwiesen zuerst Richtung Nordwesten, ab ehemaliger Zollhütte dann mehr nord- bis nordostwärts. Mehrere kleine Gräben kreuzend (was bei feuchten Bodenverhältnissen womöglich lästige Stellen mit sich bringt) steuern wir die **Ifersguntalpe (2)**, 1751 m, an. Der **Eugen-Köhler-Weg** schlägt nun einen markanten Rechtsbogen und zieht diagonal in abschüssigere Schutthänge hinein. Unter den Steilschrofen der südlichen Ifenmauer weit nach rechts, wobei in den kräftig ansteigenden Passagen zwischendurch einige Drahtseile und Tritthilfen verbaut sind. Mit einem Linksknick erfolgt der Ausstieg aus dem Riegel auf die Gipfelabdachung. Hier beschreiten wir die erdige Pfadspur und erreichen zuletzt gemeinsam mit der anderen Route den Gipfel des **Hohen Ifen (3)**, 2230 m.
Im Abstieg verbleibt man bei der Verzweigung links unweit der Abbruchkante und passiert einige Lücken, bevor die Markierung schließlich selbst scharf links in die nördliche Ifenmauer abdreht. Der Durchstieg gelingt mit Draht-

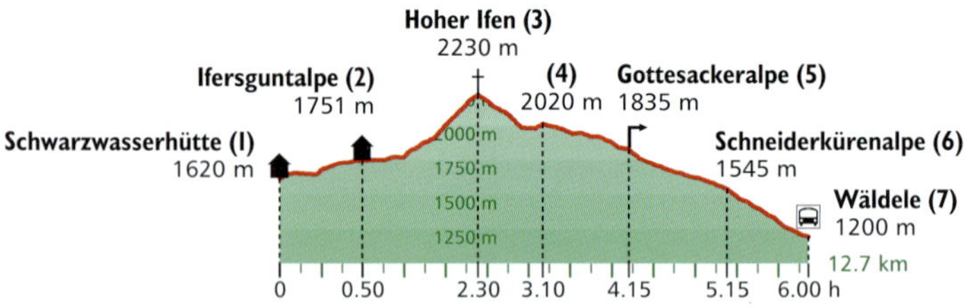

seilhilfe über eingelagerte Bänder und Schrofenstufen. Nach einem Durchschlupf bei einem Felszacken verzweigt sich die Route an einer steilen Halde. Wir ziehen diagonal nach links zur **Bergstation (4)** unterhalb des kreuzgeschmückten Hahnenköpfle – das von Entdeckungsfreudigen noch mitgenommen werden könnte – und gelangen aus dem obersten Teil der Ifenmulde auf die zerklüfteten Karstflächen des Gottesackers. Die Überschreitung ähnelt einem Slalom-Parcours wie auf einem spaltigen Gletscher, wobei gut auf die Markierung zu achten ist, um nicht von der richtigen Linie abzukommen. Insgesamt leicht absteigend erreichen wir die wichtige Kreuzung bei der ehemaligen **Gottesackeralpe (5)**, 1835 m, und schlagen hier nach rechts die Route ins Kürental ein. Der gassenartige Geländeeinschnitt bringt uns in typischem, teils mit üppig sprießendem Bewuchs bedecktem Karst zur **Schneiderkürenalpe (6)**, 1545 m, mit Jagdhütte und einem prähistorischen Jäger- bzw. Eremitenrastplatz. Im weiteren Verlauf tauchen wir in Wald ein, kreuzen eine Forststraße und kommen schließlich beim Haus Sonnblick im Streuweiler **Wäldele (7)**, 1200 m, heraus.

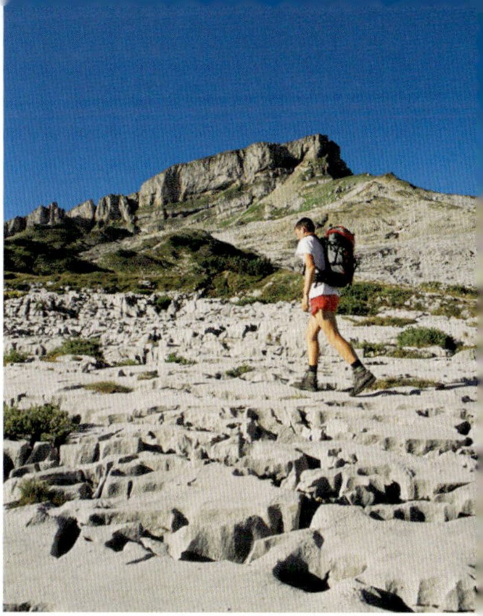

Unterwegs auf den nackten Karrenfeldern am Gottesacker.

Die nördliche Ifenmauer präsentiert sich als markante Felsbarriere.

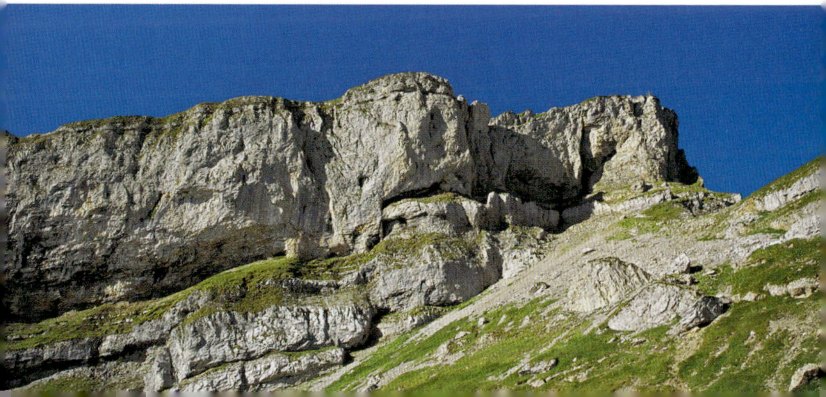

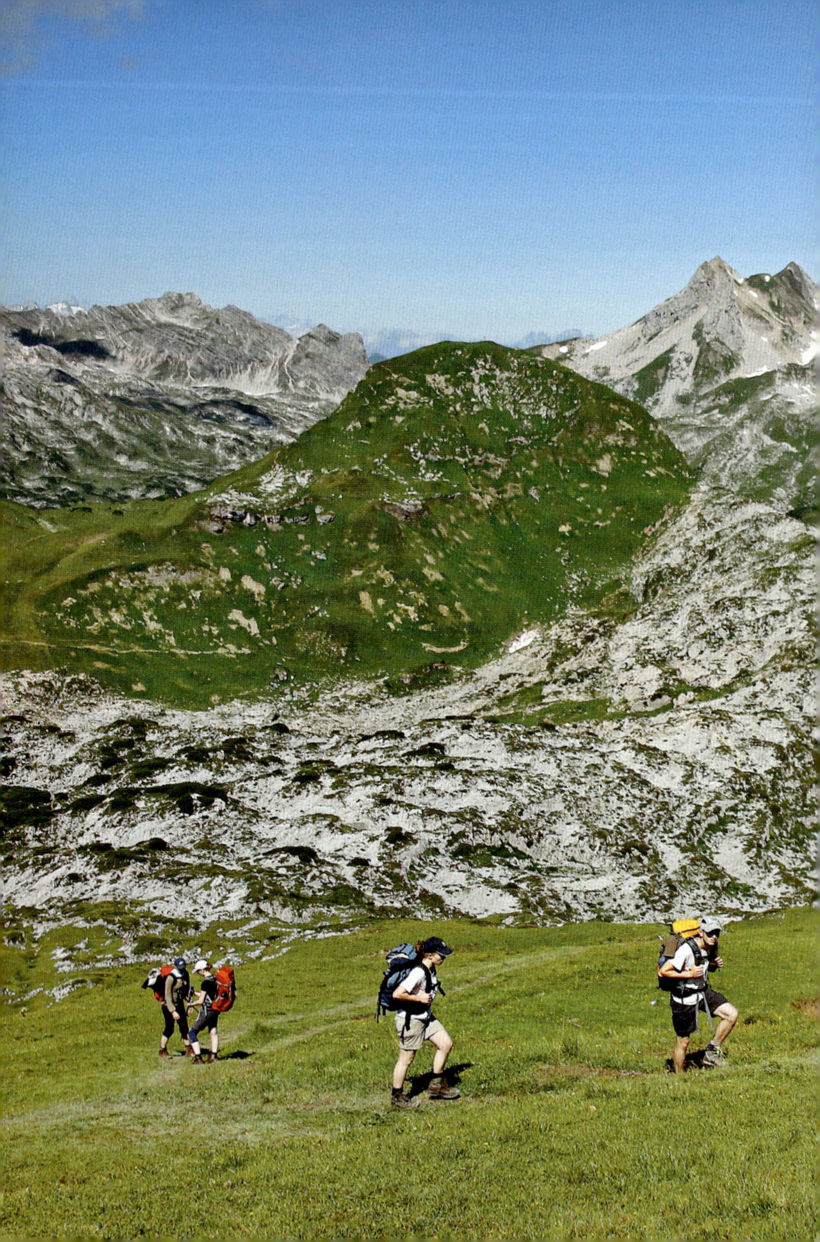

Lechquellenrunde

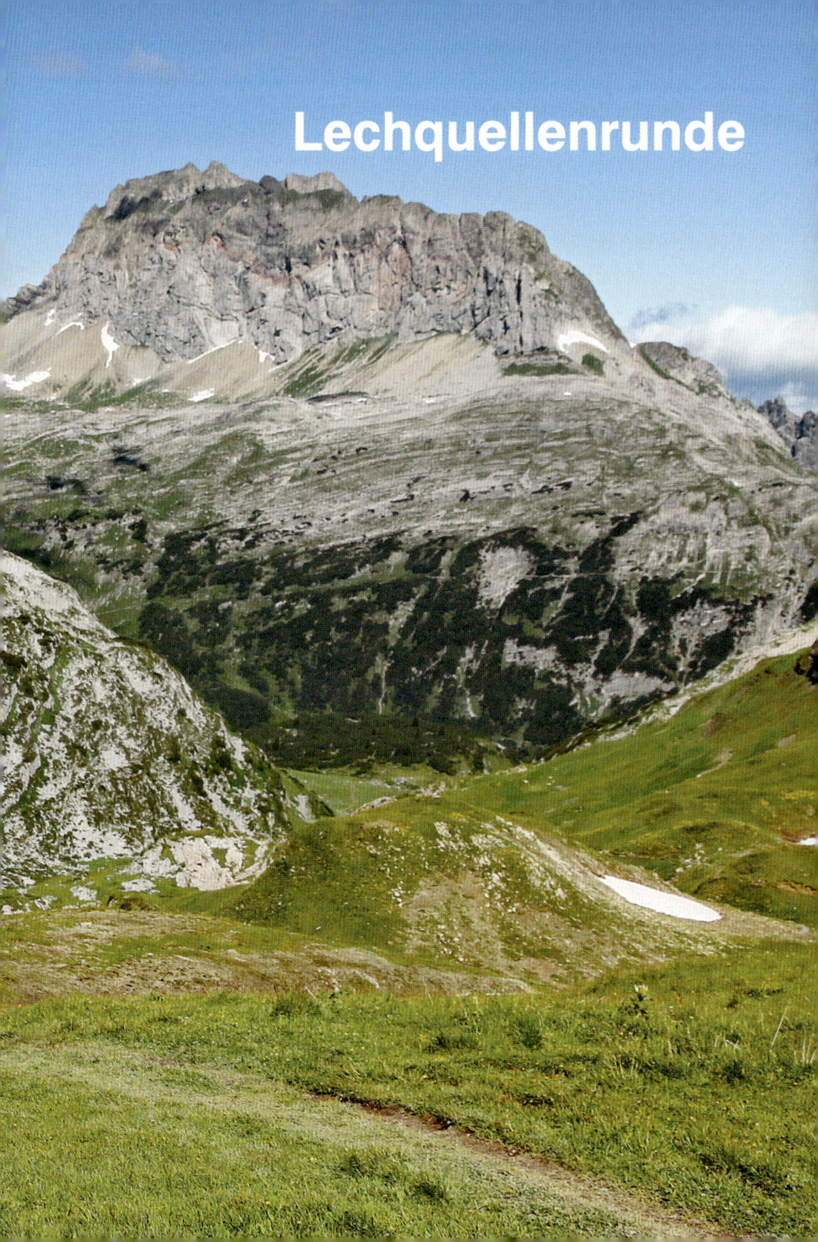

Lechquellenrunde

Auf einer idealen Abfolge von Höhenwegen durchs Arlberger Hinterland

Die Lechquellenrunde ist dem Verfasser im Prinzip schon seit rund 20 Jahren bekannt. Nachdem sie allerdings als solche propagiert wird, scheint sie sich vom Geheimtipp immer mehr zu einem Renner zu entwickeln. Trotz beachtlicher Kapazitäten sind die Hütten in der Hauptsaison nicht selten voll belegt. Womöglich liegt das gestiegene Interesse daran, dass sowohl Anforderungsprofil als auch Zeitrahmen kaum zu hoch und ausufernd gesteckt sind, und dass es sich um einen schlichtweg idealen Rundkurs mit ziemlich homogenen Etappen handelt (sofern nicht zusätzlich noch die Biberacher Hütte via Braunarlspitze einbezogen wird).
Fünf Tage sind für das Normalprogramm der geschlossenen Lechquellenrunde vorgesehen. Die Übergänge liegen fast alle zwischen vier und fünf Stunden Gehzeit – gerade recht für Wanderer mit solider Grundkondition, aber ohne übertrieben sportlichen Anspruch. Wer mag, kann natürlich aufstocken: Drei Zusatzgipfel, die nachfolgend beschrieben werden, können der Tour somit noch mehr Pep verleihen. Man achte freilich auch auf die äußeren Bedingungen: Die Region ist kein klassisches Schönwettergebiet und empfängt im Winter mitunter reichlich Schnee. Wer dann schon kurz nach

Vorhergehende Doppelseite: Die Lechquellenrunde verläuft auf wundervollen Höhenwegen, hier im Angesicht der Roten Wand.
Unten: Charismatische Kalkalpenlandschaft am Steinmayerweg.

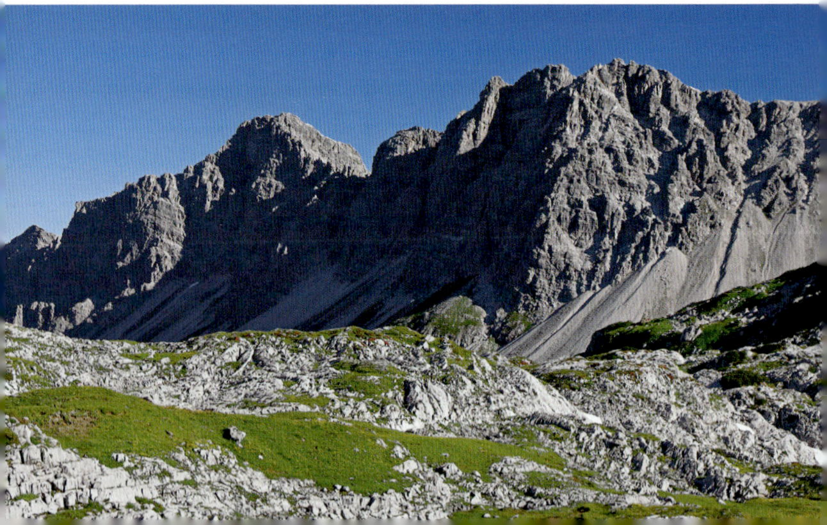

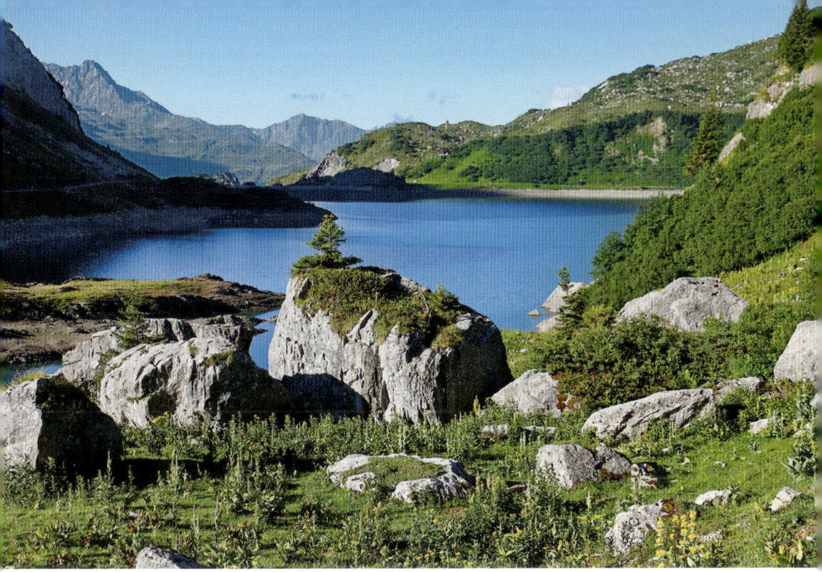

Am Beginn des dritten Tages passieren wir den Spullersee.

Hüttenbeginn gegen Mitte Juni auftaucht, kann sich unter Umständen vor unerwartete Probleme gestellt sehen …

Beliebtheit hin oder her – eigentlich ist das Lechquellengebirge ja kein Begriff, mit dem jeder auf Anhieb etwas anfangen kann. Früher sprach man zuweilen von den Klostertaler Alpen oder schlug die Gebirgsgruppe einfach den Lechtaler Alpen zu, ehe sich die Alpingeografie zu dem etwas konstruierten Namen durchrang. Bei wenigen populären Gipfeln wie Braunarlspitze oder Rote Wand, die aus dem Heer der »Namenlosen« herausragen, macht es vielleicht schon eher »klick«: Irgendwo zwischen Hochtannberg und Arlberg sind wir also unterwegs …

Manche mögen die Nase rümpfen, in der Befürchtung, durch pistenverschandelte Landschaften laufen zu müssen. Ist das wirklich ein Kennzeichen der Tour? Nun, ein paar harte Kontraste sollte man zwar ertragen können, nachdem sich, im Touristenort Lech angekommen, die Zweifel noch nicht sofort zerstreuen lassen. Wer mit einem ostwärts ausgreifenden Bogen die Stuttgarter Hütte einbeziehen möchte, nutzt sogar mit Vorteil erst einmal eine Seilbahn. Und passiert anderntags die etwas unpersönliche Hotelsiedlung Zürs, um dann aber jenseits des Madlochjochs alle Erschließungen für den harten Wintertourismus hinter sich zu lassen.

Tatsächlich beginnt unser Lechquellengebirge jetzt, unwiderstehliche Reize zu entfalten. Eine buchstäblich bunte Geologie ist Garant dafür, dass Berge

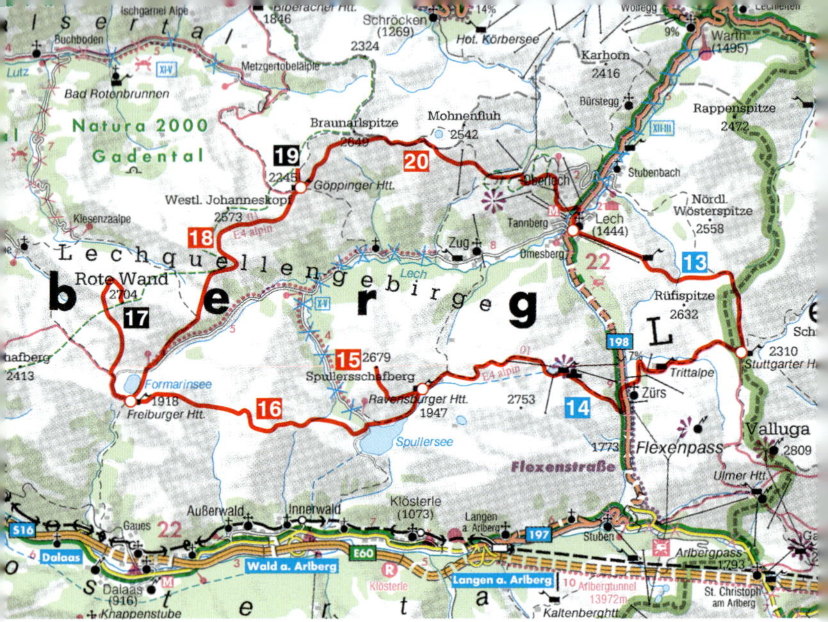

unterschiedlichen Charakters für reichlich Abwechslung im Landschaftsbild sorgen. Hauptgipfelbildner ist – wie in den Nördlichen Kalkalpen verbreitet üblich – der Hauptdolomit. Er baut wuchtige, häufig zerklüftete Felsgipfel auf, die nur hier und da mal mit einem Steig erschlossen sind, wie im Fall der Hochlichtspitze bei der Göppinger Hütte. Bevor wir dorthin kommen, steht zwischen Ravensburger und Freiburger Hütte zunächst einmal die Etappe über den grasigen Gehrengrat bevor, wobei auch eine eingelagerte Karstzone (sinnigerweise »Steinernes Meer« genannt) für Spannung sorgt. Wer sich als routinierter Bergsteiger eine »Kraxeltour« gönnen möchte, wird mit der Roten Wand den mächtigsten Gipfel des Gebiets ins Visier nehmen und hier gern einen Extratag abseits der Höhenwege verleben.

Apropos »bunte Geologie«: Ihre aus sieben Gesteinsschichten aufgebaute Südwand ist ein veritables Lesebuch der Erdgeschichte! Auf dem Steinmayerweg wird die Rote Wand ostseitig passiert – im ständigen Auf und Ab über die Gratrippen zwischen Obergschröf, Johanneswanne und Gamsboden der tendenziell anspruchsvollste Abschnitt. Artverwandt präsentiert sich nachfolgend aber auch der Praßlerweg, auf dem wir die Braunarlspitze schließlich links liegen lassen, um die Schleife optimalerweise direkt Richtung Lech zu schließen. Am Ende sehen wir sie dann wieder, die Liftanlagen der Arlberger Skiarena. Doch welch Ursprünglichkeit hat uns tatsächlich umgeben in den tieferen Winkeln des Lechquellengebirges!

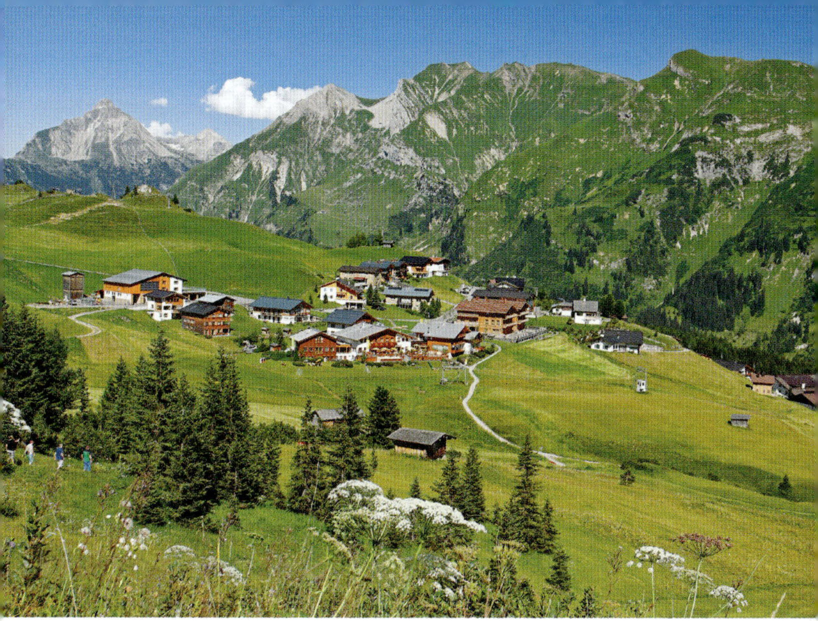

Oben: Am Schlusstag erreichen wir das sonnige Oberlech.
Unten: Zauberhaftes Licht an der Wildgrubenspitze, eingefangen zu früher Stunde bei der Stuttgarter Hütte.

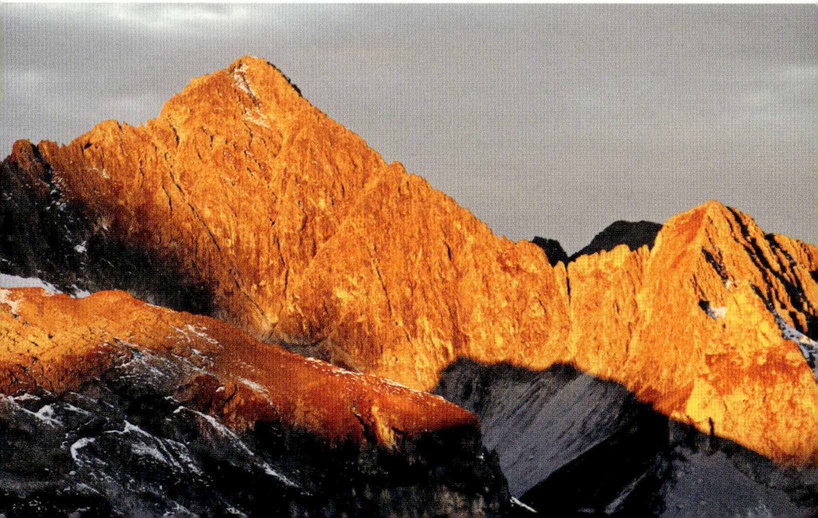

13 Lech – Stuttgarter Hütte

2.15 Std.

↑300 ↓340

Einlaufetappe am Höhenweg von der Rüfikopfbahn

Zum Start in die Lechquellenrunde bewegen wir uns zunächst im äußersten Westteil der angrenzenden Lechtaler Alpen und binden dort die am Krabachjoch gelegene Stuttgarter Hütte ein. Der Einstieg mit der Rüfikopfbahn macht die Sache bequem, die Umgebung stimmt schon wunderbar auf die kommenden Tage ein. Wenn die Sonne abends hinter dem Lechquellengebirge untergeht, harren wir erwartungsfroh der Dinge, die dort auf uns warten.

Ausgangspunkt: Lech am Arlberg, 1444 m. Mit der Rüfikopfbahn zur Bergstation, 2350 m. Betriebszeiten zw. Mitte Juni und Anfang Oktober, tägl. von 8.30 bis 17.30 Uhr. Lech erreicht man öffentlich am besten per Bus vom Bahnhof Langen am Arlberg.
Endpunkt: Stuttgarter Hütte, 2305 m.

Anforderungen: T2+. Ordentliche Bergwege, phasenweise zwar erdig und deshalb etwas lästig bei Nässe, aber ohne geländebedingte Hürden. Wenig anstrengende Einstiegsetappe.
Einkehr/Unterkunft: Rüfikopf Panoramarestaurant, Stuttgarter Hütte.

Erstes Anlaufziel ist die Stuttgarter Hütte.

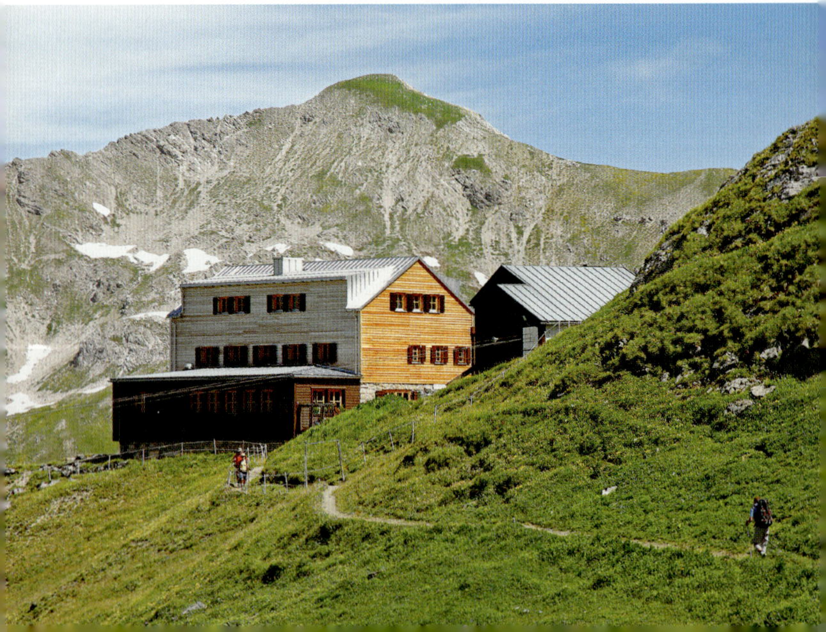

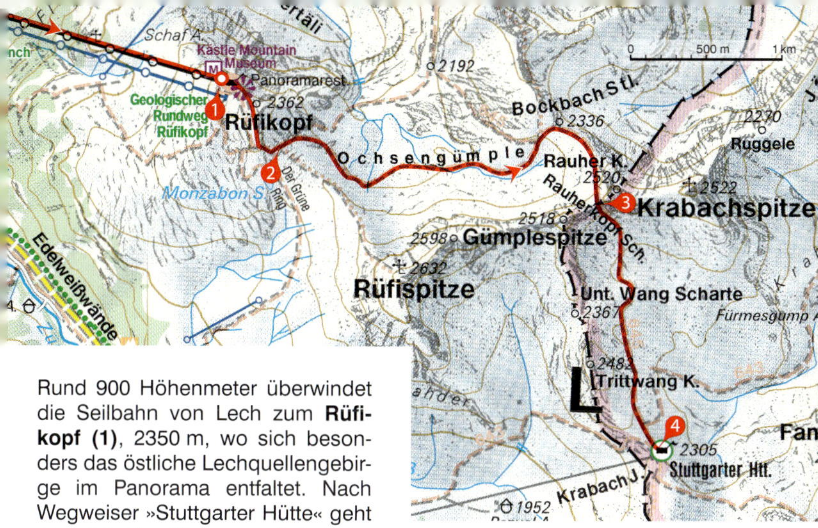

Rund 900 Höhenmeter überwindet die Seilbahn von Lech zum **Rüfikopf (1)**, 2350 m, wo sich besonders das östliche Lechquellengebirge im Panorama entfaltet. Nach Wegweiser »Stuttgarter Hütte« geht es auf breiter Trasse zunächst einmal abwärts. Ein Linksabzweig bringt uns kurz hinauf zu einem Sattel, hinter dem sich der Abstieg zum **Monzabonjoch (2)**, 2270 m, fortsetzt. In diesem Bereich verzweigen sich mehrere Routen, wobei wir uns zuerst nach Osten orientieren und in Kürze rechts den nahezu horizontalen Hangweg Richtung Ochsengümple (Nr. 43) einschlagen. Über die Böden ostwärts und allmählich gegen den **Bockbachsattel**, 2336 m, hinan. Während Friedrich-Mayer-Weg und die Gipfelroute auf die Wösterspitze links abzweigen, drehen wir in die andere Richtung ab und wechseln vom erdigen Mattengelände in eine steinigere Umgebung. Man erreicht nun die **Rauhekopfscharte (3)**, 2415 m. Auf der Südseite kommt man aus dem schrofigen Gelände wieder zurück auf einen lehmigen Weg, der unter Umständen vom Vieh zertrampelt sein kann. Mit geringen Höhenunterschieden queren wir die Hänge südwärts Richtung Krabachjoch und treffen unmittelbar dahinter bei der **Stuttgarter Hütte (4)** ein.

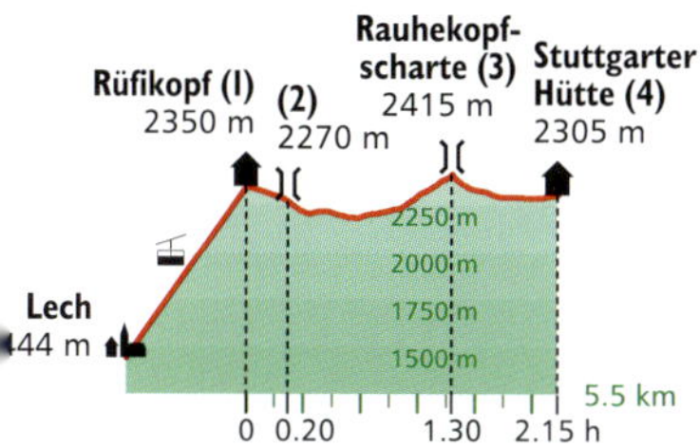

Blickfang sondergleichen: die schroffe Roggspitze.

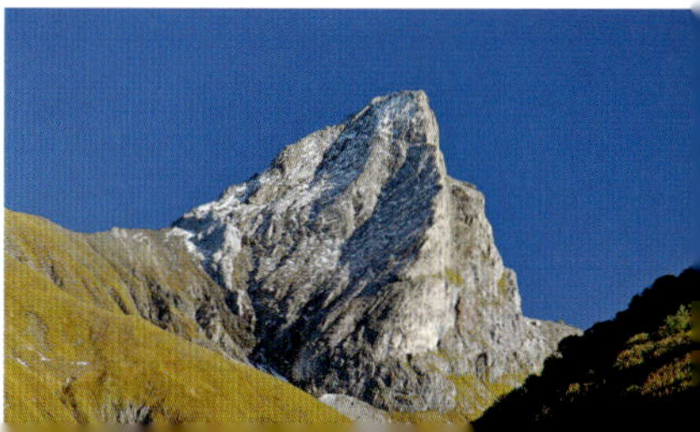

14 Stuttgarter Hütte – Zürs – Ravensburger Hütte

5.00 Std.

↑820 ↓1180

Der Übergang ins eigentliche Lechquellengebirge

Diese Etappe steht zunächst noch unter dem Einfluss skitouristischer Erschließungen, die in der Arlbergregion ja weithin das Bild prägen. So müssen wir zunächst in die Retortensiedlung Zürs absteigen, ehe wir gen Westen ins Lechquellengebirge eintreten und dort jenseits des Madlochjochs in ursprüngliche Gefilde vorankommen. Roggalspitze und Co. machen hier eine schneidige Figur, während der Spuller Schafberg schier Masse aufbaut.

Ausgangspunkt: Stuttgarter Hütte, 2305 m.
Endpunkt: Ravensburger Hütte, 1947 m.
Anforderungen: T2+. Gewöhnliche Bergwege, verbreitet im Mattengelände und damit bei guten Bedingungen harmlos, bei Nässe hingegen manchmal unangenehm schmierig. Durchschnittliche Tagesetappe.
Einkehr/Unterkunft: Stuttgarter Hütte, Trittalpe, Zürs, Ravensburger Hütte.

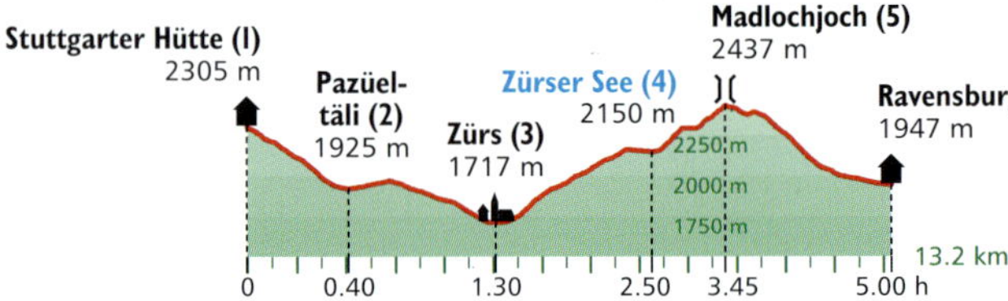

Von der **Stuttgarter Hütte (1)** wandern wir auf dem gut ausgebauten Endressweg diagonal bergab, gehen zwischendurch einen Grabeneinschnitt aus und kommen auf den weiten Boden im **Pazüeltäli (2)**, ca. 1925 m, wo eine Alphütte abseits bleibt. Über die Brücke auf die linke Seite und rund 50 Höhenmeter aufwärts zu einer Anhöhe. Jetzt übernimmt ein Sträßchen die Führung und bringt uns hinab nach **Zürs (3)**, 1717 m. In der Hotelsiedlung wendet man sich südwärts Richtung Flexenpass und achtet gleich hinter der

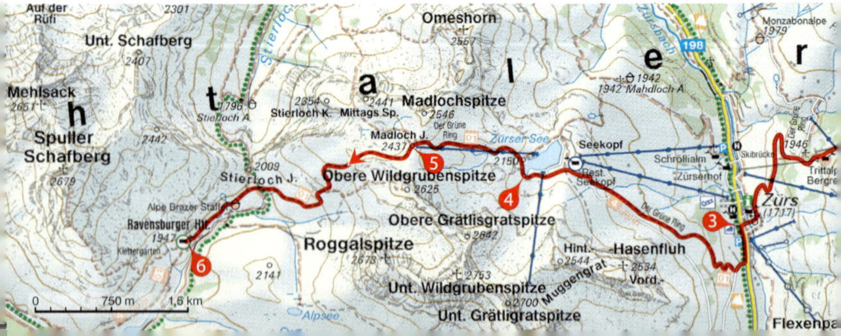

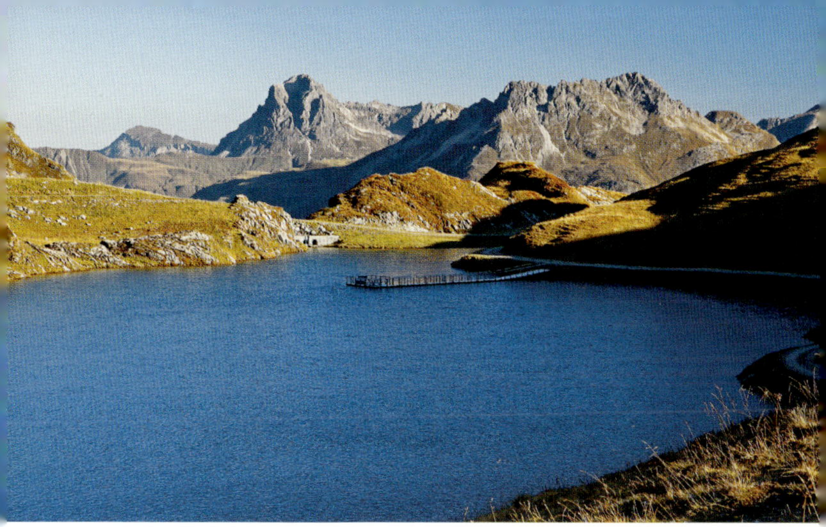

Der Zürser See gehört zu den Stationen am zweiten Tag.

großen Parkfläche auf den Beginn des Bergweges zum Zürser See. Schräg rechts haltend aufwärts und weiter oben wieder auf den Wirtschaftsweg, der den Sattel unweit einer Skistation überschreitet und sich kurz zum **Zürser See (4)**, 2150 m, absenkt. An seinem Westzipfel setzt sich der Aufstieg Richtung Madlochjoch fort, vorübergehend steiler im Bereich einer Lifttrasse. Wir treten über die Schwelle zu einem Hochboden und bewältigen dahinter das letzte Stück bis zum **Madlochjoch (5)**, 2437 m. Jenseits links haltend über eine weitläufige Verflachung hinweg (geringfügige Gegensteigung) und danach in den Hängen von Gafell auf erdigem Steig längere Zeit bergab. Später orientiert man sich westwärts hinüber in die Nähe des Stierlochjochs, stößt dort auf eine andere Route und folgt dieser schließlich sanft absteigend zur **Ravensburger Hütte (6)**.

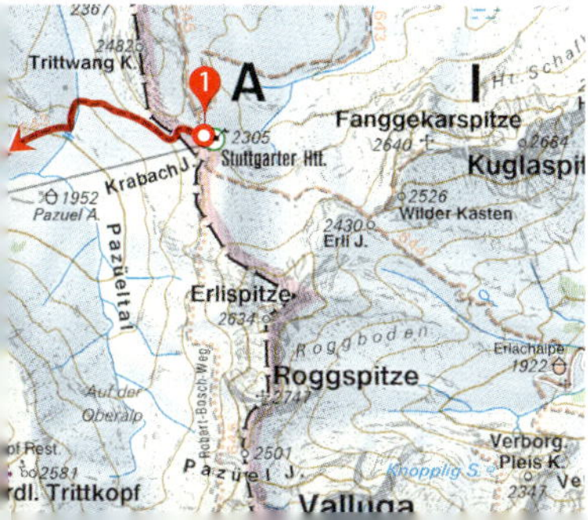

Murmeltiere sind auf den Bergmatten zu Hause.

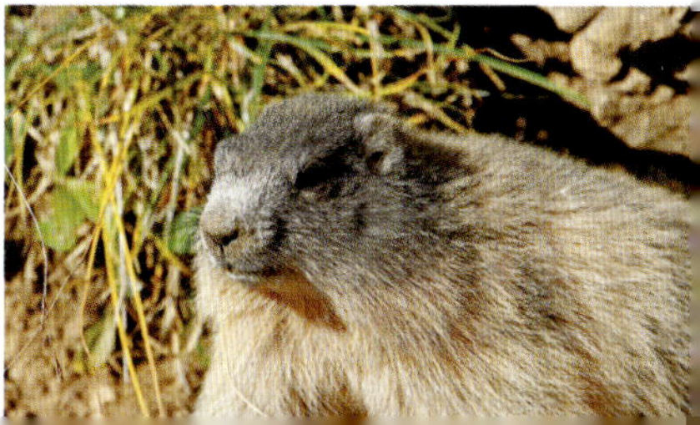

15 Spuller Schafberg, 2679 m

3.20 Std.

↑↓ 730

Wichtigster Wandergipfel im Gebiet der Ravensburger Hütte

Im Zuge eines Hüttentrekkings ist es ja immer wieder eine Bereicherung, zwischendurch mal einen Gipfel ins Programm einfließen zu lassen. Im Fokus stehen dabei natürlich vor allem die Hausberge der jeweiligen Stützpunkte. Bei der Ravensburger Hütte gilt das Interesse hauptsächlich dem Spuller Schafberg. Der Name mag nichts Besonderes versprechen, doch tatsächlich ist der Berg kein einfacher Mugel, sondern gehört zur Riege der höchsten Gipfel im Lechquellengebirge. Knapp 80 Meter fehlen ihm zur Spitzenposition. Insofern dürfen wir uns nach zweistündigem Aufstieg über den Südgrat auf eine tolle Aussicht aus dem höchsten Stockwerk freuen.

Ausgangspunkt: Ravensburger Hütte, 1947 m.
Anforderungen: T3. Markierter Gipfelsteig, zunächst in stark bewachsenem Gelände (bei Nässe erdige Spur), nach oben hin steiniger. Insgesamt steile Routenführung, aber ohne Kletterei oder anderweitig schwierige Stellen. Halbtagesprogramm ab Hütte.
Einkehr/Unterkunft: Ravensburger Hütte.

Wolkenstimmung am Spuller Schafberg.

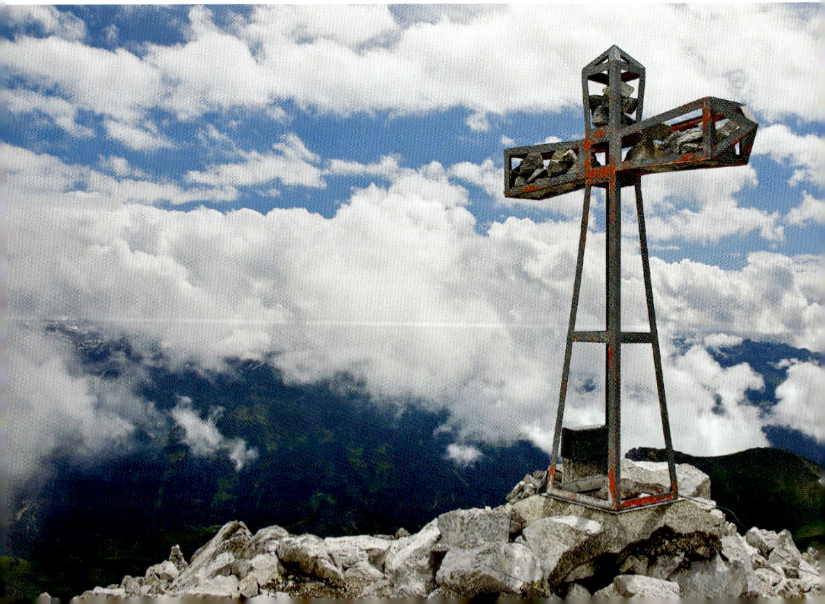

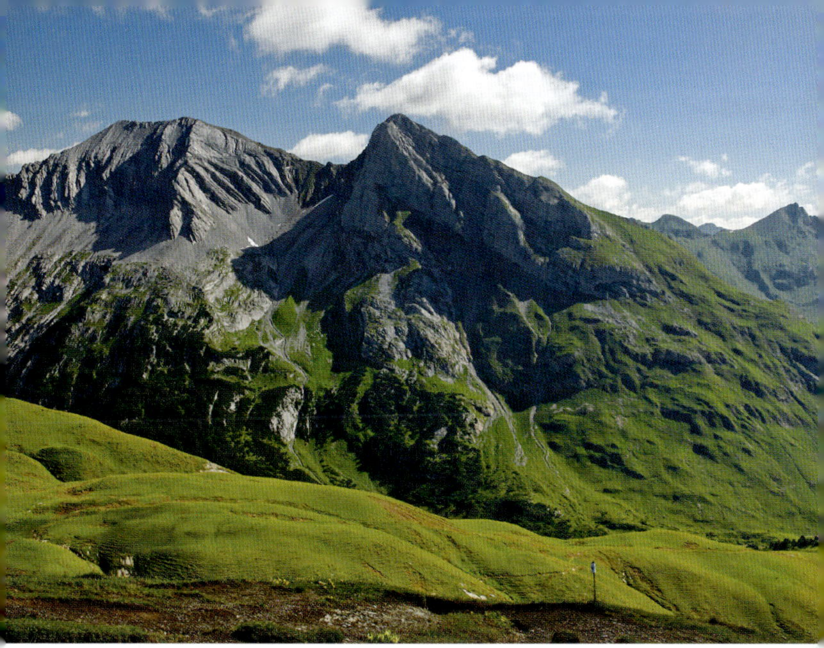

Oberer Schafberg (Mehlsack) links und Spuller Schafberg von Westen.

Von der **Ravensburger Hütte (1)** beginnt die Tour mit einer Querung unterhalb des Klettergartens, ehe der Steig kräftig anzieht. Über zwei Verflachungen schließen wir zum Südgrat auf, der sich vorerst noch begrünt zeigt, später aber in felsig-schrofiges Gelände übergeht und am Schluss auch recht ausgeprägt wirkt. In wechselnder Steilheit steigen wir an dieser Leitlinie bis zum höchsten Punkt am **Spuller Schafberg (2)**, 2679 m, empor. Der Rückweg verläuft identisch.

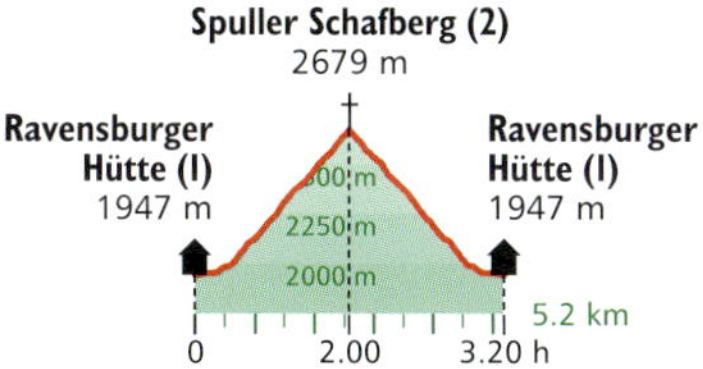

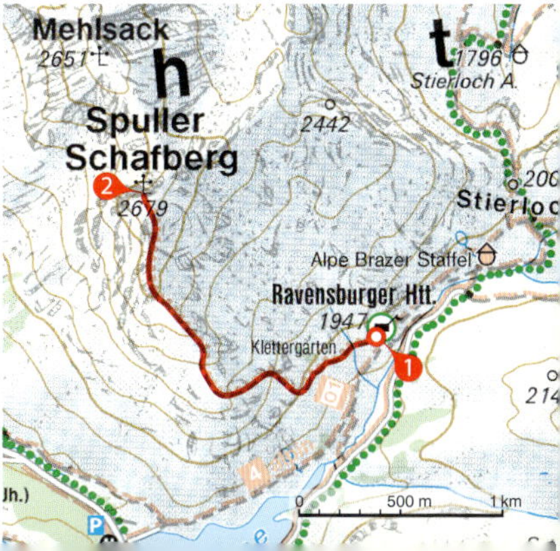

16 Ravensburger Hütte – Freiburger Hütte

4.45 Std.

↑720 ↓750

Über den wunderbaren Gehrengrat

Auf der Fortsetzung der Lechquellenrunde legt sich als eine Art Querriegel der Gehrengrat in den Weg. Beim Übergang vom Spullersee in die Karstzone des Steinernen Meeres (das es also nicht nur bei Berchtesgaden gibt, sondern in einer kleineren Ausgabe auch hier) steht eine landschaftlich sehr interessante Etappe bevor. Vielleicht hat man sogar Glück und erspäht am Gehrengrat einige Steinböcke.

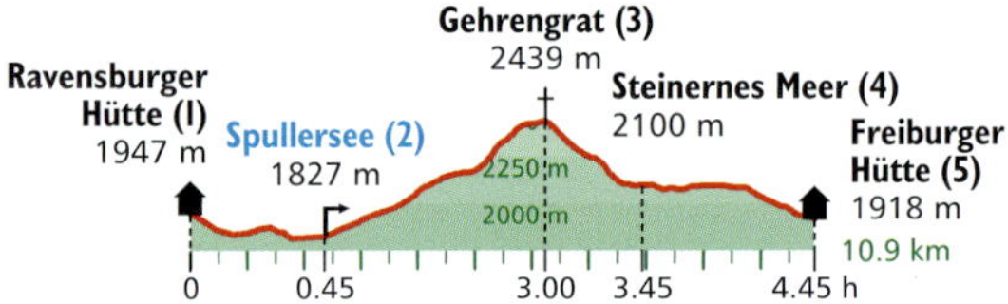

Ausgangspunkt: Ravensburger Hütte, 1947 m.
Endpunkt: Freiburger Hütte, 1918 m.
Anforderungen: T3. Überwiegend Mattengelände, phasenweise ziemlich steil und auch ein wenig felsdurchsetzt. Im Steinernen Meer hingegen karstiger Untergrund und daher etwas verschlungen. Grundlegende Trittsicherheit angezeigt, konditionell durchschnittliches Tagespensum.
Einkehr/Unterkunft: Ravensburger Hütte, Freiburger Hütte.

Die Etappe beginnt ab **Ravensburger Hütte (1)** mit einem Abstieg zum **Spullersee**, 1827 m, wobei man normalerweise den Wanderpfad einschlägt, der sich durch üppig bewachsenes Gelände zum Nordufer hinüberschlängelt. Bei Nässe kann dies allerdings unerquicklich werden, weshalb man in diesem Fall ein Ausweichen auf den Fahrweg erwägen sollte – man muss dann allerdings den Stausee auf der Südseite umkurven und kommt zum Vereinigungspunkt, wo der Weg zum Gehrengrat abzweigt **(2)**.
Durchs Tälchen namens »Kühler Morgen« steigen wir Richtung Dalaaser

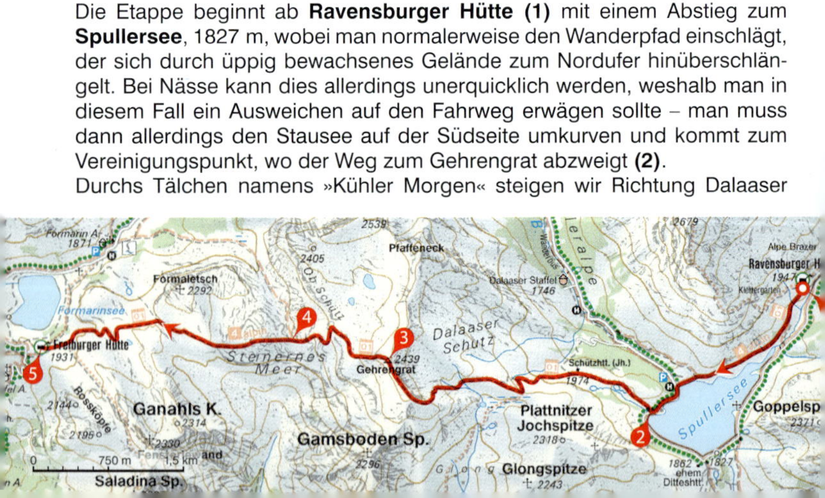

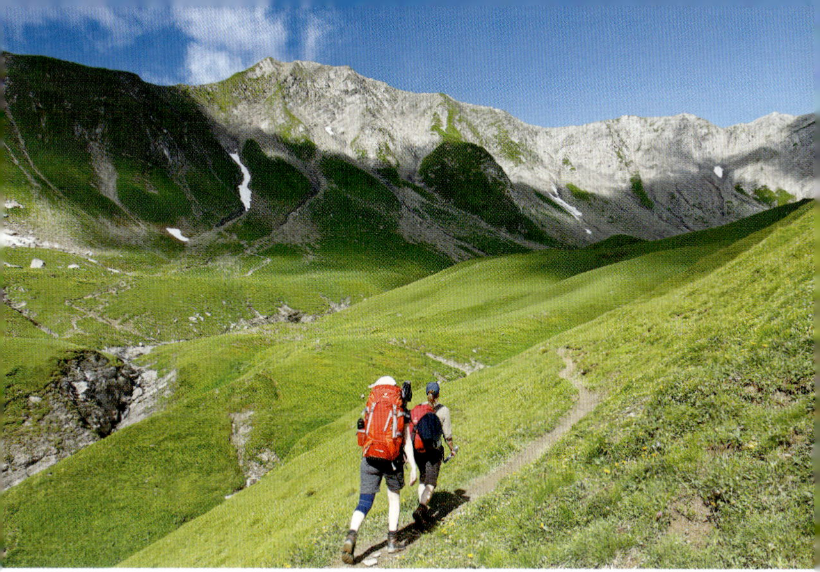

Via Dalaaser Schütz geht es zum Gehrengrat hinauf.

Schützalpe hinauf, lassen diese knapp rechts liegen und beachten weiter oben bei einer unbeschilderten Verzweigung den Linksschwenk unserer Route. Wir kommen über Matten ins Hochtal namens **Dalaaser Schütz** und nähern uns mit einer flacheren Passage über seichte Bachgräben der bröseligen Steilflanke am Gehrengrat. Dort auf etwas exponiertem, aber in Kehren gut angelegtem Pfad zu einer breiten Schulter hinauf. Man folgt dem Kammrücken nach rechts bis auf den **Gehrengrat (3)**, 2439 m, dessen höchster Punkt etwa zwei Minuten abseits des Weges liegt, wo dieser talwärts abknickt. Durch die westseitige Grasflanke geht es jetzt in Serpentinen über einen ersten Absatz bergab. Der Weg laviert durch einen kleinen felsigen Riegel und führt über einen Boden ins Karstterrain des **Steinernen Meeres** mit Verzweigung **(4)**. Man durchquert das zerklüftete Gebiet anhand der sehr dichten Markierung in kleinräumigem Auf und Ab und tritt später wieder auf Wiesen über. Unter dem Formaletsch hindurch zu einem Sattel, Schafjöchle genannt, und links haltend über eine kleine Schulter hinab zur **Freiburger Hütte (5)**.

Im letzten Abschnitt der Etappe.

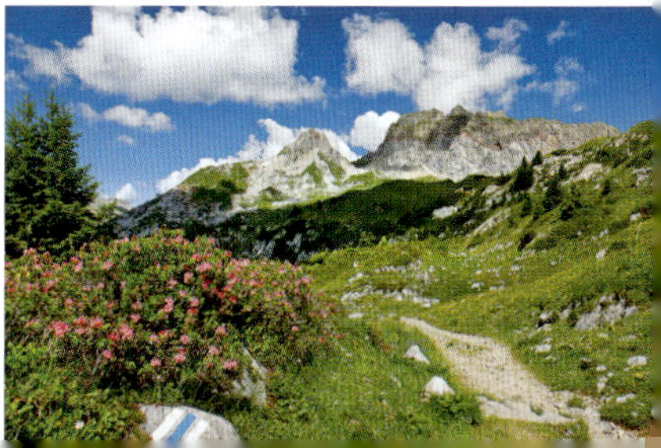

17 Rote Wand, 2704 m

6.00 Std.

↑↓1100

Das alpine Aushängeschild des Lechquellengebirges

Wie ein überdimensionales Sandwich aus übereinander gelagerten, farblich abgestuften Gesteinspaketen präsentiert sich die Rote Wand nach Süden. Der breite Steilabbruch ist das Schaustück im Gebiet der Freiburger Hütte, und so wird bei manch einem vielleicht der Wunsch reifen, diesem mächtigsten und auffälligsten Gipfel des Lechquellengebirges aufs Haupt zu steigen. Aber wie? Nun, es gibt durchaus eine gefinkelte Route, die sich einige Schwachstellen zunutze macht. Von der Freiburger Hütte müssen wir aber zunächst um den halben Berg wandern, um schließlich über den Nordgrat hinaufzukraxeln.

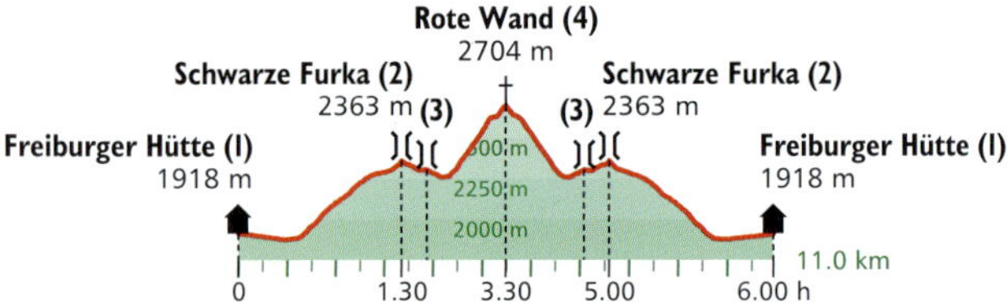

Die Rote Wand, wie man sie von Süden über dem Formarinsee sieht.

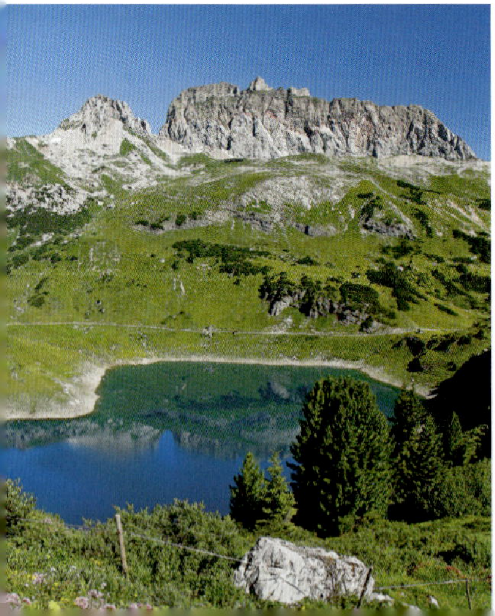

Ausgangspunkt: Freiburger Hütte, 1918 m.

Anforderungen: T4–5. Anspruchsvolle Gipfeltour, die solide Bergerfahrung, perfekte Trittsicherheit und Schwindelfreiheit sowie stellenweise auch elementare Kletterfähigkeiten verlangt (I. Grad). Mancherorts Steinschlaggefahr beachten. Die Route verläuft verwinkelt, ist aber ordentlich markiert. Volles Tagesprogramm.

Einkehr/Unterkunft: Freiburger Hütte.

Tipps/Varianten: Wer schnellere Gipfelziele sucht, kann die Fensterlewand, 2330 m (bis T4 mit Stellen I), respektive die Saladinaspitze, 2238 m (T3 auf Alpinsteig), erklimmen.

Von der **Freiburger Hütte (1)** folgen wir dem breiten Fahrweg, bis nach etwa 10 Minuten linksseitig der Hinweis auf Rote Wand und Frassenhütte gegeben wird. Durch Latschengassen kommen wir zur nächsten Verzweigung, halten uns rechts und steigen über blockdurchsetzte Wiesen wechselnder Neigung bergauf. Der Steig ist hier teilweise erodiert und nicht immer sonderlich angenehm. Nach einer Weile verflacht sich das Gelände hin zu einer Karmulde, in der eventuell Schneefelder auftreten. Der weitere Aufstieg leitet in die zwischen Rothorn und dem eindrucksvollen Südwestgrat der Roten Wand eingeschnittene **Schwarzen Furka (2)**, 2363 m.

Vom Sattel queren wir jenseits auf einer abschüssigen Schuttspur nach rechts leicht abwärts. Zwei bandartige, mit dickem Drahtseil entschärfte Stufen vermitteln danach den Aufstieg ins **Obere Sättele (3)**, 2310 m, dem pfiffigen engen Durchschlupf auf die Nordseite. Dort über Karschotter oder Schneefelder abermals schräg abwärts und hinüber zum Ansatz des Nordwestrückens. Schrofengelände prägt nun das weitere Bergauf, vorerst auf passabler Wegspur. Bis zu einer Gratschulter ist bereits etwas Händeunterstützung nötig, ehe ein wirklich anspruchsvoller, weil ziemlich exponierter Abschnitt bevorsteht. Hier müssen entlang der Schneide einige schiefrige Felsen überschritten bzw. rechts umgangen werden (Stellen I). Ganz am Schluss wird der von einer Gletschermulde flankierte Nordgrat eher wieder leichter bis zum überragenden Gipfelkreuz auf der **Roten Wand (4)**, 2704 m. Der Abstieg verläuft auf derselben Route, wobei die Gegenanstiege einzukalkulieren sind.

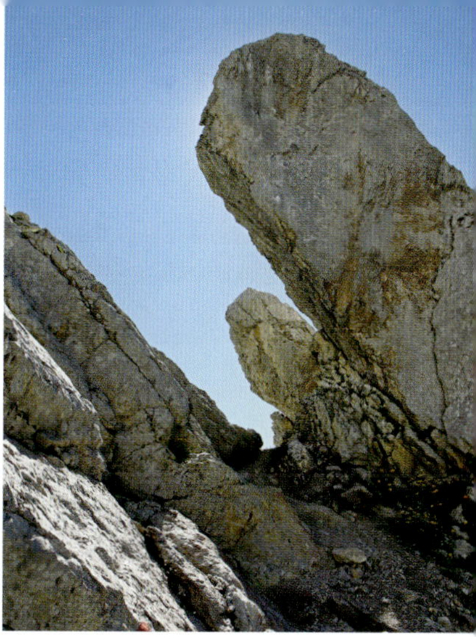

Einprägsame Passage am Oberen Sättele.

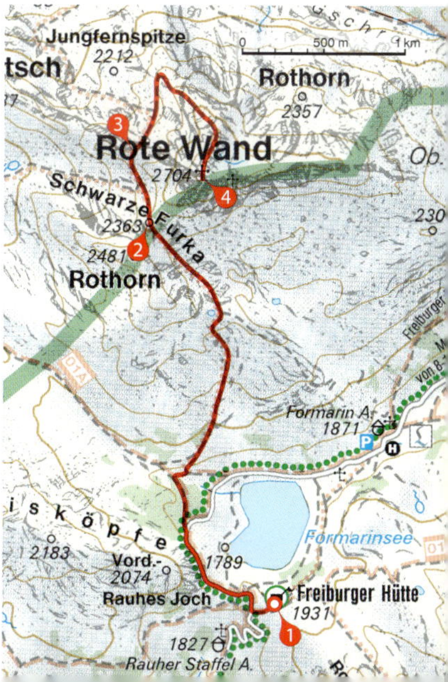

18 Freiburger Hütte – Göppinger Hütte

4.30 Std.

↑780 ↓450

Auf dem abwechslungsreichen Steinmayerweg

Ein wunderbarer, vielfältiger Höhenweg mit stets großartiger Aussicht verbindet den Formarinsee über diverse Sättel bzw. Schultern mit der Göppinger Hütte. Vielleicht die Parade-Etappe des Treks, wenn man denn eine einzige küren wollte. Gelegenheitswanderer bekommen manchmal Probleme ob des alpinen Geländes, insbesondere wenn sie zu früh im Jahr unterwegs sind. Tatsächlich schwierig ist der Steinmayerweg aber nicht.

Ausgangspunkt: Freiburger Hütte, 1918 m.
Endpunkt: Göppinger Hütte, 2245 m.
Anforderungen: T3. Gelände wechselnder Beschaffenheit, tendenziell eher steinig. In abschüssigen Passagen Trittsicherheit erforderlich, Händeunterstützung aber allenfalls ganz vereinzelt. Im Frühsommer noch häufig Erschwernisse durch Schneefelder. Normaler Tagesmarsch.
Einkehr/Unterkunft: Freiburger Hütte, Göppinger Hütte.

Von der **Freiburger Hütte (1)** führt unser Weg an einem mit Buschwerk bestandenen Steilhang über dem Ostufer des Formarinsees entlang. Dort kann es ziemlich glitschig sein, weshalb man schon mal aufpassen muss oder gegebenenfalls die problemlose Umgehungsmöglichkeit auf dem Fahrweg wählt. Bei der **Formarinalpe (2)**, 1871 m (Bushaltestelle und Parkplatz am Ende der Mautstraße), zweigen wir auf den **Steinmayerweg** respektive Freiburger Höhenweg zur Göppinger Hütte ab. An den mit Gras, Sträuchern und Latschen bewachsenen Flanken längere Zeit schräg aufwärts. Später kommt man ins karstige **Obergschröf**, wo sich der Pfad etwas verschlungen in leichtem Auf und Ab durchs wellige Gelände schlängelt. Während der Traverse eines Steilhangs am Schönbühel legt sich eine kleine Schrofenstufe mit Drahtseilsicherung in den Weg – in der Regel die schwierigste Einzelstelle. Kurz darauf tangiert man das weite,

Überm Oberen Johannesjoch schaut die Rote Wand wieder ganz anders aus.

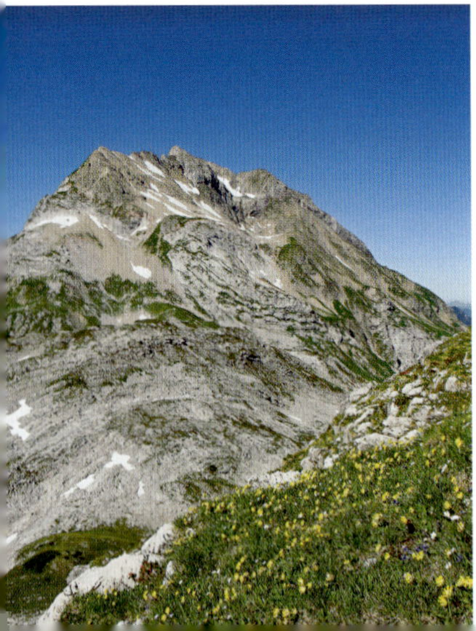

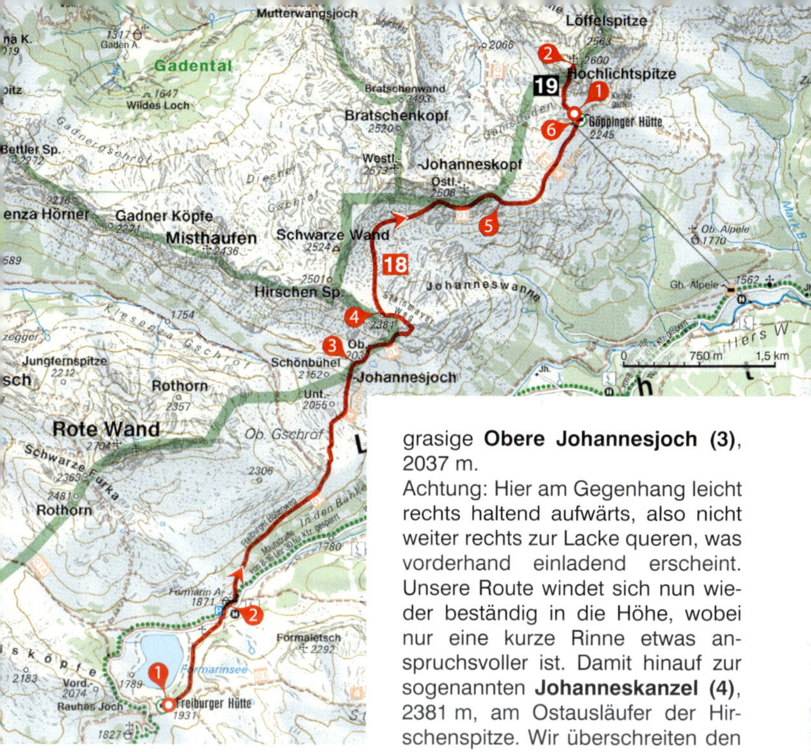

grasige **Obere Johannesjoch (3)**, 2037 m.

Achtung: Hier am Gegenhang leicht rechts haltend aufwärts, also nicht weiter rechts zur Lacke queren, was vorderhand einladend erscheint. Unsere Route windet sich nun wieder beständig in die Höhe, wobei nur eine kurze Rinne etwas anspruchsvoller ist. Damit hinauf zur sogenannten **Johanneskanzel (4)**, 2381 m, am Ostausläufer der Hirschenspitze. Wir überschreiten den breiten, steinigen Kammrücken und schwenken links haltend in die weitläufige Johanneswanne hinein. Diesen Karkessel gilt es in großem Bogen auszugehen (bis in den Sommer Firnfelder wahrscheinlich). Auf der gegenüberliegenden Seite unter den Johannesköpfen schräg nach rechts aufwärts, wobei wiederum Schneerinnen hinderlich sein können. Ansonsten eher unschwierig, gewinnt man teils aufsteigend, teils über Bänder querend die Ostschulter **(5)**, 2405 m, und erblickt hier das Tagesziel. Im nordseitigen Bergab läuft der Weg auf die welligen Gamsböden zur **Göppinger Hütte (6)** aus.

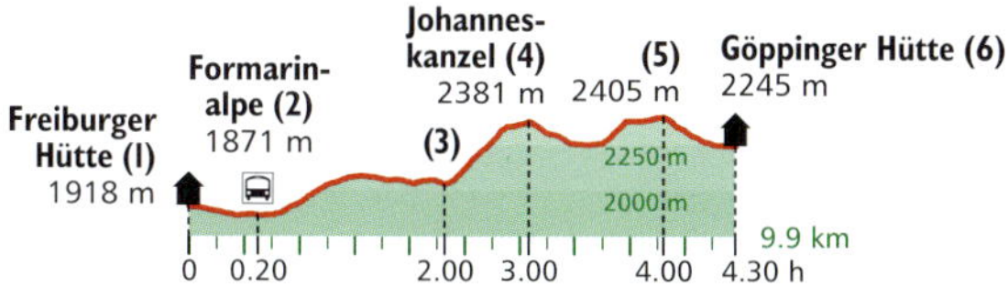

19 Hochlichtspitze, 2600 m

1.45 Std.

↑↓ 360

Auf den Hausberg der Göppinger Hütte

Nochmals ergibt sich die Gelegenheit für eine Gipfelspritztour. Die Hochlichtspitze schaut ja direkt auf die Göppinger Hütte herab, und angesichts der Nähe wird man am Nachmittag oder zeitig am nächsten Morgen gern einen Extra-Streifzug unternehmen. Mit den Händen in den Hosentaschen ist das Hochlicht allerdings nicht zu bezwingen – Vertrautheit mit Steilschrofengelände und einer gewissen Ausgesetztheit sollten Anwärter mitbringen. Oben bietet sich dann eine Perspektive, wie sie sich von unseren Höhenwegen doch markant unterscheidet: mit den höchsten Felsspitzen auf Augenhöhe, dazu ein ganz weiter Horizont …

Ausgangspunkt: Göppinger Hütte, 2245 m.
Anforderungen: T4. Markierter Steig in ziemlich steilem Fels- und Schuttgelände. Vereinzelt auch leichte Kletterstellen (I), überwiegend jedoch Gehgelände. Trittsicherheit unerlässlich. Vom Aufwand her nur eine Zugabe, nicht tagfüllend.
Einkehr/Unterkunft: Göppinger Hütte.
Karte: S. 109.

Klobiger Klotz aus Hauptdolomit: die Hochlichtspitze. Rechts unterhalb liegt die Hütte.

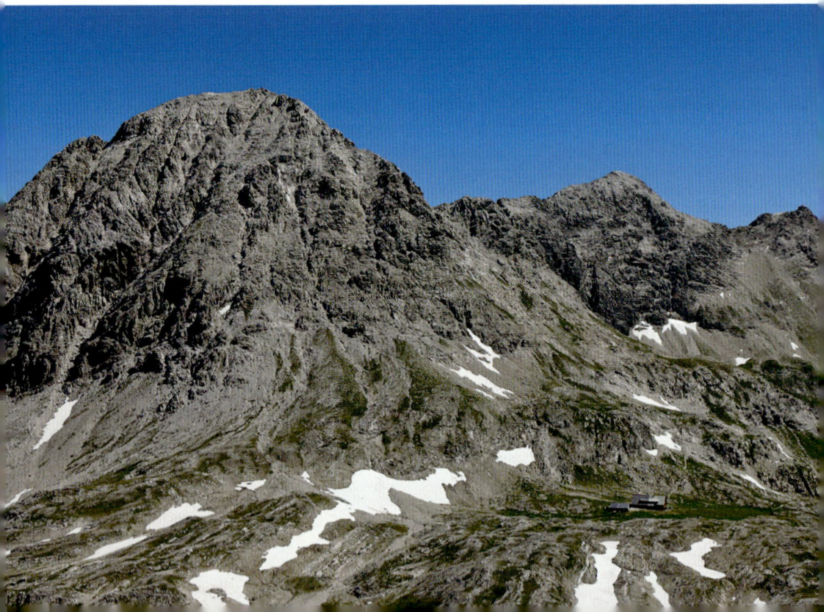

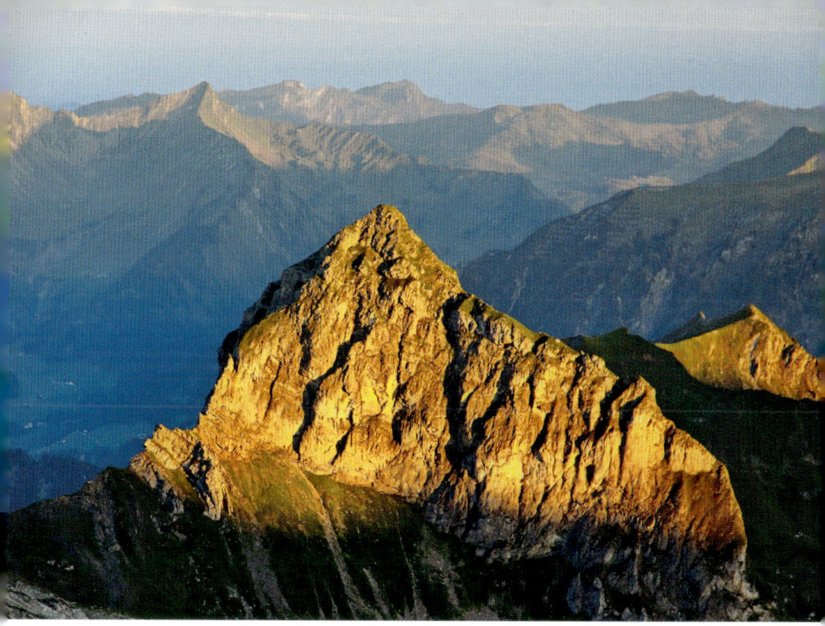

Die Morgensonne »vergoldet« den benachbarten Feuerstein.

Von der **Göppinger Hütte (1)** folgen wir dem Hinweis auf die Hochlichtspitze zuerst ein Stück gen Westen und nähern uns damit der knapp 300 Meter hohen, steilschrofigen Südflanke. Nach ein paar Kehren steigt man in das unübersichtliche Felsterrain ein. Hier laviert die Route geschickt höher, sodass nur ganz vereinzelt Stellen mit Händeunterstützung vorkommen. Das Gelände ist freilich durchwegs abschüssig und verlangt Konzentration und Trittsicherheit. Meist auf Steigspuren geht es bis in Gipfelnähe und zum exponierten Kreuz auf der **Hochlichtspitze (2)**, 2600 m. Zurück zur Göppinger Hütte wie beim Aufstieg.

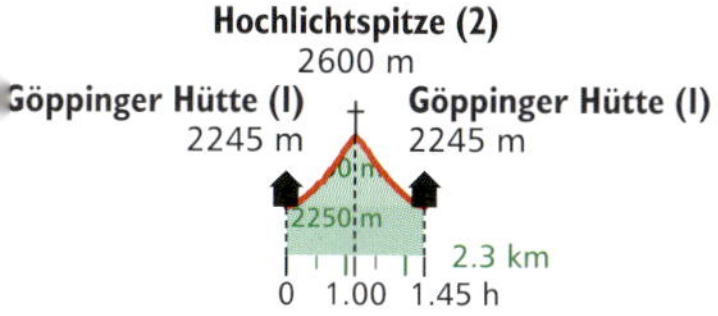

Rund um die Göppinger Hütte lassen sich zuweilen Steinböcke sehen.

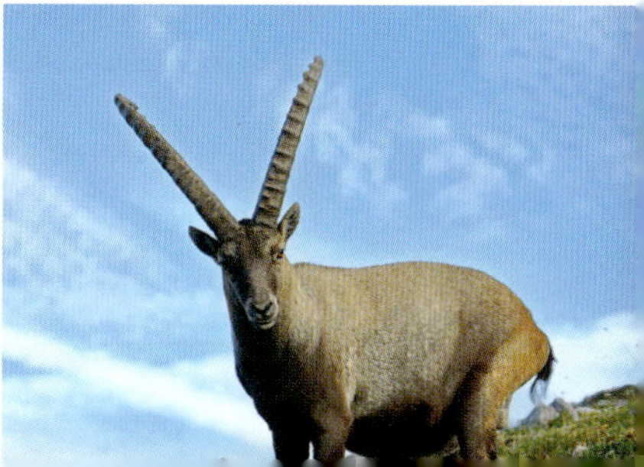

20 Göppinger Hütte – Lech

4.30 Std.
↑400 ↓1200

Rundenschluss zurück in die Zivilisation

Inzwischen sind wir auf der nördlichen Seite des jungen Lechs unterwegs und haben auch hier nochmals einen mustergültigen Höhenweg vor uns: längere Zeit ursprünglich, an einer Reihe wilder Hochgipfel vorbei und gegen Ende dann allmählich wieder in die Zivilisation eintauchend. Kleinode wie der Butzensee oder die eigenartigen Gipslöcher verströmen ein besonderes Flair.

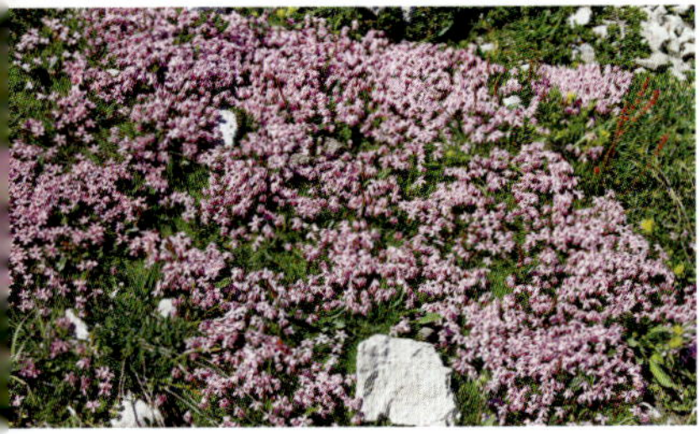

Ausgangspunkt: Göppinger Hütte, 2245 m.

Endpunkt: Lech am Arlberg, 1444 m.
Anforderungen: T3. In der ersten Hälfte meist steiniger Bergweg, der zuweilen etwas Trittsicherheit verlangt, später dann zunehmend komfortable Trassen in lieblicherer Umgebung. Wiederum normale Etappenlänge.
Einkehr/Unterkunft: Göppinger Hütte, Oberlech.
Variante: Etwas länger kann auch direkt am Butzensee vorbei und über den Mohnensattel, 2315 m, nach Oberlech gewandert werden. Vielleicht mag jemand dabei sogar die Mohnenfluh, 2542 m, mitnehmen.

Von der **Göppinger Hütte (1)** wählen wir nordostwärts den **Theodor-Praßler-Weg**. In typischer Manier eines Flankensteiges geht es im Auf und Ab quer durch die mitunter recht steilen Hänge, meist auf Absätzen bzw. am Fuß der Felsen. Nach einem anfänglichen Aufstieg an der Ostseite der Hochlichtspitze verliert man bis ins Schneetal einiges an Höhe, um dies auf der Südseite der Braunarlspitze wieder mehr als wettzumachen. Durch Geröllhalden zieht die Spur am Gipfelabzweig vorbei schräg aufwärts zur **Butzenschulter (2)**, nahe P. 2422 in der AV-Karte: ein großartiger Rastplatz!
Auf der Ostseite geht es mit Blick auf die klobige Mohnenfluh anfangs steil, später gemäßigt auslaufend in kupiertes Gelände hinab. Am weiten **Butzen-**

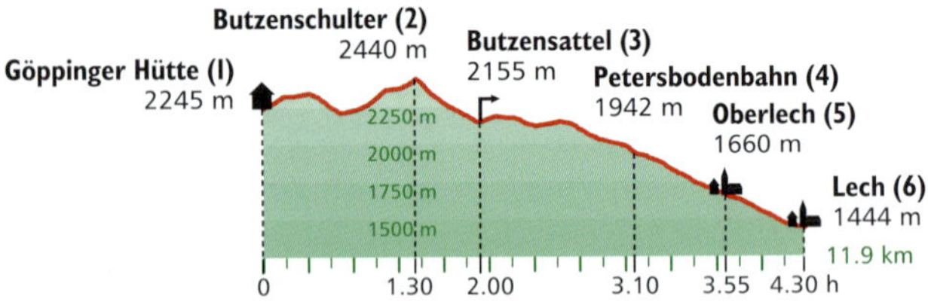

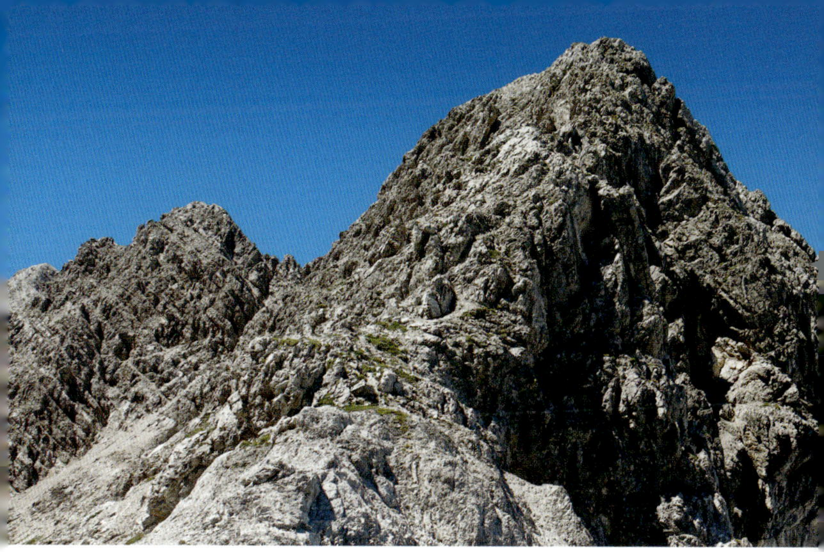

Wildes Felsengeschröf direkt über dem Theodor-Praßler-Weg.

sattel (3), 2155 m, oberhalb des gleichnamigen Sees, halten wir uns rechts nochmals kurz aufwärts und kommen damit in die grasige Südflanke des Zuger Hochlichts voran. Der Höhenweg zieht hier ein Weilchen fast horizontal dahin und mündet danach in einen Fahrweg, der sich mit einigen Serpentinen zum **Kriegersattel** absenkt. Sehenswert die Gipslöcher nebenan! Stets der Bezeichnung »Oberlech, Lech« folgend kommen wir nah an der **Petersbodenbahn (4)** vorbei, die uns das restliche Bergab abnehmen könnte. Ansonsten über schön angelegte Wiesenwege in die recht raumgreifende Hotelsiedlung **Oberlech (5)**, 1660 m, und ab Mittelstation schließlich auf zwei möglichen Varianten (links »Burgwald«, rechts »Rutalpe«) hinunter in den Hauptort **Lech (6)**. Im Burgwald führt übrigens eine spektakuläre Downhillstrecke parallel zu unserem Weg bergab.

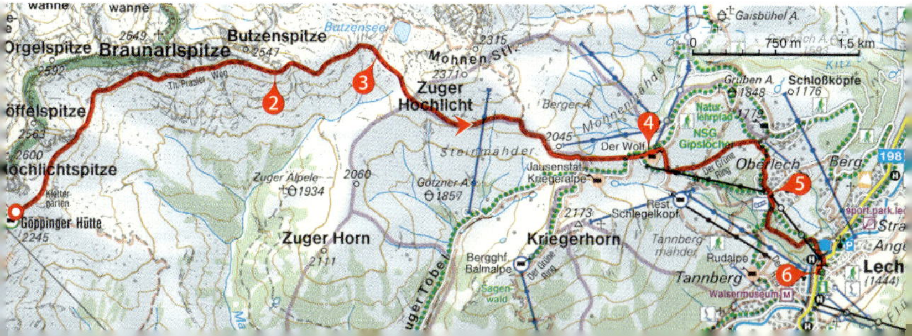

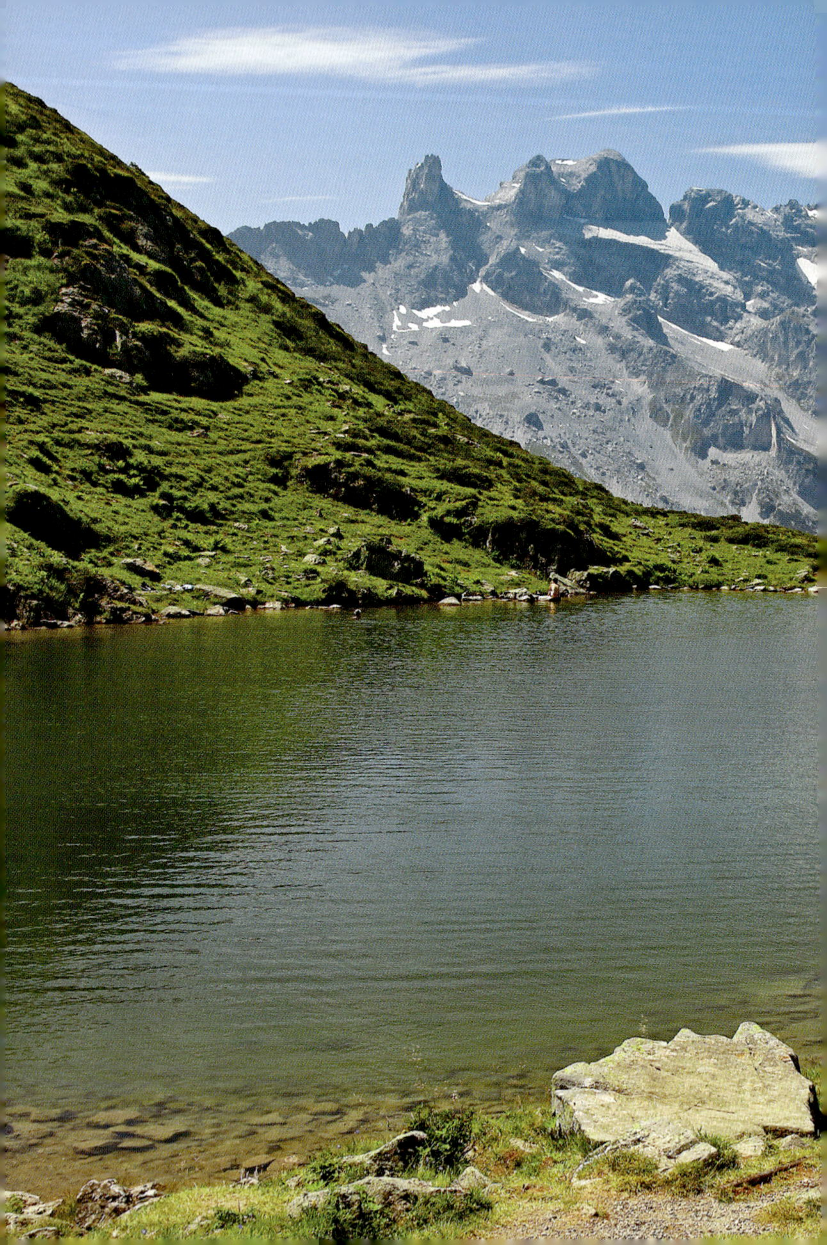

Rätikon-Tour

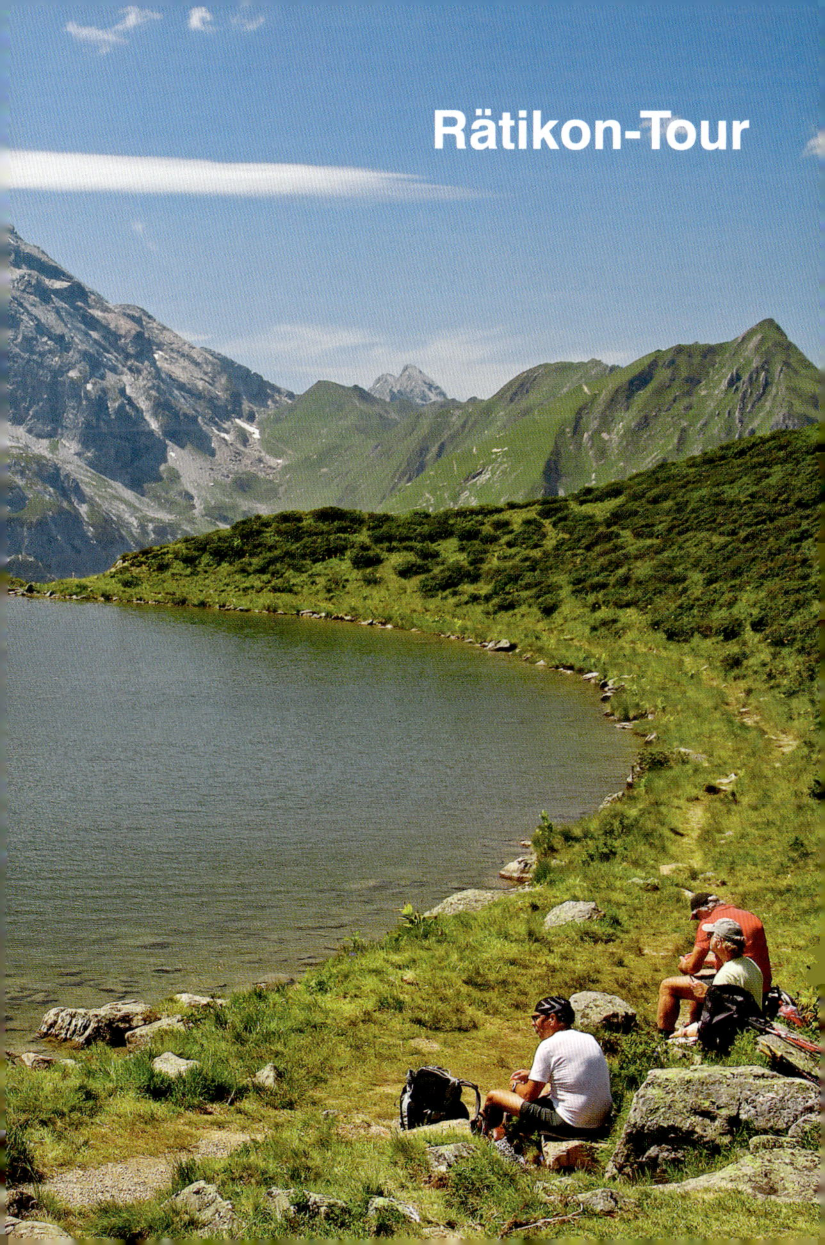

Rätikon-Tour

Immer grenznah zu Liechtenstein und zur Schweiz

Der Rätikon gehört zu den drei Zentralalpengruppen, an denen Vorarlberg Anteil besitzt. Die Feststellung gilt allerdings mit einem zugedrückten Auge, sind es doch mächtige Kalkgipfel, die das Rückgrat dieses Gebirges bilden und demnach geologisch eher die Verwandtschaft mit den Nördlichen Kalkalpen demonstrieren. Unumstritten sind in jedem Fall die erstklassigen Tourenmöglichkeiten im Rätikon, der zwischen österreichischer und schweizerischer Seite eine ganze Reihe von hindernisarmen Verbindungen eröffnet und damit so durchlässig wie kaum ein anderes Grenzgebirge erscheint. Das Territorium des Fürstentums Liechtenstein liegt sogar vollständig im Bereich des Rätikons (aus der Rheinebene bis gegen Naafkopf, Gallina und Drei Schwestern ansteigend). Wir werden dort eine ganze Weile unterwegs sein, uns im weiteren Verlauf gen Osten vornehmlich an der Hauptkette orientieren und die knapp nördlich gelegenen Basislager der Reihe nach »abklappern«. Leichte und anspruchsvollere Abschnitte wechseln einander ab, sodass im Gesamtanspruch schon eher der tüchtige Bergwanderer angesprochen ist. Wer keine »schwarzen« Touren gehen mag, muss sich fallweise Alternativen

Vorhergehende Doppelseite: Rast am Tobelsee mit den unverwechselbaren Drei Türmen sowie der Drusenfluh als Blickfang.
Unten: Die Schesaplana krönt das höchste Massiv im Rätikon.

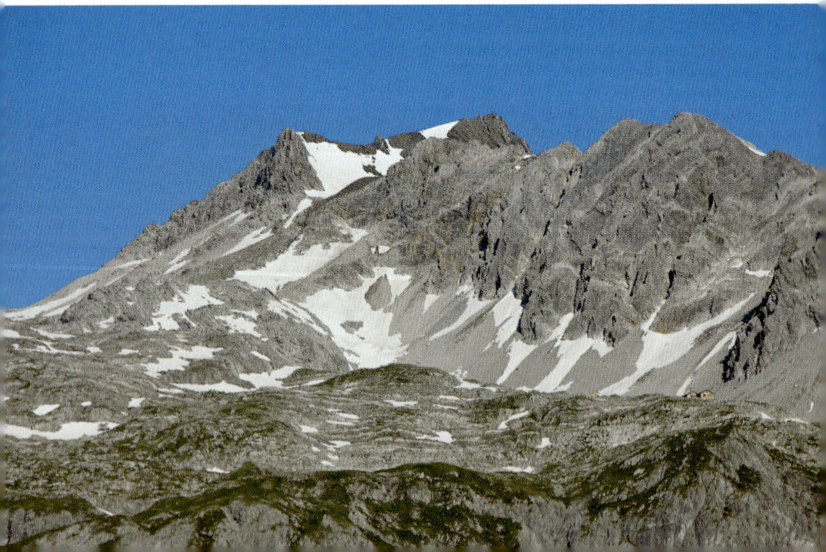

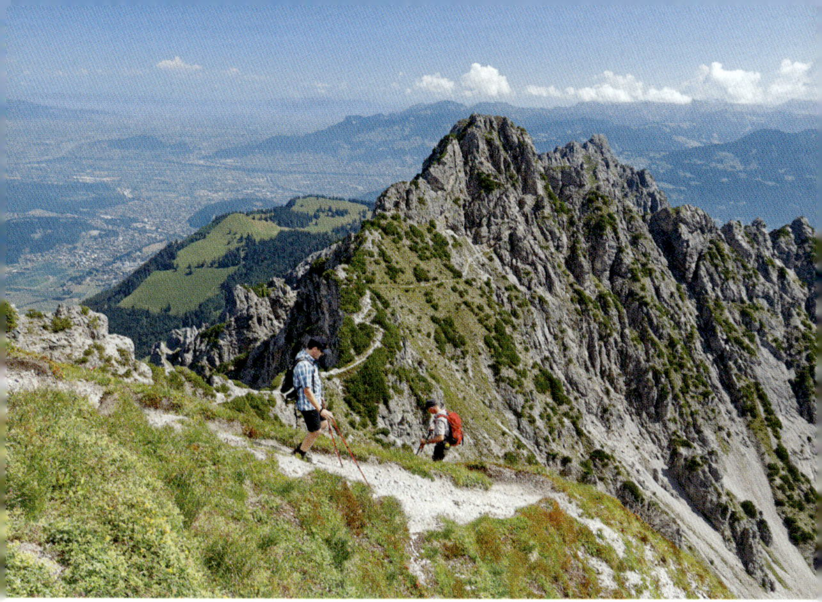

Am Kuegrat, der in Verbindung mit den Drei Schwestern häufig überschritten wird. Das Rheintal verliert sich im sommerlichen Dunst.

überlegen, was den Idealverlauf zwar aufbricht, aber durchaus möglich ist.
Der Beginn soll im äußersten Nordeck des Rätikons liegen, wo das Gebirge unspektakulär gegen das Feldkircher Becken absinkt. Die rasch erreichbare Feldkircher Hütte kann dort als erster Stützpunkt dienen. Tags darauf wird es am Drei-Schwestern-Steig bereits zünftig. Die Überschreitung der versteinerten Sagengestalten gilt als Liechtensteiner Paradetour, ebenso wie der nahtlos anschließende Fürstensteig, der sich in beinahe verwegener Manier durch wildes Geschröf schlängelt, dabei aber stets solide ausgebaut wirkt. Ganz anders dann das Alpgelände, das wir zum Ausklang der zweiten Etappe und während der dritten hinauf zum Bettlerjoch kennenlernen. Dort hat die Pfälzer Hütte des Liechtensteiner Alpenvereins ihren Platz, genau zwischen Naafkopf und Augstenberg, die beide lohnend mitgenommen werden können.

Auch wenn wir das kleine Fürstentum nun hinter uns lassen – der Name bleibt uns auf dem Liechtensteiner Höhenweg noch eine Weile treu. Ein spannender Verlauf über mehrere, zunehmend hochalpine Sättel bringt uns der Schesaplana nahe und damit dem allerhöchsten Massiv im Rätikon. Je nach Tourenplanung kann im Bereich des mehr und mehr schwindenden Brandner Gletschers die effektvoll gelegene Mannheimer Hütte einbezogen

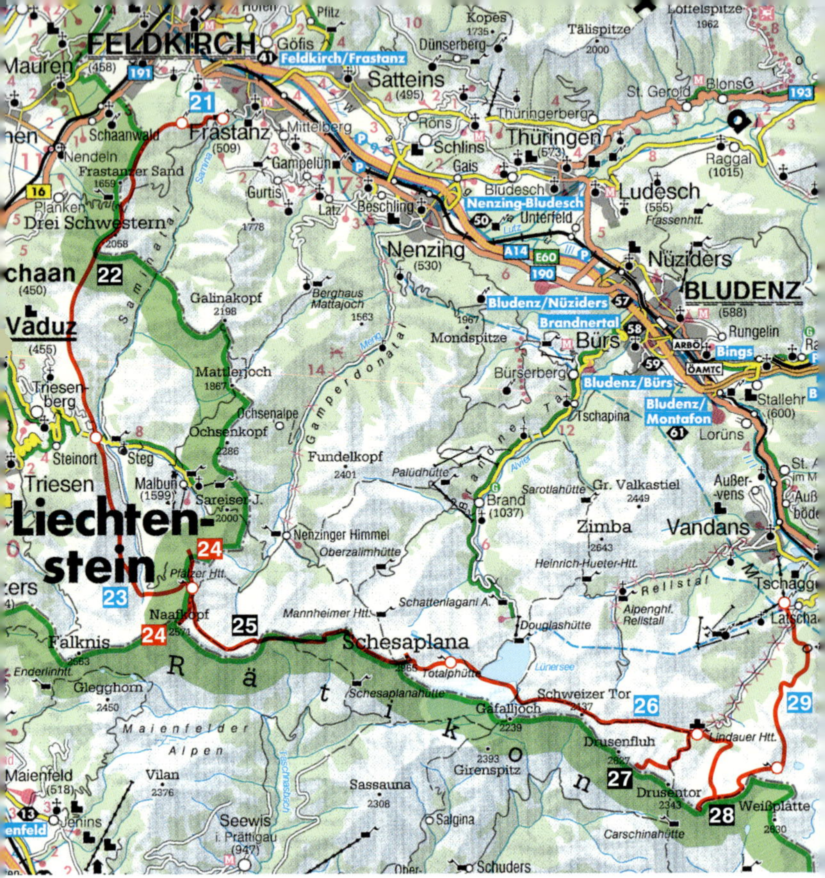

werden. Sie besitzt allerdings vergleichsweise reduzierte Öffnungszeiten und schließt meist schon Mitte September. Ohne Umschweife wandert man hingegen dem pyramidalen Gipfelaufbau entgegen und genießt dort bei Schönwetter eine Schau, die Nicolin Sererhard, Pfarrer zu Seewis, bereits anno 1730 wortgewaltig beschrieb: »Man siehet, soweit als es das Auge ertragen mag, nichts als Bergen und Bergen, eine unglaubliche Weite rings umher, aussert bey einer Oeffnung über den Lindauer See hinaus ins Schwaben-Land, da präsentiert sich das schönste Ansehen von der Welt [...] Die ganze Eidgenossenschaft und Bünden ist hier zu übersehen und noch sehr weit weiter hinaus über beidere Gebirge hin. Unter so vielen Berg-Ländern komt einem allhier keines bergigter vor als das Tyrol. Da siecht man einen

gächen Felsenspiz hinder dem andern, das es von weitem anzusehen, gleisam wie ein Wald.«
Auf der Ostseite der Schesaplana fungiert die Totalphütte als Stützpunkt, von wo die nächste, wesentlich leichtere Etappe hinüber zur Lindauer Hütte in Angriff genommen wird – stets begleitet von herrlichen Landschaftsbildern zwischen Wiesengrün und schroffem Felsengemäuer. Ob man einige dieser Bergriesen, namentlich die profilierten Drei Türme sowie die massige Sulzfluh, anschließend ins Programm aufnehmen möchte oder lieber gleich über den Bilkengrat zur Tilisunahütte wandert, ist wie so oft eine Frage des Geschmacks und vielleicht auch des Wetters. Bei Nebel gestaltet sich die Orientierung auf dem Karrenfeld an der Sulzfluh problematisch. Bleibt noch das Finale, wofür es ab Tilisunahütte im Prinzip eine Handvoll Möglichkeiten gibt. Der Autor hat sich für den Höhenweg via Tobelsee entschieden, ohne aber die Tschaggunser Mittagspitze als letztes Zuckerl zu verschweigen.
Ergänzt sei noch, dass der Rätikon mit seinem engmaschigen Wegenetz ein weitaus größeres Variationspotenzial birgt, als es dieser Auswahlführer abzudecken vermag. So müssen einige abseits gelegene Hütten unberücksichtigt bleiben, auch jene auf Schweizer Boden. Mit einer sehr kurzen Einstiegsetappe und sechs schönen Marschtagen im weiteren Verlauf ist man aber sicher ausreichend bedient …

Aus dem lieblichen Alpgelände nähern wir uns den Drei Schwestern, die der Sage nach versteinerten, als sie den Gottesdienst schwänzten.

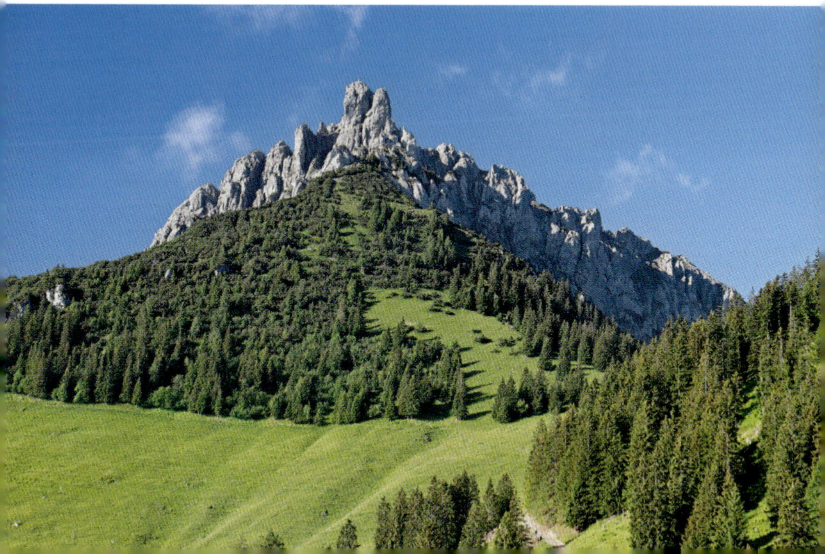

21 Amerlügen – Feldkircher Hütte

1.15 Std.
↑430 ↓0

Nur ein »Warm-Up« für die Rätikon-Durchquerung

Im äußersten Nordzipfel des Rätikon liegt die Feldkircher Hütte – für uns der erste Anlaufpunkt dieser Durchquerung und ein denkbar gemütlicher Einstieg. Den nur gut einstündigen Zugang durch den Bergwald bis zum Naturfreundehaus kann man sogar am Spätnachmittag noch absolvieren, falls man zuvor eine längere Anreise hat.

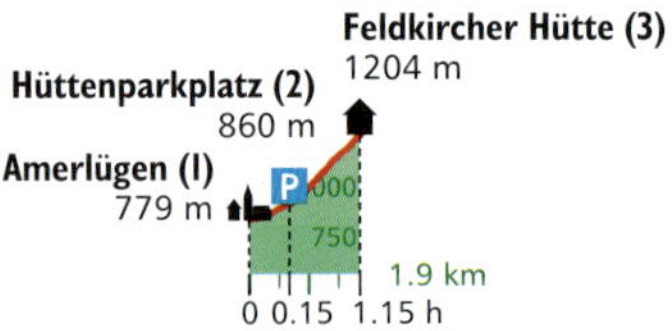

Ausgangspunkt: Amerlügen, 779 m, Bergdorf bei Frastanz im vorderen Walgau (Busverbindung vom Bahnhof). Ein Wanderparkplatz befindet sich etwas oberhalb des Dorfes.
Endpunkt: Feldkircher Hütte, 1204 m.
Anforderungen: T1. Gewöhnlicher Waldweg ohne Besonderheiten. Ziemlich kurzer Hüttenzustieg.
Einkehr/Unterkunft: Feldkircher Hütte.
Variante: Wer die Einstiegsetappe bewusst strecken möchte, kann schon in Feldkirch starten und sich via Felsenau

Die Feldkircher Hütte wird von den Naturfreunden betrieben.

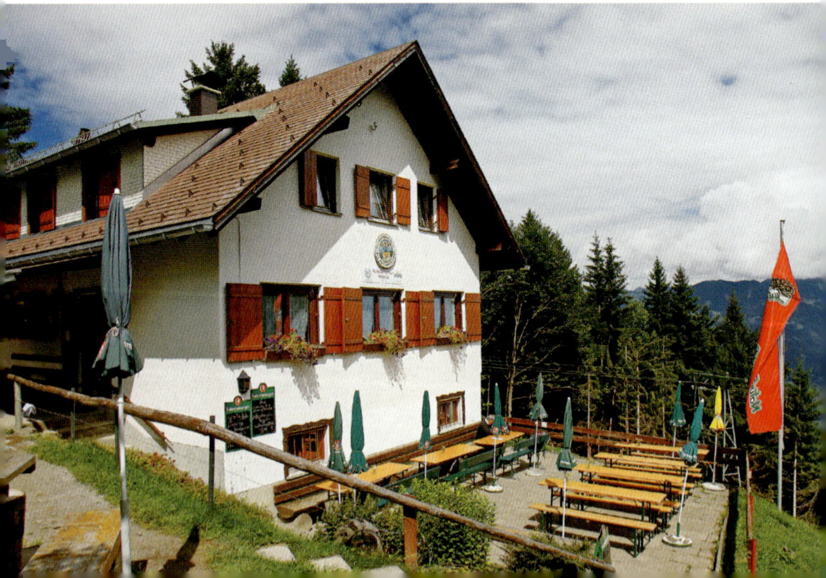

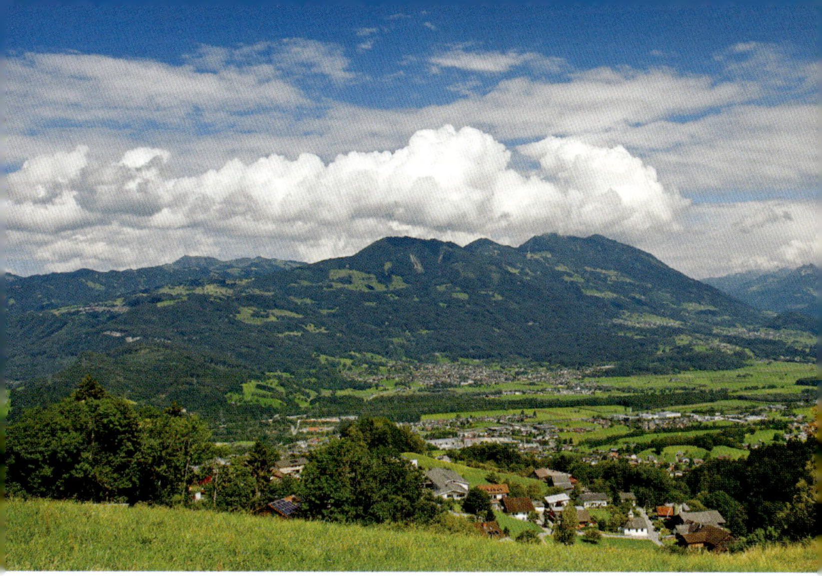

Blick in den vorderen Walgau.

und Fellengatter der nordseitigen Waldlehne nähern. Vom Beginn des Steiges ist man dann noch rund 1.30 Std. unterwegs. **Tipp:** Wer bereits weiter vorankommen möchte, kann bis zum Beginn des Drei-Schwestern-Steigs wandern und über den nahen Sarojasattel zur Gafadurahütte, 1428 m, wechseln, um in der LAV-Unterkunft Quartier zu beziehen (vgl. Tour 22).

Vom Buswendeplatz in **Amerlügen (1)** folgen wir mit einer Linkskurve dem steilen Bergsträßchen hinauf zu einem Hüttenparkplatz **(2)**, 860 m, bei der Materialseilbahn. Hier sofort in den Wald und auf gutem Steig bergauf zur **Feldkircher Hütte (3)**, 1204 m, die uns unmittelbar an der Schwelle zu den Alpweiden empfängt.

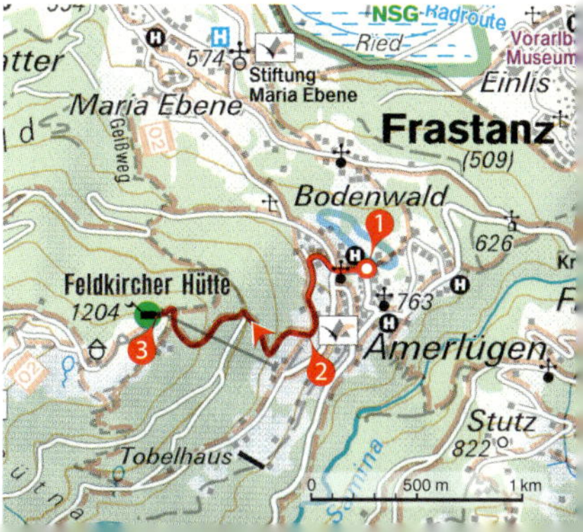

Die Rätikonberge locken mit dem Vorposten der Drei Schwestern.

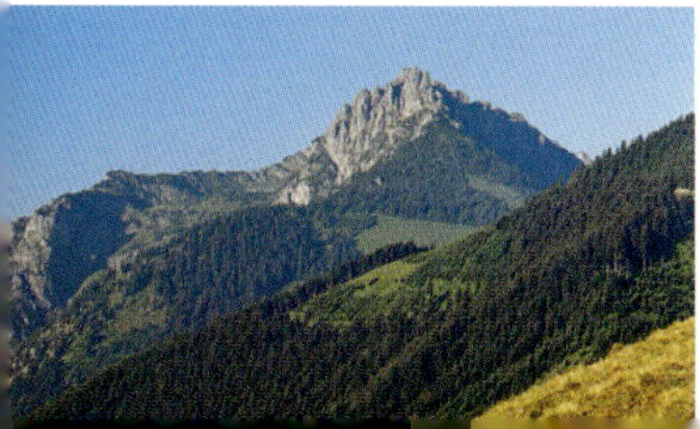

22 Feldkircher Hütte – Drei Schwestern – Sücka

6.15 Std.
↑1250 ↓1050

Spannende Kammtour mit Anschluss zum pfiffigen Fürstensteig

Heute kommen wir ins kleine Fürstentum Liechtenstein, dessen Bergwelt ja komplett zum Rätikon gehört. Das Tourenangebot mag hier zwar überschaubar erscheinen, doch mit Drei-Schwestern-Steig und Fürstensteig gibt es echte »Knüller«, die auch Bestandteil dieser längeren Etappe sind. An Ersterem muss schon mal etwas hingelangt werden, wenn die Route zwischen bedrohlich wirkenden Felskulissen hindurchlaviert und mit Garsellakopf und Kuegrat im Anschluss insgesamt drei eigenständige Gipfel überschreitet. Fantastisch die Fernschau, insbesondere übers St. Galler Rheintal! Am verwinkelten Fürstensteig schleichen wir später über schaurig-schönen Abgründen dahin und lassen den Marsch gemütlich im Alpgelände ausklingen.

Ausgangspunkt: Feldkircher Hütte, 1204 m.
Endpunkt: Berggasthaus Sücka, 1402 m.
Anforderungen: Maximal T4. Forstweg und Wiesenpfad bis zum Einstieg in den Drei-Schwestern-Steig, der bald klettersteigartig ausgebaut durch teilweise exponiertes Felsgelände führt (Grad A; Selbstsicherung für Geübte entbehrlich). Über Garsellakopf und Kuegrat Schrofen-

Der Rücken der Sarojahöhe flankiert das Rheintal.

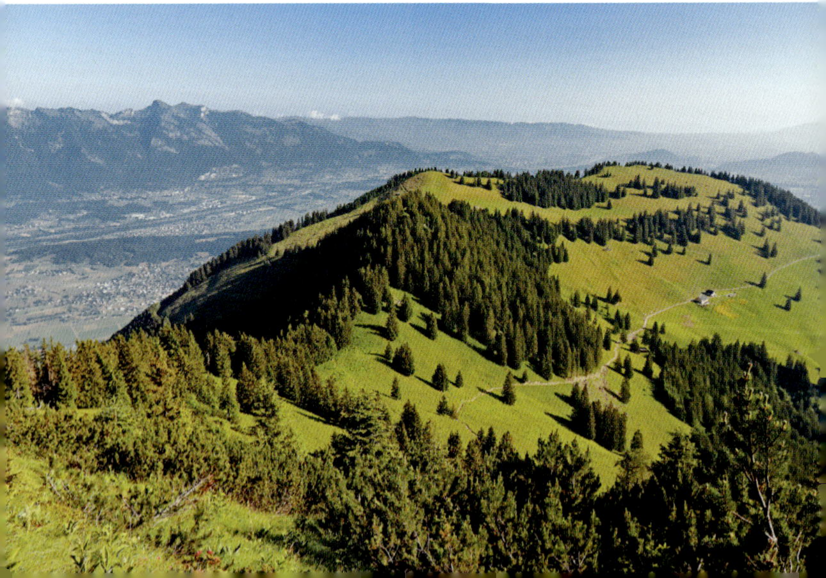

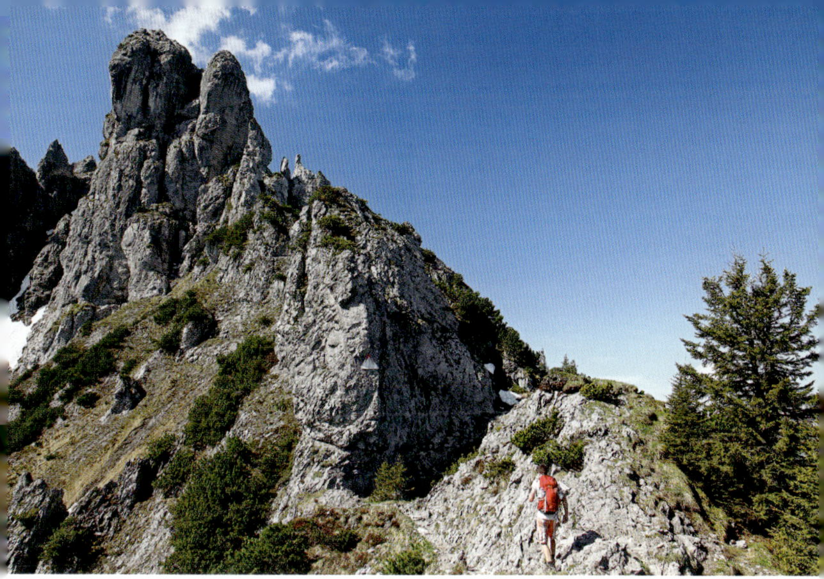

Allmählich wird's ernst – und das Gelände felsiger.

steige, am kühn angelegten Fürstensteig abermals ausgesetzte Bänderpassagen, aber wandertechnisch nicht schwierig zu begehen (jeweils T3). Gegen Ende dann völlig harmlose Wanderwege. Insgesamt ein anspruchsvoller und recht anstrengender Tagesmarsch.

Einkehr/Unterkunft: Feldkircher Hütte, Berggasthaus Sücka.
Tipp: Mit der ostseitigen Umgehung der Drei Schwestern über die Garsellaalpe lässt sich die Gesamtschwierigkeit auf T3 (»rot«) reduzieren. Die Zeitersparnis ist aber höchstens gering.

Von der **Feldkircher Hütte (1)** befinden wir uns mit wenigen Schritten im Alpgelände, das nun ab Vorderälpele auf breitem Güterweg zunächst eine ganze Weile durchquert wird. Die Route führt streckenweise auch durch Waldareale, steigt insgesamt sachte an und verliert vor dem **Hinterälpele**, 1474 m, wieder ein paar Meter. Dahinter setzt ein Wiesensteig ein, der gegen das Massiv der Drei Schwestern hinaufzieht. Bei **Prafazei (2)**, 1630 m, unweit des Sarojasattels, kommen wir zu einer Weggabelung, mit der Möglichkeit, dem schwierigsten Teil nun ostseitig

Ein gesicherter Felssteig windet sich an Volland- und Jahnturm im Massiv der Drei Schwestern entlang.

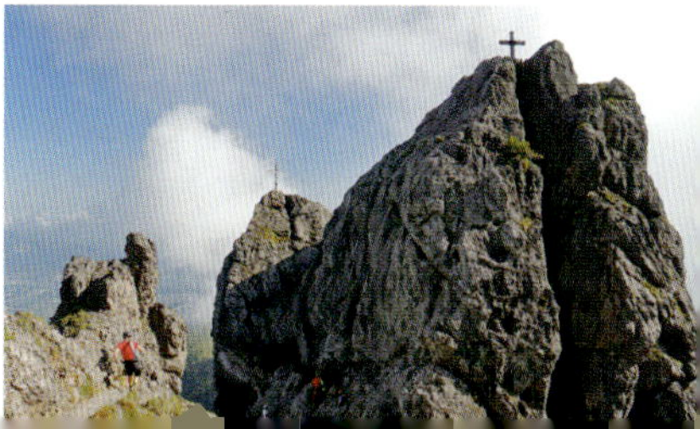

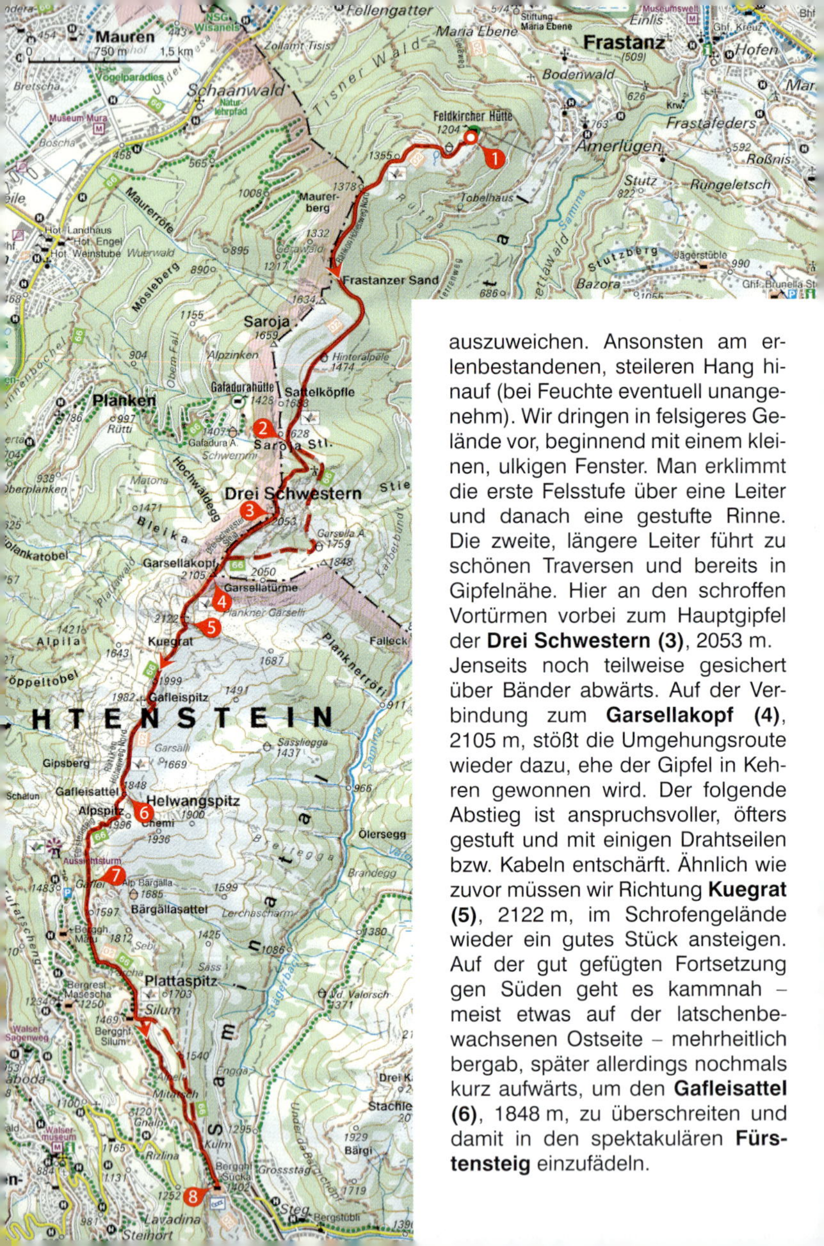

auszuweichen. Ansonsten am erlenbestandenen, steileren Hang hinauf (bei Feuchte eventuell unangenehm). Wir dringen in felsigeres Gelände vor, beginnend mit einem kleinen, ulkigen Fenster. Man erklimmt die erste Felsstufe über eine Leiter und danach eine gestufte Rinne. Die zweite, längere Leiter führt zu schönen Traversen und bereits in Gipfelnähe. Hier an den schroffen Vortürmen vorbei zum Hauptgipfel der **Drei Schwestern (3)**, 2053 m. Jenseits noch teilweise gesichert über Bänder abwärts. Auf der Verbindung zum **Garsellakopf (4)**, 2105 m, stößt die Umgehungsroute wieder dazu, ehe der Gipfel in Kehren gewonnen wird. Der folgende Abstieg ist anspruchsvoller, öfters gestuft und mit einigen Drahtseilen bzw. Kabeln entschärft. Ähnlich wie zuvor müssen wir Richtung **Kuegrat (5)**, 2122 m, im Schrofengelände wieder ein gutes Stück ansteigen. Auf der gut gefügten Fortsetzung gen Süden geht es kammnah – meist etwas auf der latschenbewachsenen Ostseite – mehrheitlich bergab, später allerdings nochmals kurz aufwärts, um den **Gafleisattel (6)**, 1848 m, zu überschreiten und damit in den spektakulären **Fürstensteig** einzufädeln.

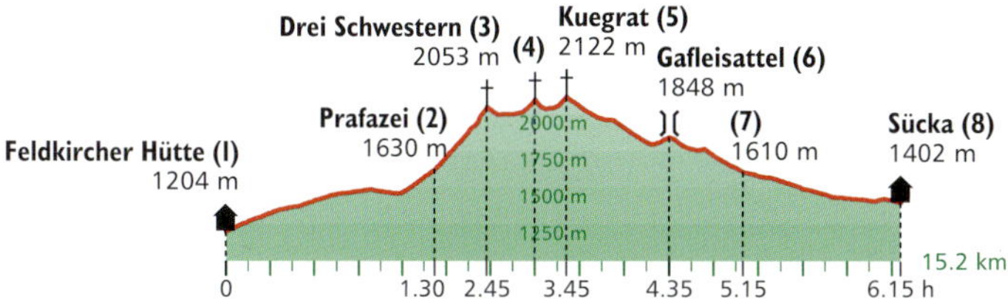

Dieser windet sich – überall sehr gut angelegt – durch die abschüssig zerschlissenen Flanken des Alpspitz: über verwinkelte Bänder, durch diverse Nischen und um mehrere Vorsprünge herum. An ausgesetzten Stellen bieten Kabel psychologische Hilfe. Später läuft der Fürstensteig einfacher aus. Bei einer Gabelung **(7)** gehen wir nicht mit dem Hauptweg nach Gaflei, sondern geradeaus weiter Richtung Sücka. Man gelangt bald auf einen breiteren Weg im Alpgelände, tangiert Silum und kann sich hier zwischen zwei Fortsetzungsmöglichkeiten – entweder rheintalseitig oder über die Krete zum Saminatal – entscheiden. Beim Berggasthaus **Sücka (8)** endet die lange Etappe.

Gang auf luftigen Bändern: der berühmte Liechtensteiner Fürstensteig.

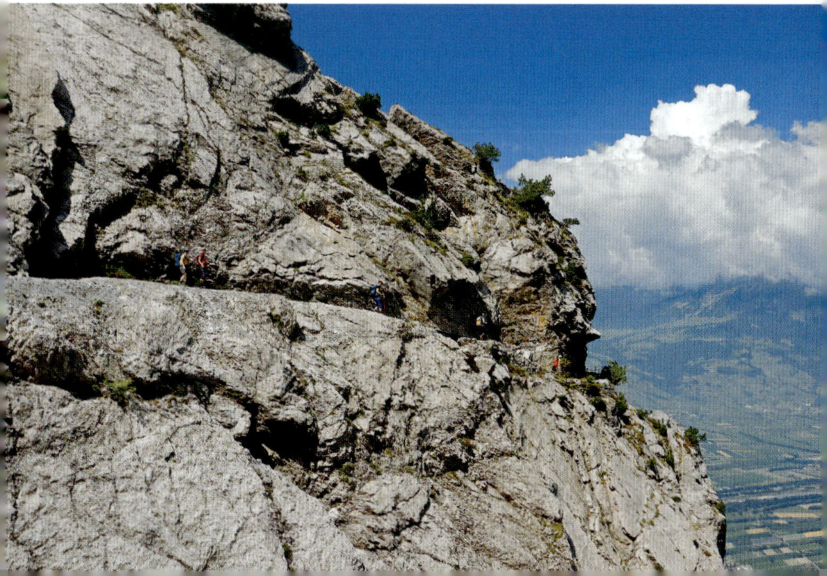

23 Sücka – Pfälzer Hütte

3.15 Std.

↑780 ↓70

Bis in den Südzipfel Liechtensteins

Dieser Abschnitt verläuft nun vollständig auf Liechtensteiner Boden und stößt erst beim Etappenziel, der Pfälzer Hütte am Bettlerjoch, wieder an die Grenze zu Vorarlberg. Wir können prinzipiell zwischen zwei parallelen Routenführungen wählen, wobei der Flankensteig etwas interessanter erscheint als der Talhatscher durch die Valüna. Zwischendurch geht es sogar etwas verschlungen zu, und das abgeschiedene Naaftal zuhinterst entpuppt sich als idyllischer Bergwinkel.

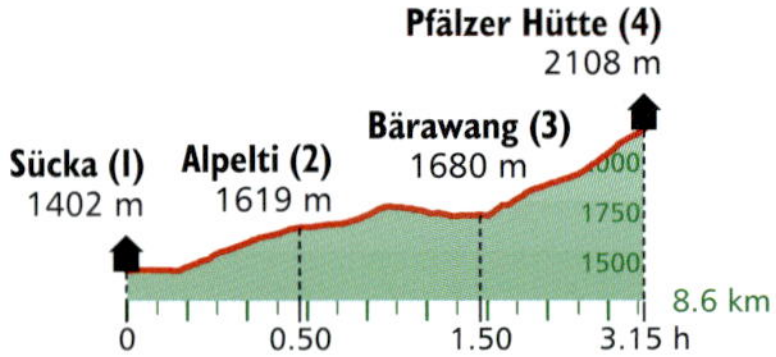

Ausgangspunkt: Berggasthaus Sücka, 1402 m.
Endpunkt: Pfälzer Hütte, 2108 m.
Anforderungen: T2+. Zunächst breiter Wirtschaftsweg, abgelöst von einem kleineren Flankensteig, eventuell mit zwei etwas heiklen Grabentraversen, im Naaftal hindernisloses Mattengelände. Halbtagespensum, aber hauptsächlich bergauf.
Einkehr/Unterkunft: Gasthaus Sücka, Pfälzer Hütte.
Variante: Anfangs hinab zur Straße und südwärts ins Valüna-Hochtal einwärts. Hinter der gleichnamigen Alp zweigt man links auf den Bergweg ab, der über Hötta zur Pfälzer Hütte führt. Bei Schlechtwetter ist diese Route vorzuziehen.

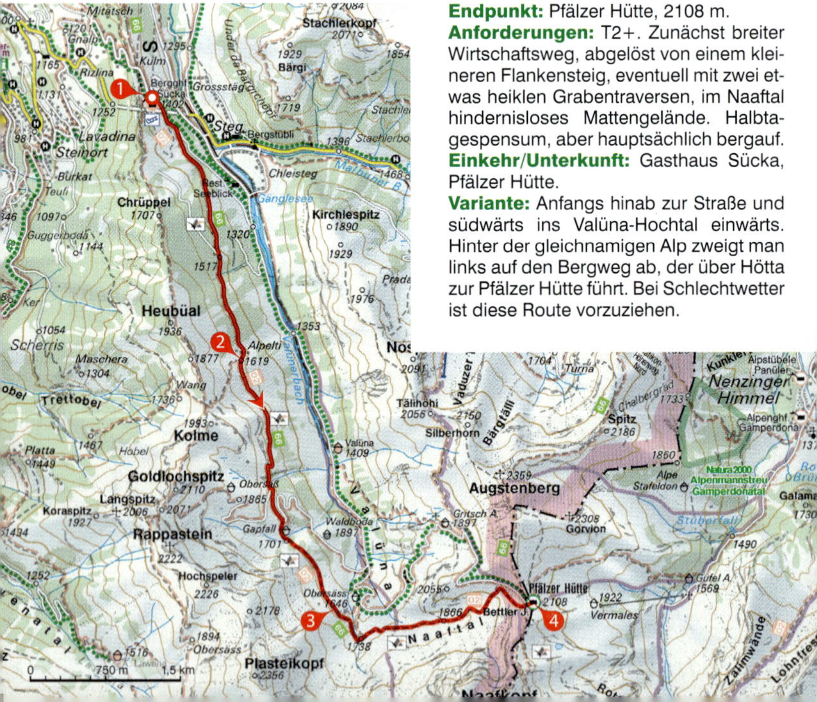

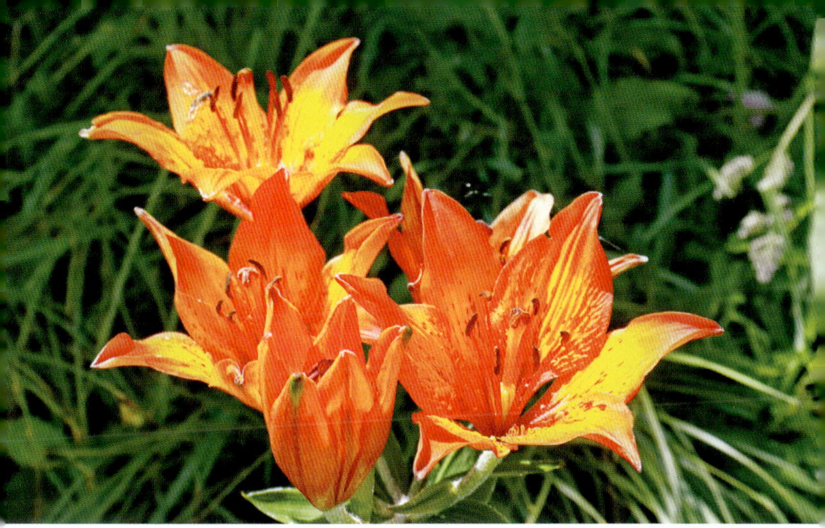

Am Wegesrand gibt es prächtige Feuerlilien zu entdecken.

Von **Sücka (1)** nehmen wir mit Nr. 66 auf einem Wirtschaftsweg Südkurs auf, meist leicht ansteigend. Bis **Alpelti (2)**, 1619 m, sind es schon knapp drei Kilometer. Bald dahinter geht die breite Trasse in einen kleineren Pfad über, der in weithin üppiger Vegetation die Abhänge der Kolme traversiert. Nach Abzweig einer Route zum Rappastein büßen wir zur Alp **Untersäss**, 1702 m, ein paar Meter ein und queren nochmals etwas verschlungen die **Bärawang** hinüber zu einer Gabelung **(3)**, 1680 m. Nachdem bei P. 1738 ein Bachgraben gekreuzt ist, geht es ins Naaftal hinauf, über die Böden flach dahin und schließlich aufsteilend bis zur **Pfälzer Hütte (4)** am Bettlerjoch.

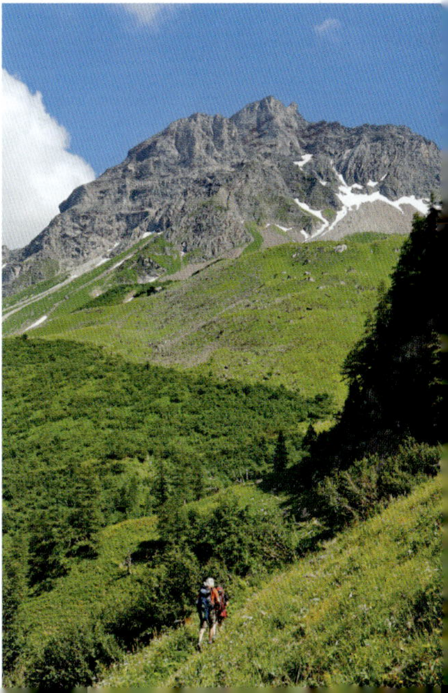

Mit Blick zum Naafkopf nähern wir uns dem Bettlerjoch.

24 Naafkopf, 2571 m, und Augstenberg

3.30 Std.

↑↓720

Zwei Gipfeloptionen bei der Pfälzer Hütte

Wenn im Anschluss an die vorhergehende kürzere Etappe noch Lust und Energie vorhanden sind, bieten sich links und rechts vom Bettlerjoch zwei Gipfelextras zur Besteigung an. Im Grenzkamm zu Graubünden erhebt sich der höhere Naafkopf mit vorderhand eher grimmigem Antlitz. Der Steig findet freilich überall unschwierige Durchschlupfe. Noch etwas rascher und einfacher ist der Augstenberg zu haben. Trotz ihrer Nachbarschaft erweisen sich die Gipfelperspektiven als recht unterschiedlich und beide sehr lohnend.

Ausgangspunkt: Pfälzer Hütte, 2108 m. **Anforderungen:** T3. Überwiegend ordentliche Bergwege, ab und zu von Felsen durchsetzt, aber ohne Kletterstellen. Besonders am Naafkopf eher erdiges Gelände. Grundlegende Trittsicherheit vorteilhaft, Halbtagesprogramm von der Hütte aus. **Einkehr/Unterkunft:** Pfälzer Hütte.

Wir starten von der **Pfälzer Hütte (1)** aus am Liechtensteiner Höhenweg, verlassen diesen aber schon nach 10 Minuten und orientieren uns gipfelwärts. Aus dem Mattengelände gelangt man in zunehmend erdiges Feinschuttterrain, umgeht dabei den Grataufbau P. 2318 links und sammelt in der Flanke Höhenmeter. Unter einer Felsbarriere rechts hinauf zum Nordostgrat,

Der Naafkopf, Hausberg der Pfälzer Hütte.

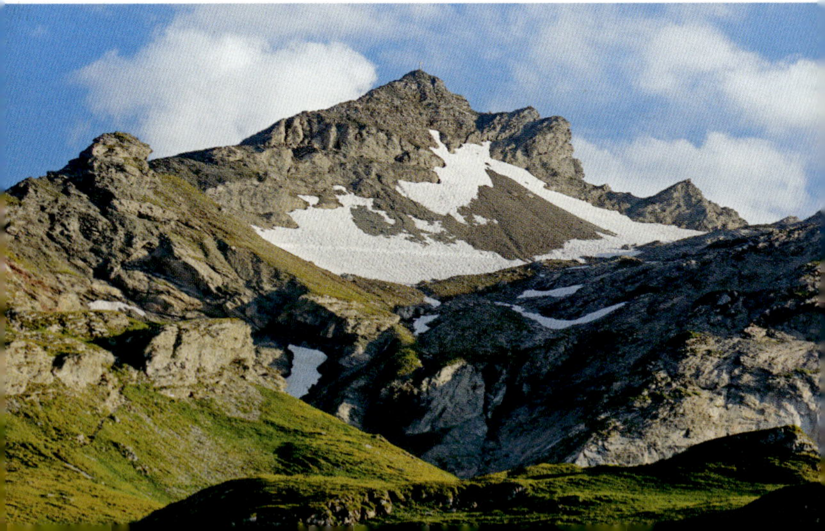

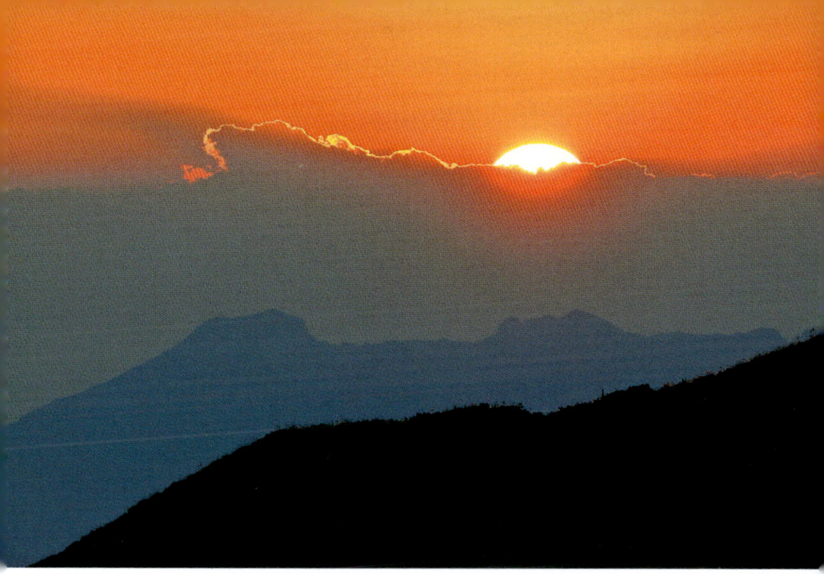

Ein feuerroter Sonnenuntergang beschließt den Tourentag am Bettlerjoch.

von dem im Schlussstück aber eher wieder links abgerückt wird, um den Gipfel des **Naafkopfes (2)**, 2571 m, zuletzt von Südosten her zu gewinnen. Zurück bei der **Pfälzer Hütte (1)** kann gegenüber auch der **Augstenberg** relativ schnell bestiegen werden. Der gut angelegte Steig zieht am südlichen Gratrücken bzw. teils knapp rechts daneben empor (eine Stelle mit Geländerseil). Wir gelangen zur Kuppe P. 2365, doch gilt als eigentlicher Gipfel die nördlich abgesetzte Erhebung mit einer Höhe von 2359 Metern (3). Retour zur Hütte auch hier auf derselben Route.

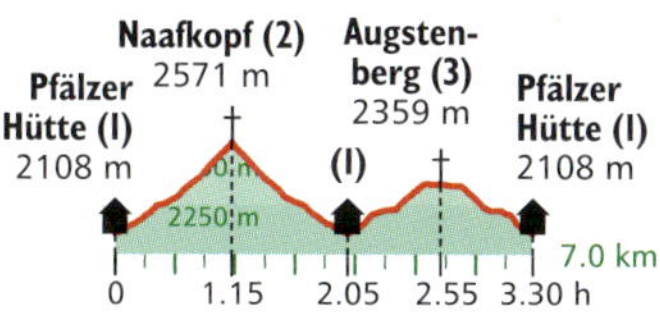

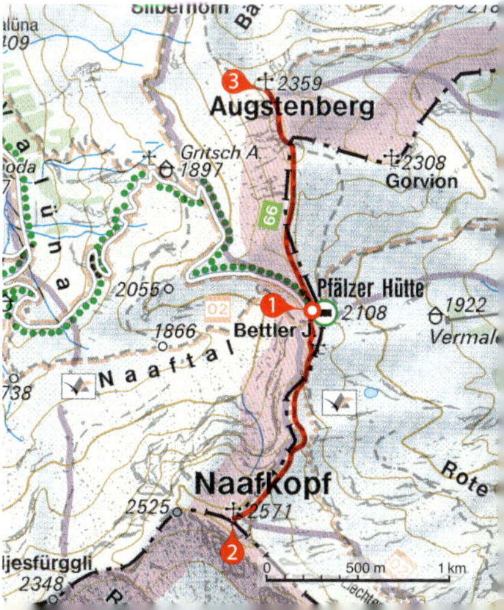

25 Pfälzer Hütte – Schesaplana – Totalphütte

6.45 Std.

↑1300 ↓1020

Königsetappe über das Dach des Rätikons

Mit dem Liechtensteiner Weg haben wir heute eine besonders spannende und abwechslungsreiche, im Verlauf auch zunehmend anspruchsvolle Route vor uns. Sie bringt uns in den Bereich des mächtigsten Gipfelmassivs im Rätikon, wo der Brandner Gletscher vorläufig noch hochalpine Akzente setzt. Jenseits des ausgedehnten Eisfeldes könnte die Mannheimer Hütte als Zwischenstützpunkt angesteuert werden, doch ist es meist effektiver, am selben Tag die alles überragende Schesaplana zu überschreiten und in der komfortableren Totalphütte (2020 Neubau) zu nächtigen. Für diesen Marsch sollten die äußeren Bedingungen freilich stimmen. Bei gutem Wetter werden die Impressionen am Dach des Rätikons garantiert unvergesslich.

Ausgangspunkt: Pfälzer Hütte, 2108 m.
Endpunkt: Totalphütte, 2385 m.
Anforderungen: T4. Bis Salarueljoch normaler Höhenweg, anschließend anspruchsvolleres Fels- und Schuttgelände mit etlichen Sicherungen, z.B. entlang ausgesetzter Bänder. Meist müssen auch Schnee- bzw. Eisfelder traversiert werden, speziell zwischen Schafloch- und Schesaplanasattel bzw. generell bis etwa Juli (bei ungünstigen Verhältnissen Steigeisengebrauch). Insgesamt ziemlich anspruchsvolle hochalpine Etappe, die Bergerfahrung und solide Ausdauer verlangt.
Einkehr/Unterkunft: Pfälzer Hütte, Mannheimer Hütte (bei Variante), Totalphütte.

Am Salarueljoch, in der Schweiz auch Chlei Furgga genannt.

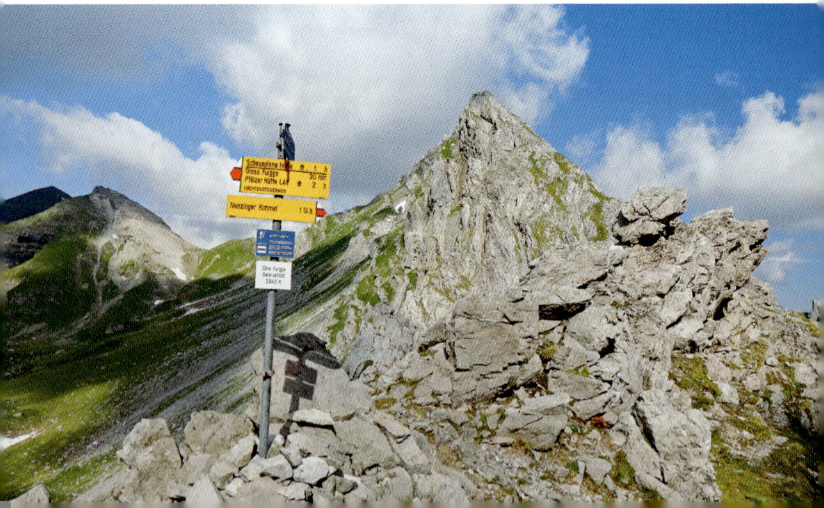

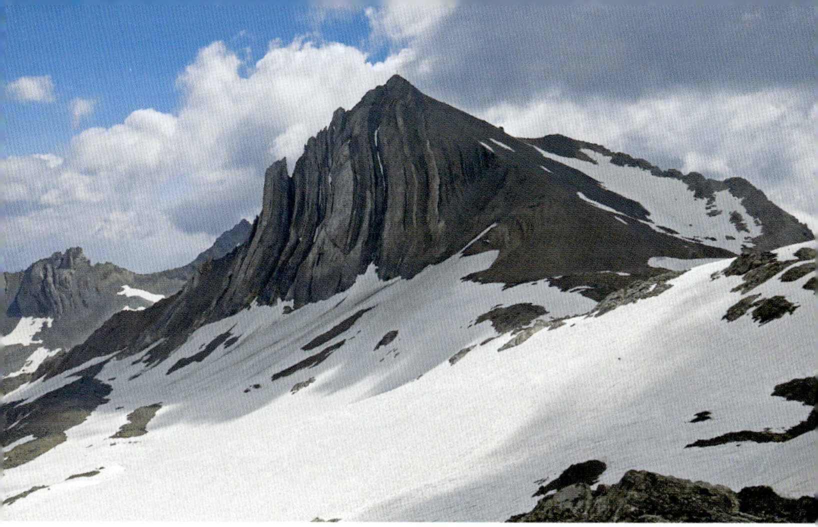

Die Schesaplana kulminiert über dem Brandner Gletscher.

Varianten: 1. Um die Mannheimer Hütte, 2679 m, einzubinden, überquert man ab Schaflochsattel den flachen Brandner Gletscher nordostwärts und steigt in den anschließenden Geröllfluren kurz zur Hütte an (40 Min.). Die Eistraverse ist technisch leicht und normalerweise ohne Steigeisen machbar, bei Nebel können sich allerdings Orientierungsprobleme ergeben. Anderntags überschreitet man den Gletscher nochmals, allerdings nicht wie früher üblich direkt Richtung Schesaplanasattel, sondern ziemlich genau nach Süden gegen den Kamm der Schafköpfe. Dort stößt man auf die beschriebene Route.
2. Der Gipfelaufbau der Schesaplana ließe sich über den Südwandsteig umgehen. Man spart etwas Zeit, das Gelände ist aber kaum leichter.
3. Bei unguten oder zweifelhaften Bedingungen ab Salarueljoch unschwierig zur Schesaplanahütte, 1908 m. Später ergeben sich wieder Möglichkeiten, auf die Vorarlberger Seite zurückzukehren (Gamslücke, Gafelljoch, Schweizertor).

Von der **Pfälzer Hütte (1)** auf dem **Liechtensteiner Höhenweg** südwärts, bei der Gabelung links und damit quer durch die Ostflanke des Naafkopfes

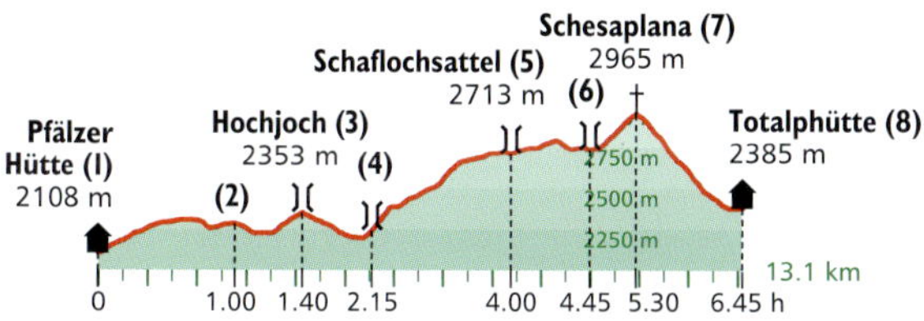

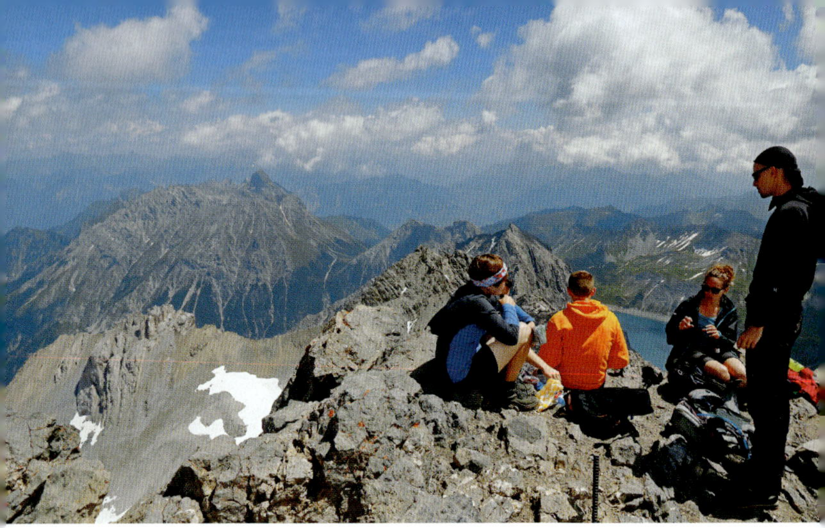

Verdiente Gipfelrast am Dach des gesamten Rätikons.

(teils erodierte Trasse, bald aber besser). Im leicht gewellten Kargelände der Barthümelalpe wird ein großer Bogen ausgegangen. Während wir P. 2288 **(2)** hinter uns lassen, bleibt das **Barthümeljoch** knapp rechts. Kurz abwärts in eine Senke und dann bergauf in das zwischen Hornspitz und Tschingel eingelagerte **Hochjoch (Gross Furgga, 3)**, 2353 m. Hier wechseln wir auf die Schweizer Seite und queren schräg abwärts unter das **Salarueljoch (Chlei Furgga, 4)**, 2246 m, das mit einigen Kehren erreicht wird.
Nun leitet die Route am Schafberg-Massiv in zerborstenem Fels-Schutt-Terrain sukzessive bergauf, manchmal im Wechsel mit Querungen und hier und da auch mal gesichert. Um ein Eck geraten wir auf einen mürben Hang und ersteigen diesen mühsam bis zur Krete bei P. 2662 (Schwarzer Sattel). Un-

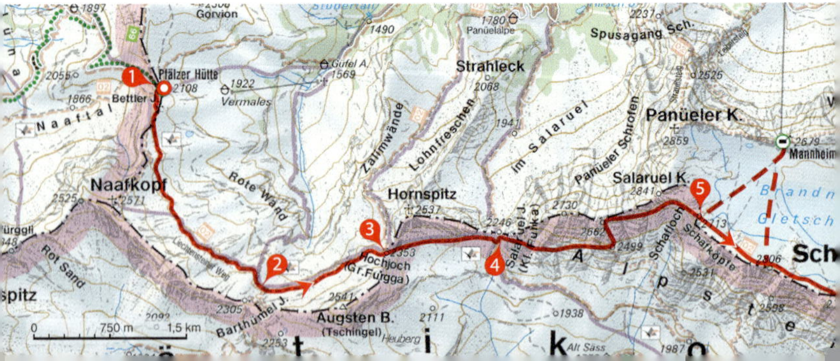

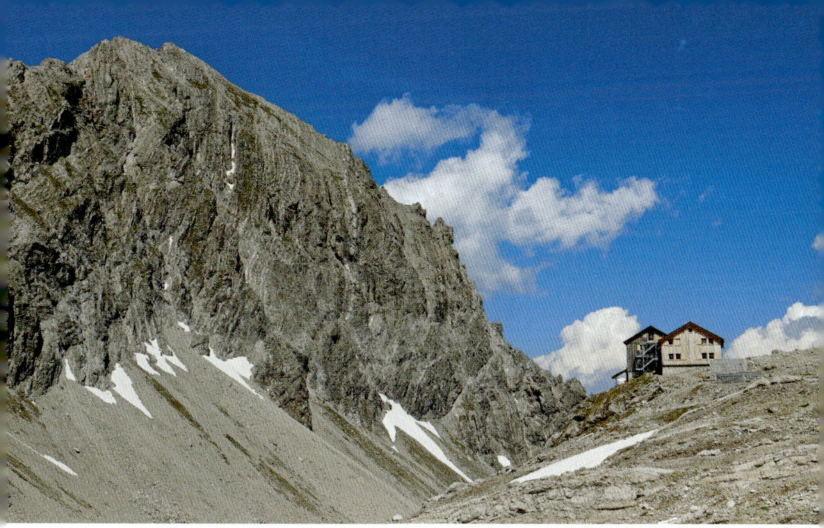

Nach der anspruchsvollsten Etappe treffen wir bei der Totalphütte ein.

terhalb des Salaruelkopfes wird es auf ausgesetzten Bändertraversen nun noch eine Nuance anspruchsvoller, weshalb auch häufiger Sicherungen installiert sind. Mit etwas Auf und Ab zum **Schaflochsattel (5)**, 2713 m, wo die Entscheidung Richtung Mannheimer oder Totalphütte fällig wird.
In Ostrichtung passieren wir jetzt die Schafköpfe am oberen Gletscherrand (je nach Ausaperungsstand unterschiedliche Bedingungen), nehmen eine weitere Spur von der Mannheimer Hütte auf, wandern über ein, zwei Felsbuckel hinweg und erreichen mit kurzem Abstieg den weitläufigen **Schesaplanasattel (6)**, 2739 m, wo auch der Schweizerweg dazukommt. Nun auf steiler, aber fester Spur im dunklen Grus gegen den Gipfel hinauf, zuletzt mittels Linksknick in die Totalp-Route einmündend zum Kreuz auf der **Schesaplana (7)**, 2965 m.

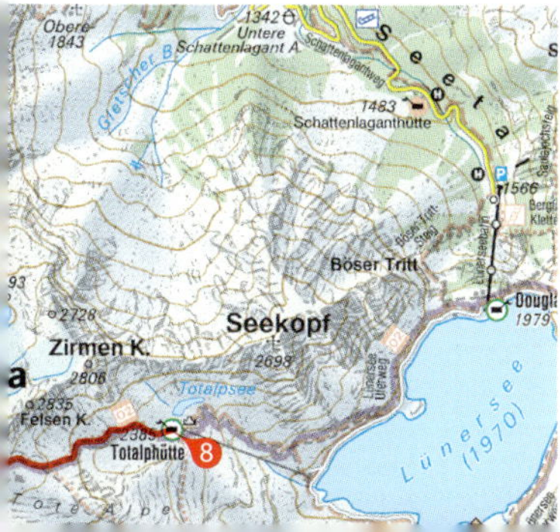

Im Bergab geht es über die Kante in die ostseitige Kesselmulde (bei Schnee eventuell heikle Stellen). Wir bewegen uns entlang einer eigenartigen Gesteinsschicht, über die nächste Geländeschwelle mit dem sogenannten »Kamin« zu einem weiteren Absatz und danach phasenweise nochmals steiler bis auf die kargen Böden der Totalp. Hier empfängt uns schlussendlich die **Totalphütte (8)**.

26 *Totalphütte – Lindauer Hütte*

4.00 Std.
↑490 ↓1130

Vor den felsigen Grenzwächtern

Die Verbindung von der Totalp- zur Lindauer Hütte ist wandertechnisch eine Erholung, entbehrt aber keineswegs dramatischer Szenerien. Diesmal sind wir zwar nicht selbst im exponierten Gelände unterwegs, laufen aber die Parade von Kanzelköpfen, Kirchlispitzen und Drusenfluh in unmittelbarer Nähe ab. Eine starke Kulisse! Über diese felsstarrenden Gipfel verläuft der Rätikon-Hauptkamm und damit auch die Grenze zwischen Österreich und der Schweiz. Nach dem anfänglichen Abstieg zum aufgestauten Lünersee, der so etwas wie das bergtouristische Herz dieser Gebirgsgruppe darstellt, gilt es am Verajöchli und Öfapass zwei harmlose Übergänge zu absolvieren. Zwischendrin beeindruckt das Schweizertor, der wohl markanteste Durchlass in der gesamten Rätikonkette.

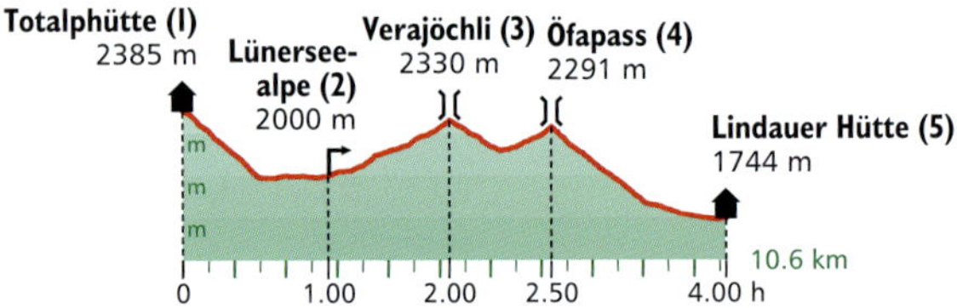

Ausgangspunkt: Totalphütte, 2385 m.
Endpunkt: Lindauer Hütte, 1744 m.
Anforderungen: T2. Normale Bergwege über Matten und teils Schutt. Relativ lange Strecke, aber ziemlich sanfter Verlauf über zwei Sättel, damit unproblematisch und für eine Tagesetappe insgesamt auch moderat.
Einkehr/Unterkunft: Totalphütte, Lünerseealpe (einfach), Lindauer Hütte.

Von der **Totalphütte (1)** folgen wir dem üblichen Weg abwärts Richtung Lünersee, scheren beim Hinweis rechts aus, um gleich vorteilhaft in den hinteren Seewinkel abzudrehen. Auf dem Ufersträßchen weiter bis zur **Lünerseealpe (2)**, 2000 m, wo direkt bei der Hütte die Route zum Verajöchli aufgenommen wird. Zunächst auf die Böden unterhalb des Gafalljochs, hinter der ehemaligen Zollwachthütte ostwärts eindrehend

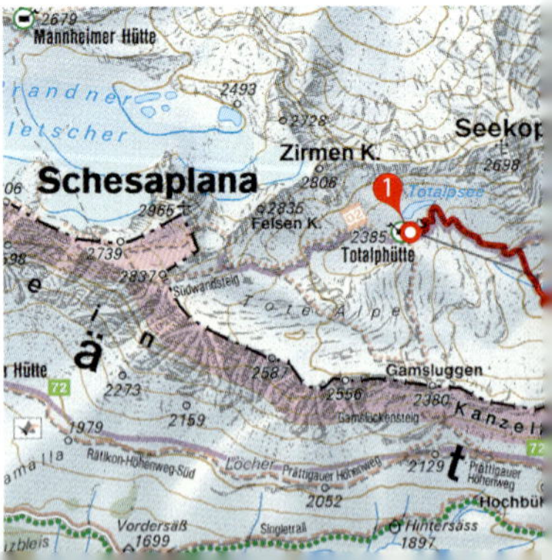

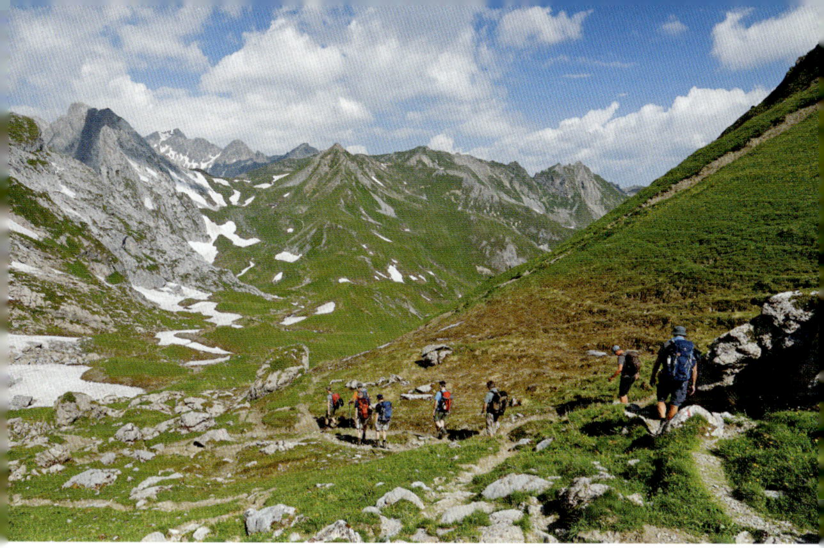

Übergänge wie am Öfapass sind auf diesem Abschnitt bequem.

und durch das sanfte Mattentälchen zu Füßen der Kirchlispitzen ziemlich geradlinig aufwärts bis ins **Verajöchli (3)**, 2330 m. Jenseits erfolgt ein rascher Abstieg in die Senke beim **Schweizertor**, 2150 m, wo ebenfalls eine alte Zollhütte steht. Im Gegenanstieg voraus ist längst der **Öfapass (4)**, 2291 m, erkennbar. Man erreicht ihn ähnlich wie zuvor das Verajöchli in sanftem Mattengelände unterhalb der gewaltigen Drusenfluh. Ostseitig geht es in ein langgestrecktes Hochtälchen bergab, wobei der Steig in manchen Bereichen etwas holprig ist. Weiter unten trifft man auf einen breiten Karrenweg und wandert hinaus zur Oberen Sporaalpe bzw. zur **Lindauer Hütte (5)**.

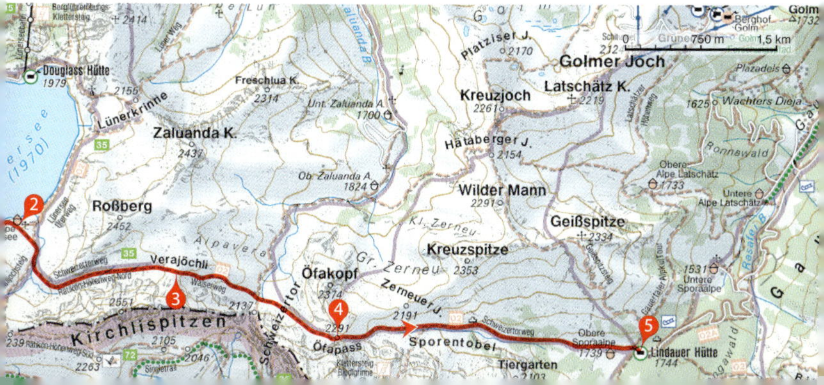

27 Mittlerer und Großer Turm, 2830 m

5.45 Std.

↑↓1100

Extratour im Massiv der Drusenfluh

Als östliches Anhängsel der mächtigen Drusenfluh gelten die Drei Türme – insbesondere wenn man sie aus dem Gauertal erblickt – als schönstes Kulissenbild im Rätikon. Wie kunstvoll ausgemeißelt schauen sie aus. Von der Lindauer Hütte wird ihnen nicht unbedingt häufig, aber doch regelmäßig Besuch zuteil. Die meisten Anwärter beschränken sich freilich auf Mittleren und Großen Turm, denn der Kleine zeigt am Gipfelaufbau deutlich mehr Zähne und verlangt eine ernsthafte Kletteraktion im II. Grad. Doch auch bei den beiden anderen haben nur robuste Alpinwanderer, die sich im widerspenstigen Terrain zurechtfinden, etwas zu suchen.

Ausgangspunkt: Lindauer Hütte, 1744 m.
Anforderungen: T4. Alpine Tour mit reichlich Schotter und nach oben hin auch felsigem Gelände (schwierigste Stelle drahtseilgesichert), bis in den Sommer hinein Schneefelder im Kar. Einigermaßen markiert, im oberen Teil allerdings nur noch Steinmännchen. Gute Bergerfahrung mit entsprechender Trittsicherheit notwendig. Volles Tagesprogramm ab Hütte.
Einkehr/Unterkunft: Lindauer Hütte.

Zunächst geht man von der **Lindauer Hütte (1)** durch einige Latschen an einem schwach ausgeprägten Rücken südwärts. Rechts haltend folgen ein paar Kehren und Windungen, ehe wir den Hauptweg zum Drusentor in rund

Im oberen Stockwerk des Rätikons: Gipfelkreuz auf dem Mittleren Turm.

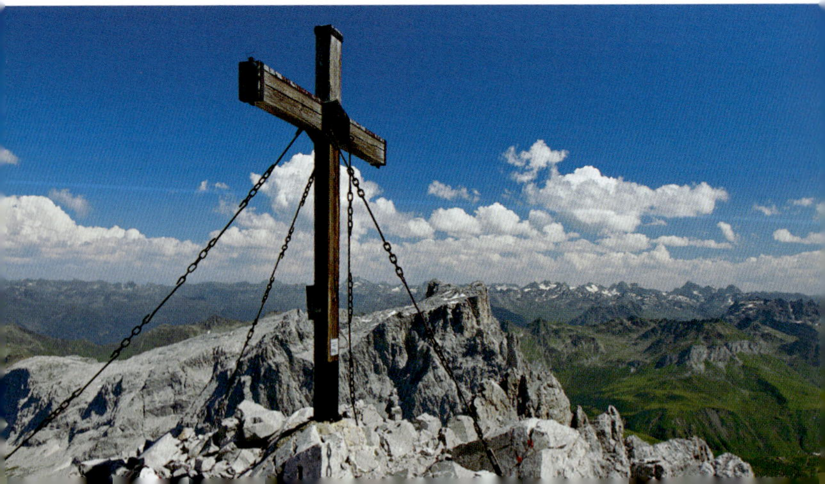

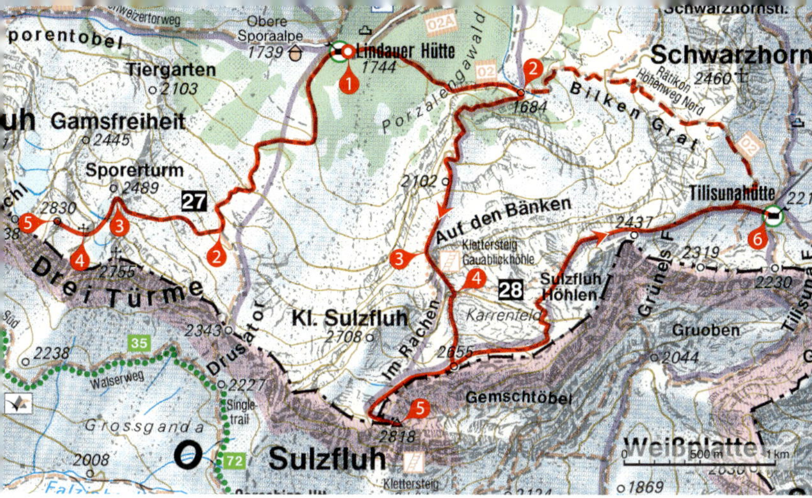

2170 Meter Höhe bei einem Hinweis auf die Drei Türme nach rechts verlassen **(2)**. Nun werden wir noch mehr als zuvor mit Geröll konfrontiert, bald sogar mit gröberem Blockwerk. Unser Pfad überwindet rechts ausbiegend eine kleine Steilstufe und gewinnt damit den **Sporasattel (3)** links neben dem kühnen Sporaturm, welcher uns bereits als Richtungszeiger gedient hat.
Es öffnet sich das zwischen Kleinem und Mittlerem Turm eingelagerte Hochkar, wo man sich im losen Schotter – je nach Jahreszeit auch über Schneefelder – aufwärtsmüht. Weiter oben rechts haltend zu einem Felsriegel, der mit Drahtseilhilfe erklommen wird. In der karstigen Hangmulde drehen wir nach rechts ab und würdigen den filigranen Kleinen Turm auf der linken Seite damit nur als Schaustück. Nach wie vor über Geröll und geneigte Felsen erreicht man anhand von Steinmännchen eine Verebnung und kurz darauf das nach Norden vorgeschobene Kreuz auf dem **Mittleren Turm (4)**, 2782 m. Zum **Großen Turm (5)**, 2830 m, geht es von dem Absatz in ähnlicher Weise noch ein Stück weiter gegen Westen aufwärts. Außerdem lohnt sich ein Abstecher bis zur südlichen Abbruchkante. Der Rückweg ist dann identisch.

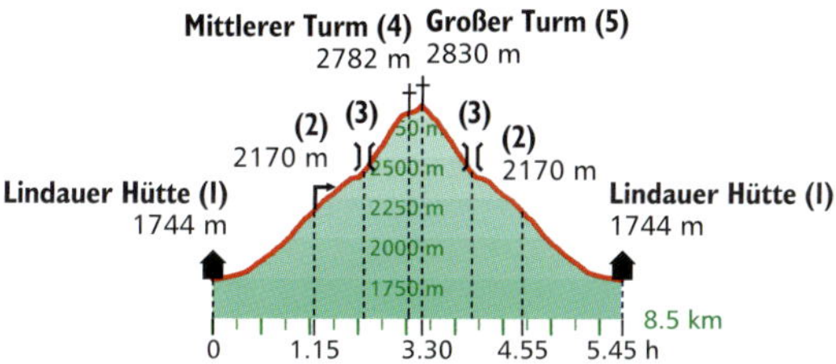

28 Lindauer Hütte – Sulzfluh – Tilisunahütte

5.15 Std.

↑1180 ↓720

Überschreitung eines unverkennbaren Paradegipfels

Im östlichen Teil des Rätikons ist die Tilisunahütte unser letzter Stützpunkt. Zwei Wege führen dorthin, zum einen »handelsüblich« über den Bilkengrat, zünftiger hingegen mit Einbindung der mächtigen Sulzfluh. Absolut Trittsichere sollten bei schönem Wetter diese Option nicht ausschlagen, denn die Gipfelschau ist von ähnlicher Klasse wie auf den Drei Türmen und reicht bis weit in die Schweiz hinein.

Ausgangspunkt: Lindauer Hütte, 1744 m.
Endpunkt: Tilisunahütte, 2211 m.
Anforderungen: T3–4. Steinige Wege mit Geröll und karstigem Felsterrain, durch den Rachen wesentlich steiler und anspruchsvoller als übers Karrenfeld. Bis in den Sommer hinein können Schneefelder für Tücken sorgen; heikel auch bei Nebel. Konditionell im normalen Tagesrahmen.
Einkehr/Unterkunft: Lindauer Hütte, Tilisunahütte.
Variante: Die leichtere und kürzere Alternative führt über Bilkengrat und Schwarze Scharte (detaillierte Beschreibung bei Tour 31).

Von der **Lindauer Hütte (1)** beginnt man mit einer Abwärtsquerung durch den Porzalengawald. Auf einer von Rüfen durchzogenen Freifläche unterhalb des Sulzfluh-Vorbaus verzweigen sich die Routen zum Bilkengrat und zur Sulzfluh bei **Tramosa (2)**, 1684 m. Wir steigen scharf rechts ein und folgen den Windungen durch bewachsenes Terrain auf häufig felsdurchsetztem Untergrund. Wo man sich den Abbrüchen zur Rechten nähert, ergeben sich großartige Blicke auf die Drei Türme. Durch Latschenbestände weiter in das freie Gelände »Auf den Bänken«, wo letzte Rasenflecken und Alpenrosen zurückbleiben. Auf rund 2150 Metern zweigt nach links der Zustieg zur Gauablickhöhle bzw. zum gleichnamigen Klettersteig ab **(3)**, während wir über einige Buckel gegen den **Rachen** hinaufziehen.
In dem grimmigen Kartrichter arbeitet man sich im Schotter, teils auch angenehmer über anstehenden Fels höher, wobei man sich eher an die linke Seite hält. Dort knickt die Route später scharf ab, um den Ausstieg auf das **Karrenfeld (4)**, ca. 2500 m, zu gewinnen. Im oberen Teil geht es nun über nacktes, karstiges Kalkgestein und Geröll – bald gemeinsam mit den Markierungen von der Tilisunahütte – an der mäßig geneigten Nordabdachung des Massivs bergauf. Meist müssen noch einige

In den kargen Felsfluren ist ausreichende Sicht wichtig.

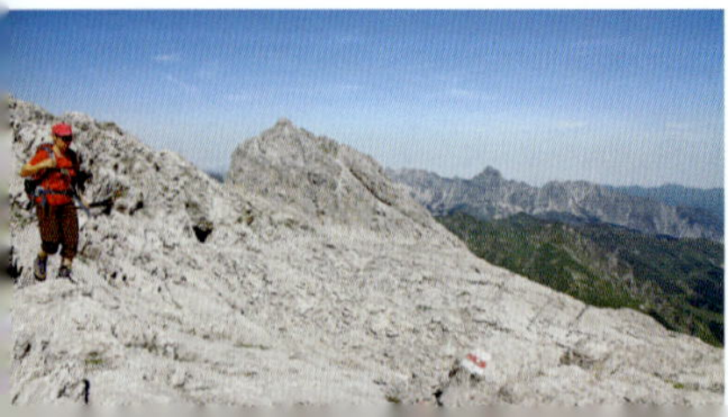

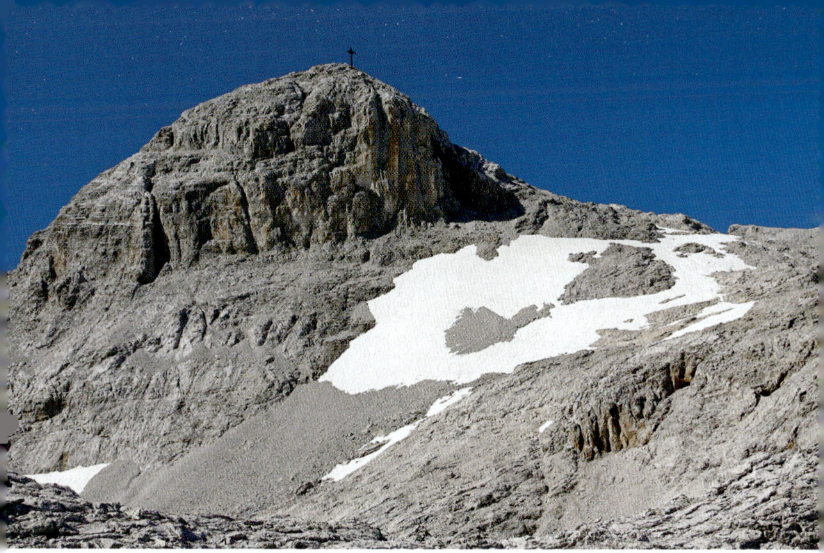

Nach Durchstieg im Rachen liegt der Gipfelaufbau der Sulzfluh vor uns.

Schneefelder überschritten werden, ehe man den höchsten Punkt der **Sulzfluh (5)**, 2818 m, zuletzt von Westen her erreicht.
Der Abstieg führt anfangs wie gehabt zurück, am Einstieg ins Gemschtobel vorbei und nordostwärts auf das plateauartige Karrenfeld, das jetzt in seiner ganzen Ausdehnung überschritten wird. Dabei achten wir auf den Wegweiser »Tilisunahütte« und im weiteren Verlauf stets sorgsam auf die Markierung. Später wird mit einem Bogen eine seichte Einsenkung erreicht, die mit besonders schönen Kalkplatten und Karsterscheinungen aufwartet. Eine kurze Gegensteigung bringt uns auf den begrenzenden Plateaurücken, mit dem das Karrenfeld abschließt. Fast abrupt treten wir auf silikathaltigen Untergrund und damit in bewachsenes Terrain über. Ein erdiger Steig leitet schließlich abwärts zur **Tilisunahütte (6)**.

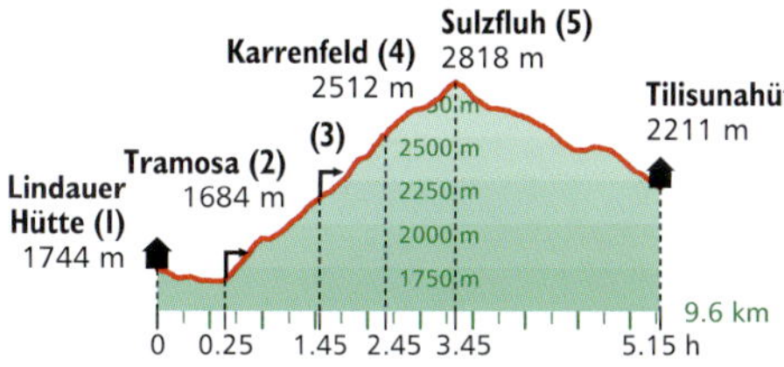

29 Tilisunahütte – Latschau

3.10 Std.
↑100 ↓1300

Hoch über dem Gauertal

Von der Tilisunahütte gibt es diverse Möglichkeiten, talwärts zu gelangen. Reizvoll erscheint, über den Schwarzhornsattel zum Tobelsee zu wandern und dort nochmals einen Traumblick in den Gauertalschluss einzufangen. Manch einer scheut vielleicht auch ein erfrischendes Bad nicht. Über verschiedene Alplagen geht es dann immer tiefer – Zeit und Muße, um die fast einwöchige Rätikon-Durchquerung Revue passieren zu lassen: Toll war's!

Ausgangspunkt: Tilisunahütte, 2211 m.
Endpunkt: Latschau, 994 m, auf einem Geländebalkon über dem vorderen Montafon. Parkplatz bei der Golmerbahn; Busverbindung nach Schruns-Tschagguns. Mit Öffis gelangt man von dort problemlos weiter via Bludenz nach Frastanz.
Anforderungen: T2. Überwiegend normale Bergwege, vorübergehend auch Fahrwege, hauptsächlich bergab. Wenig anstrengendes Halbtagesprogramm.
Einkehr/Unterkunft: Tilisunahütte, Berggasthof Grabs, Latschau.
Variante: Vom Schwarzhornsattel weiter auf der Kammlinie des Walser Alpjochs bis vor den schroffen Gipfelaufbau der Tschaggunser Mittagspitze, 2168 m, die in leichter Kletterei mitgenommen werden kann (T4, ohne Gipfel hingegen »rot«). Anschließend vom Sattel in die recht steile Nordwestflanke hinab und entweder via Alpila oder weiter rechts ausholend nach Hochegga. Mit Gipfelabstecher ca. 3.30 Std.

Gegen Ende der Tour öffnet sich der Blick ins vordere Montafon.

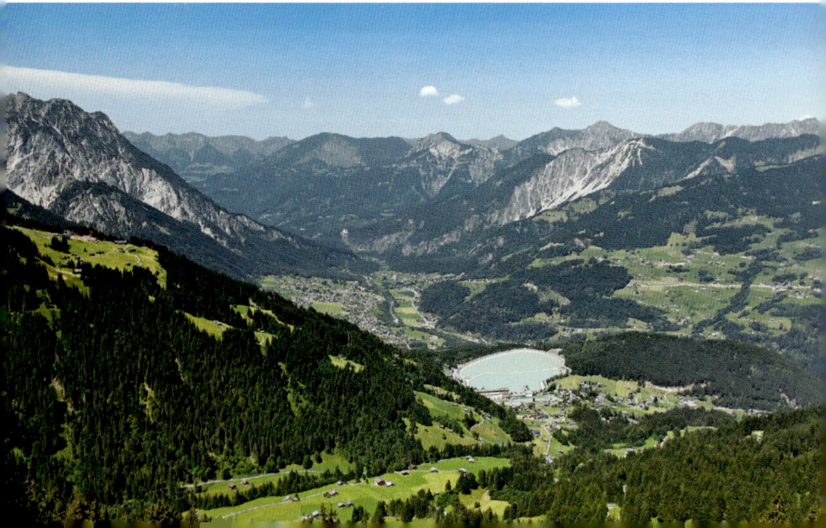

Von der **Tilisunahütte (1)** nordwärts ein Stück im Weidegelände bergab und östlich um das markante Schwarzhorn herum. Eine kleine Gegensteigung bringt uns in den **Schwarzhornsattel (2)**, 2166 m, wo die erwähnte Variante abzweigt. Wir begeben uns hingegen zum idyllischen **Tobelsee**, 2041 m, hinab, passieren diesen rechts und treffen weiter unten auf eine Verbindung vom Bilkengrat her. Hinter dem grünen Absatz von Mottabella nimmt uns ein Güterweg auf und führt im Bogen zur **Alpilaalpe (3)**, 1688 m. Kurz darauf könnte man ins Gauertal zur Valsporaalpe absteigen, doch wandert man besser nach Hochegga und schlägt dort den Waldsteig neben der Skipiste Richtung **Grabs (4)**, 1365 m, ein. Der kleine Bergweiler mit dem Gasthaus kann dann rechts liegen gelassen werden – nach Hinweis »Latschau« nehmen wir die abkürzenden Waldpfade, durchlaufen Bergwiesen mit verstreuten Stadeln und treffen im Talbereich ein. Nach Kreuzen der Bachbrücke am Ausgang des Gauertals in die Ortschaft **Latschau (5)** und der Beschilderung zur Seilbahn folgen.

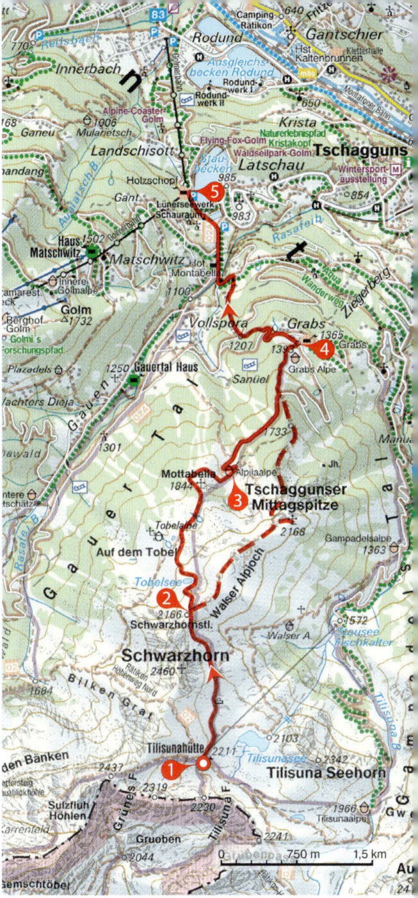

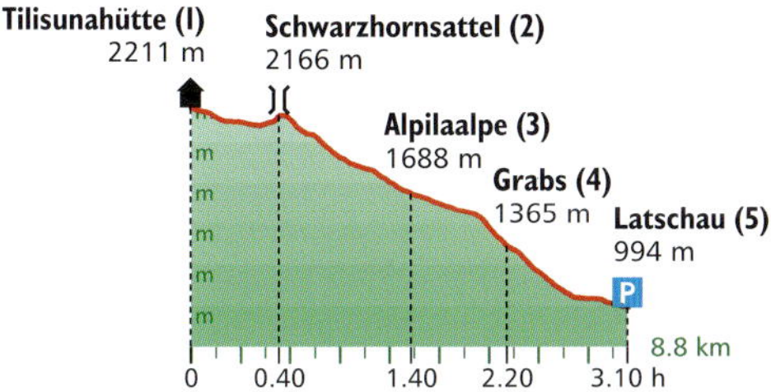

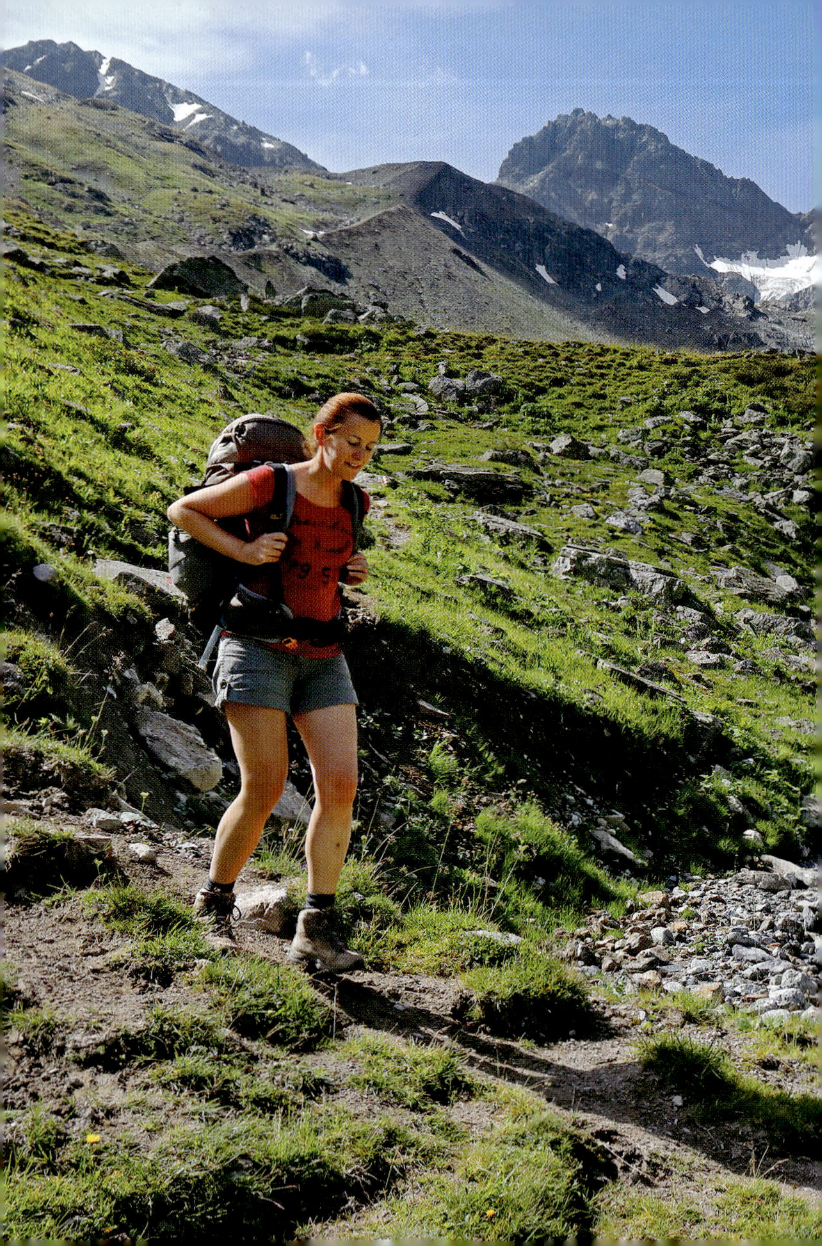

Montafoner Runde Plus

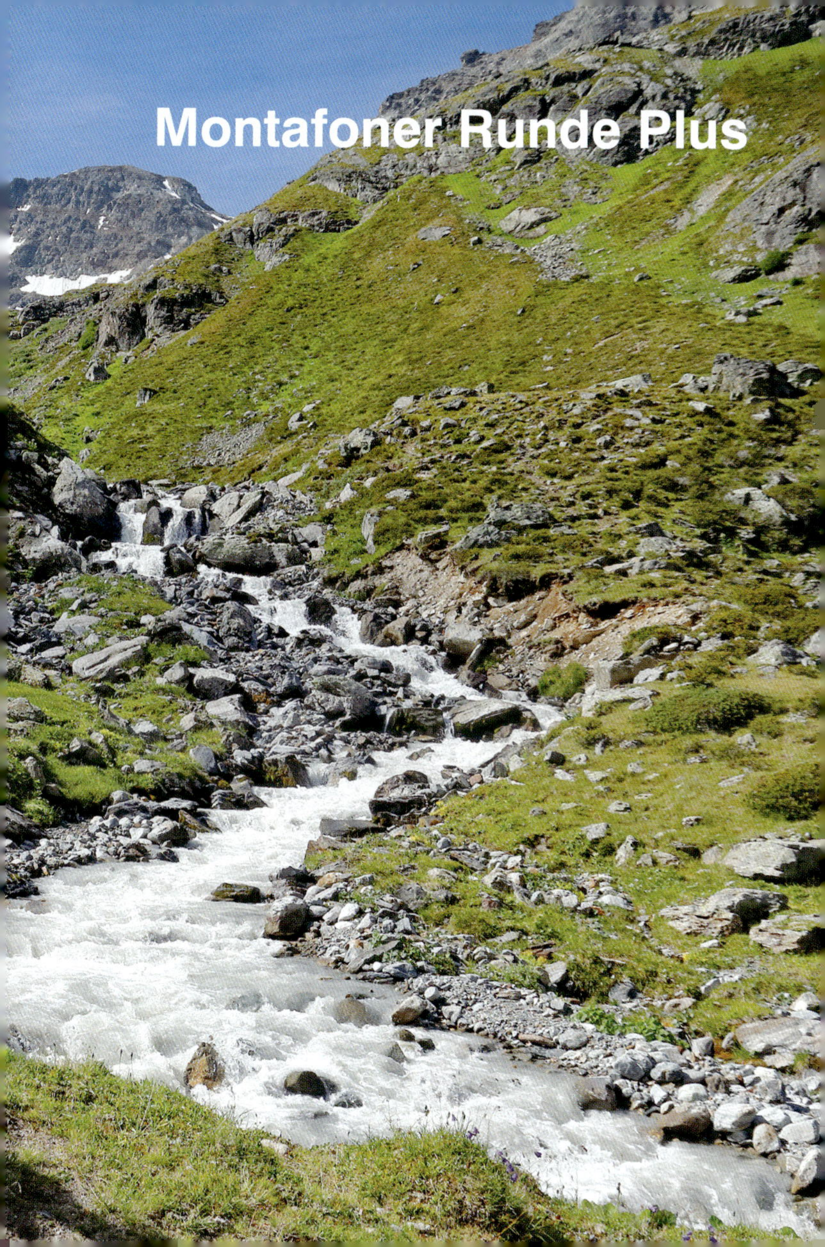

Montafoner Runde Plus

Vom Östlichen Rätikon quer durch die Silvretta und im Verwall retour

Die längste unserer fünf Trekkingtouren dreht sich um die südlichste Talschaft Vorarlbergs, das Montafon. Es handelt sich um das rund 40 Kilometer messende Quelltal der Ill, die oben auf der Bielerhöhe von den Gletscherwassern aus dem Silvretta-Stausee gespeist wird. Eingerahmt zwischen Rätikon und Silvretta auf der einen und dem Westteil der Verwallgruppe auf der anderen Seite, zeigt sich das Montafon als heitere Berglandschaft mit hohem Tourismusaufkommen. Rund zwei Millionen Nächtigungen werden jährlich verzeichnet. Wie der Name schon andeutet, ist die Besiedlung ehedem rätoromanischen Ursprungs, begründet auf Verflechtungen mit dem heute zur Schweiz gehörigen Prättigau. Über die Bergpässe führten früher zahlreiche Saumpfade. Auch die Walser hinterließen – wie fast überall in Vorarlberg – seit dem Ende des 13. Jahrhunderts ihre Spuren. Besonders augenfällig ist die schöne, traditionelle Architektur, die mit dem Montafonerhaus sogar einen eigenen Baustil hervorbrachte.

Eine vollkommen ideale Trekkingtour, nach der man in ausgewogenem Verlauf tagtäglich von einer Hütte zur nächsten springt, ist rund ums Montafon nicht ganz gegeben. Die Zäsur zwischen Rätikon und Silvretta, wo der Ferien-

Vorhergehende Doppelseite: Beim Abstieg vom Ritzenjoch ins urtümliche Laraintal.
Unten: Bei der Wormser Hütte kann man einen letzten Sonnenuntergang genießen.

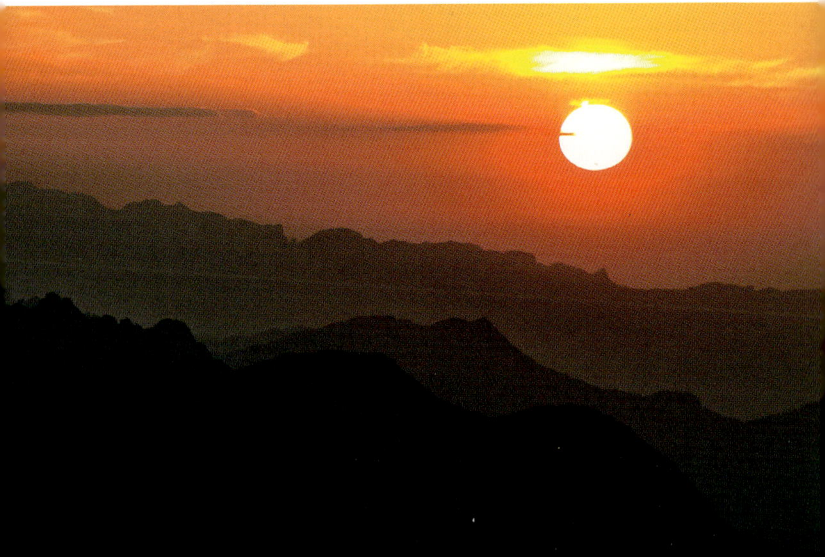

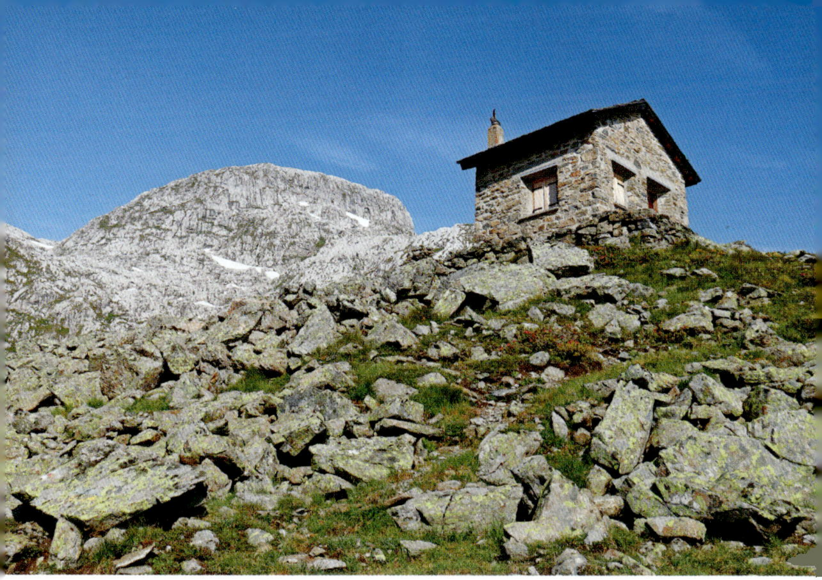

Ehemalige Zollhütte nahe dem Plasseggenpass im Rätikon.

ort Gargellen liegt, mag dabei nur ein kleiner Makel sein. Mehr Kopfzerbrechen wird vielen Wanderern aber der Übergang von der Silvretta ins Verwall bereiten, weil hier im Grunde ein Zwischenstützpunkt fehlt. Und irgendwelche Bustransfers sind ja eigentlich nicht Sinn der Sache. Das hat den Verfasser bewogen, quasi aus der Not eine Tugend zu machen und den Rahmen mit reizvollen Übergängen noch weiter zu stecken. Unter Einbeziehung einiger Etappen im Tiroler Paznaun wird damit eine »Montafoner Runde Plus« kreiert! Das macht in der Bilanz drei Hütten und drei Wandertage mehr, stets mit Tagesmärschen, die ins übliche Schema passen. Besonders die Silvretta lernen wir so noch wesentlich ausgiebiger kennen.

Aufstieg aus dem Fimbachtal zum Ritzenjoch.

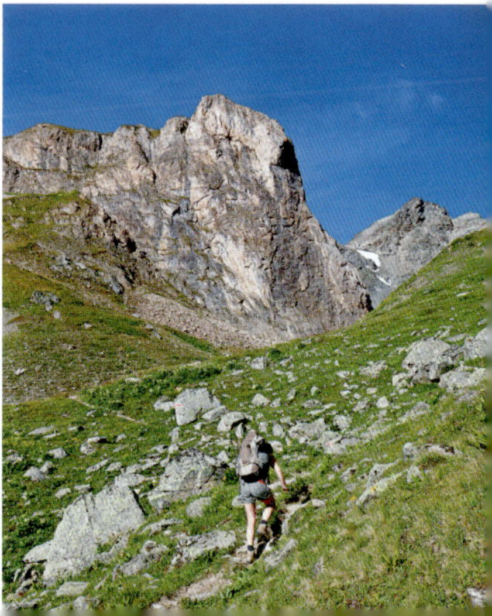

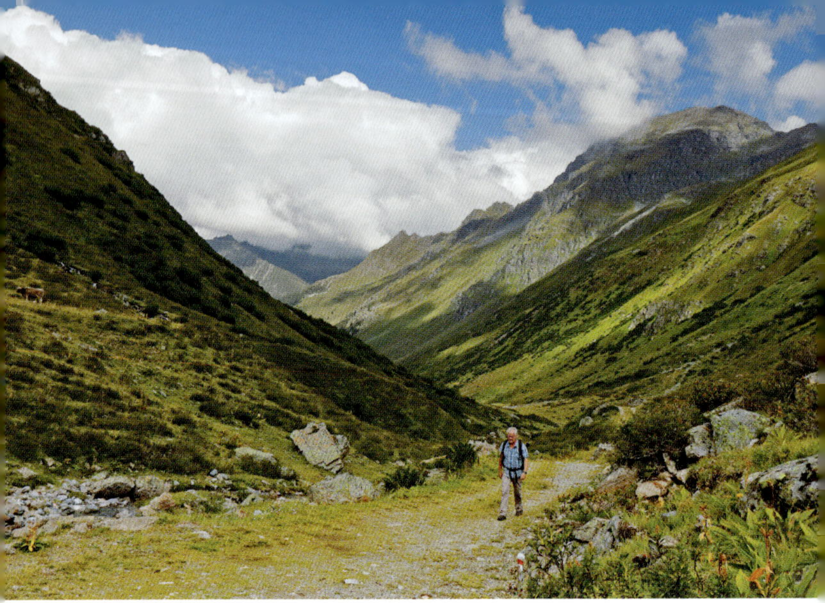

Im Vergaldatal beginnen wir die Durchquerung der Silvrettagruppe.

Doch der Reihe nach: Mitunter wird von »Tourismusexperten« der Start bei der Wormser Hütte propagiert. Womit man allerdings Gefahr läuft, sich auf Anhieb zu überfordern. Beginnen wir also besser im Rätikon, denn dort liegen die ersten Stützpunkte nicht so weit voneinander entfernt. Drei- bis vierstündige Etappen haben wir zu absolvieren, wenn wir auf dem Golmer Höhenweg zur Lindauer Hütte wandern, tags darauf den Bilkengrat zur Tilisunahütte begehen und mit dem dritten Abschnitt hinüber nach Gargellen den Osträtikon hinter uns lassen. Gut zum Eingewöhnen und landschaftlich schon sehr imposant, werden diese Touren niemanden enttäuschen.
Im Anschluss treten wir in die Silvretta ein, ihres Zeichens das höchste und wohl auch charismatischste Gebirge Vorarlbergs. Im Kontrast zu den Kalkhäuptern des Rätikons wirken die kantigen Silvrettagneise oft ein bisschen ernst und düster. Später werden freilich auch die Gletscher einige Akzente setzen und entsprechende Strahlkraft entfalten. Westlichstes Basislager in der Silvretta ist die Tübinger Hütte, die wir von Gargellen aus über das Vergaldner Joch ansteuern. Für den Wechsel zur Saarbrücker Hütte bieten sich zwei Optionen an, deren eindeutiger Empfehlung sich der Autor entzieht. Denn egal, ob es ganz nah am Groß Seehorn vorbeigeht oder alternativ der Hochmaderer mitgenommen wird, beide Übergänge sind auf ihre Weise eindrücklich. Zwei mögliche Varianten existieren auch hinüber zur Wiesbadener

Hütte, die unterhalb des berühmten Piz Buin gleichsam im Herzen der Gruppe ihren Platz hat. Dort wird man entscheiden müssen, ob die Silvretta anschließend noch vollständig durchquert werden soll oder ob man der originalen Montafoner Runde treu bleibt und den langen Übergang zur Heilbronner Hütte unter die Sohlen nimmt. Durchs erstaunlich einsame Vallülagebiet ist dies zweifellos eine tolle Wanderung, allerdings auch ein ganz ordentlicher »Schlauch« …

Die Paznauner Extraschleife bringt uns hingegen über die etwas beschwerliche Getschnerscharte zur Jamtalhütte und anschließend über das Kronenjoch zur Heidelberger Hütte. Herrliche Hochtäler und herbschöne Gipfelfluren mit alpinen »Kronjuwelen« wie den Fluchthörnern sind während dieser zwei Idealetappen zu entdecken. Übers Ritzenjoch schließen wir Bekanntschaft mit dem wildromantischen Laraintal, das uns letzte Silvretta-Impressionen aus der Nähe vermittelt. Fortan wird das Gebiet aus der Entfernung zu sehen sein, denn wir wechseln an diesem Tag noch ins Verwall und steigen dort zur Friedrichshafener Hütte auf. Selbst mit einem Abstecher auf die aussichtsreiche Gaisspitze wird der Friedrichshafener Weg hinüber zur Heilbronner Hütte anschließend eher eine Erholungsetappe, zumal man für den finalen großen Übergang bestens gerüstet sein muss: Über acht Stunden lang zieht sich der Wormser Weg quer durch die Flanken hoch über dem

Vor allem in der Silvretta wird das Gelände manchmal unwegsam.

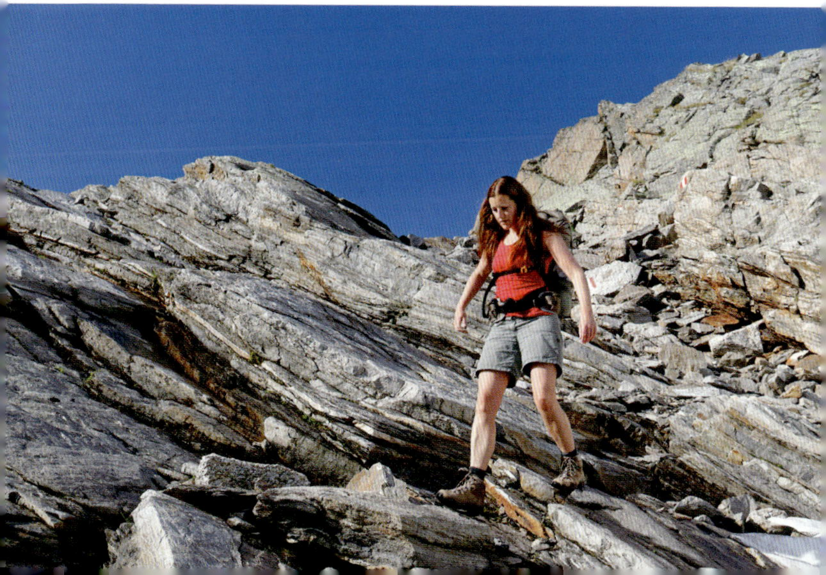

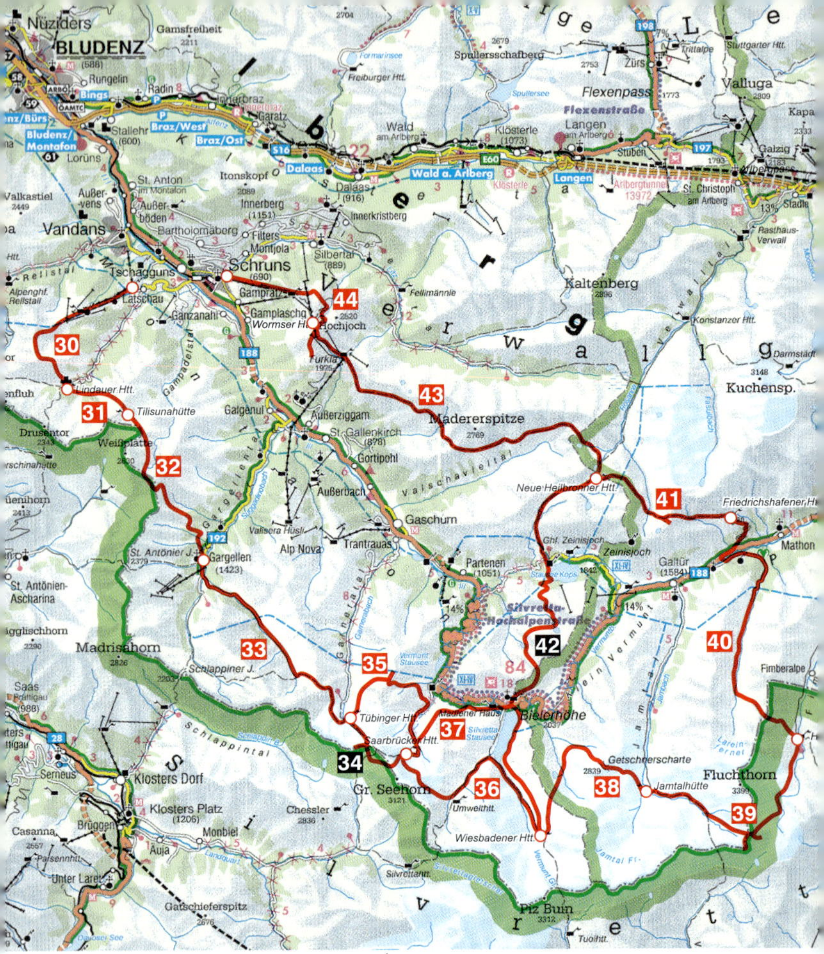

Montafon, lässt uns abermals in herrlichsten Ausblicken schwelgen und ist zweifellos besser als krönendes Finale aufs Programm gesetzt anstatt als womöglich zermürbender Auftaktmarsch.
Das Wetter muss natürlich mitspielen – wie überhaupt die meisten Übergänge grundsätzlich gute äußere Bedingungen verlangen, denn angesichts der Höhenlage sind dies keine Spaziergänge. Und darin kann schon mal ein Knackpunkt liegen, zumal wir für das vollumfängliche Trekking ein Zeitbudget von 10 bis 12 Wandertagen einplanen müssen. Nur Sprinter kommen

wohl mit acht Tagen aus. Eine gute Woche bleibt es für Normalos auch auf der engeren Montafoner Hüttenrunde noch. Da stabile Wetterphasen über solche Zeiträume in Vorarlberg eher selten sind, braucht es gegebenenfalls etwas taktisches Geschick. Oft gestalten sich im Sommer ja die Vormittage günstiger, ehe in der zweiten Tageshälfte die Gewitterneigung steigt. Wirklich leichte Abschnitte sind auf der Montafoner Runde eher rar gesät. Insgesamt benötigen Anwärter ein solides Rüstzeug für alpine Wanderungen, bewegt man sich doch meist in Höhenlagen zwischen 2000 und 3000 Metern, nicht selten auf steinigen Routen. Der Begriff »Blockschutt« taucht in den Beschreibungen immer wieder auf. Wirkliche alpinistische Schwierigkeiten im Sinne längerer Kletterpassagen, heikler Eistraversen oder anderweitig weglosen Geländes bleiben allerdings außen vor. Das Trekking ist und bleibt eine Wandertour – tendenziell für Ambitionierte, technisch meist mittelschwer, doch spricht ja auch nichts dagegen, sich nach persönlicher Vorliebe bestimmte Etappen herauszupicken …

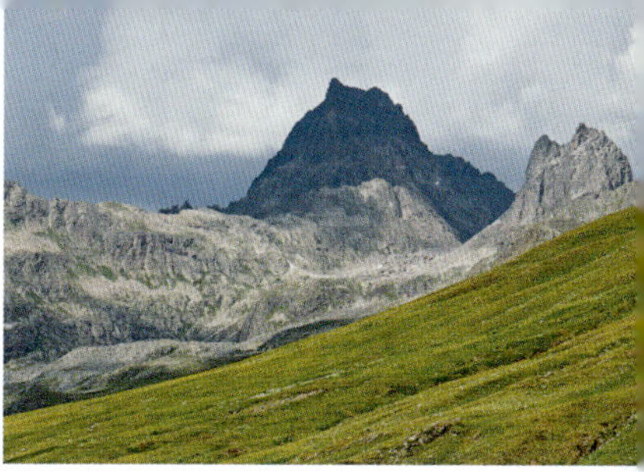

Zu den Charakterbergen im Verwall zählt der Dreitausender Patteriol.

Moränensee unterhalb der Seelücke.

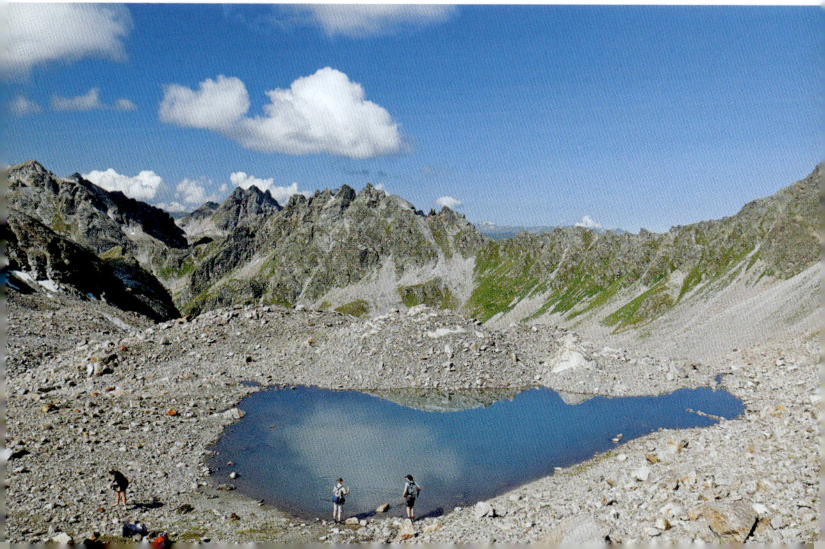

30 Vandans – Geißspitze – Lindauer Hütte

3.30 Std.

↑600 ↓750

Panoramatour über den Golmer Höhenweg

Die schönste Annäherung zur Lindauer Hütte erfolgt meines Erachtens über den Golmer Höhenweg. Unwiderstehlich nimmt uns bereits die Felskulisse am Hauptkamm des Rätikons gefangen, speziell die mächtige Drusenfluh mit den abgesetzten Drei Türmen und deren unverwechselbarer Sporaplatte, weiter links dann die Sulzfluh. Die Geißspitze gilt als perfekter Logenplatz vor dieser Traumkulisse.

Ausgangspunkt: Vandans, 648 m, Talstation der Golmerbahn, die in 3 Sektionen bis zur Bergstation Grüneck, 1890 m, führt. Betriebszeiten zwischen Ende Mai und Mitte Oktober, von 8.30 bis 17 Uhr. In Vandans Haltepunkt der Montafonbahn (Bludenz–Schruns).
Endpunkt: Lindauer Hütte, 1744 m.
Anforderungen: T3. Überwiegend grasiges Gelände mit nur einzelnen Schrofen, mitunter jedoch etwas ausgesetzt, deshalb elementare Trittsicherheit erforderlich. Konditionell mäßig anstrengend.
Einkehr/Unterkunft: Panoramarestaurant Grüneck, Berghof Golm, Lindauer Hütte.
Variante: Ab Bergstation über den Latschätzer Höhenweg in knapp 2 Std. zur Lindauer Hütte (blau).

Unsere Auftaktetappe besticht als veritable Höhenwanderung.

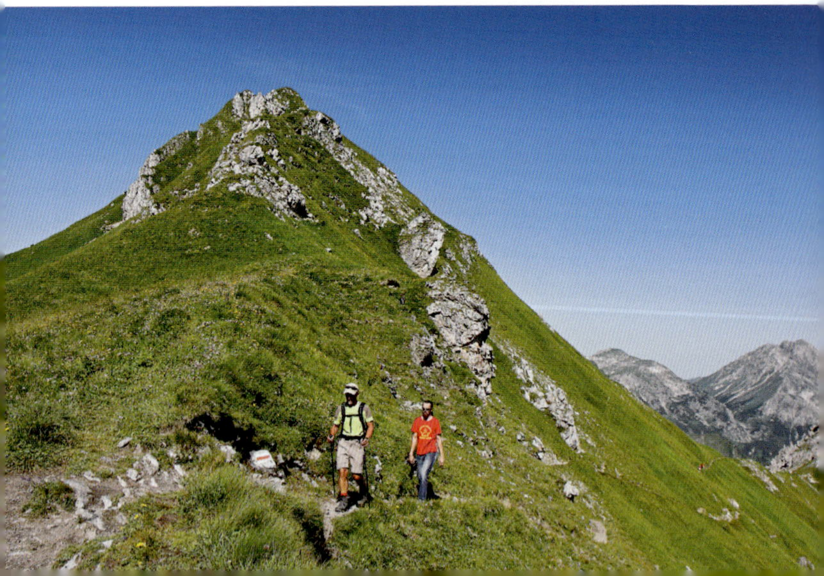

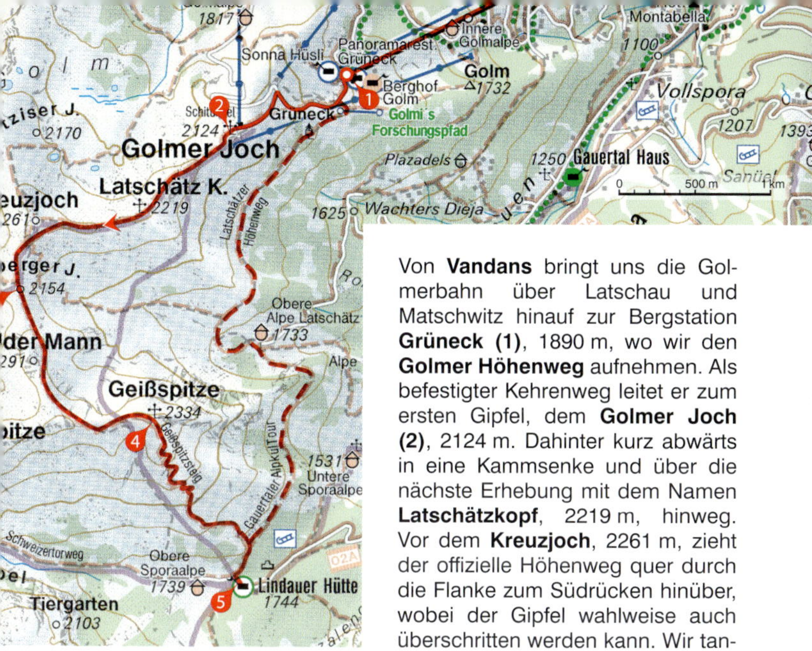

Von **Vandans** bringt uns die Golmerbahn über Latschau und Matschwitz hinauf zur Bergstation **Grüneck (1)**, 1890 m, wo wir den **Golmer Höhenweg** aufnehmen. Als befestigter Kehrenweg leitet er zum ersten Gipfel, dem **Golmer Joch (2)**, 2124 m. Dahinter kurz abwärts in eine Kammsenke und über die nächste Erhebung mit dem Namen **Latschätzkopf**, 2219 m, hinweg. Vor dem **Kreuzjoch**, 2261 m, zieht der offizielle Höhenweg quer durch die Flanke zum Südrücken hinüber, wobei der Gipfel wahlweise auch überschritten werden kann. Wir tangieren das **Hätaberger Joch (3)**, 2154 m, mit einem Abzweig ins Rellstal und weichen mit etwas Höhenverlust dem schroffen Felsaufbau am Wilden Mann linksseitig aus. Auch die anschließende Kreuzspitze wird in der Flanke traversiert. Man erreicht den Verbindungsgrat zur **Geißspitze (4)**, 2334 m, die jetzt von Westen her über Gras erstiegen und uns als ausgiebiger Rastplatz im Angesicht der Felsbollwerke dienen wird. Auf der Südostseite führt unser Weg dann in vielen Schleifen durch freie Wiesenflanken tiefer. Zuletzt in den Latschätzer Höhenweg einmündend, treffen wir bei der stattlichen **Lindauer Hütte (5)** ein.

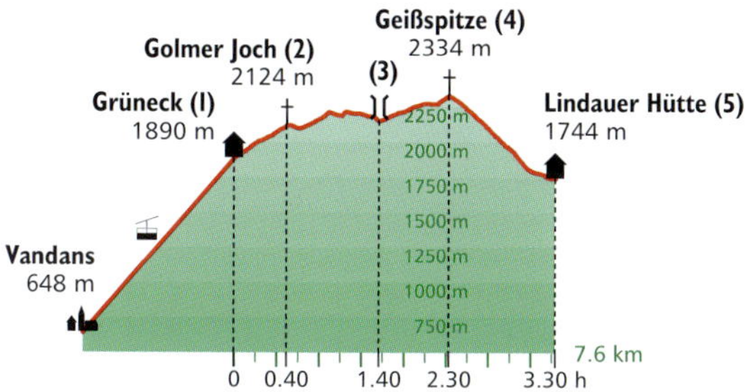

31 Lindauer Hütte – Bilkengrat – Tilisunahütte

2.45 Std.

↑690 ↓230

Die Normalverbindung über die Schwarze Scharte

Zwischen Lindauer- und Tilisunahütte wird allgemein viel hin und her gependelt, wobei der Rätikon-Höhenweg seinen Verlauf über den nicht nur aussichtsreichen, sondern auch botanisch sehr interessanten Bilkengrat nimmt. Hier ist ein ziemlicher Kehrenreigen zu absolvieren, ehe bald hinter der vom prägnanten Schwarzhorn flankierten Scharte schon das Ziel auftaucht. Die Tilisunahütte im freien Mattengelände liegt ein gutes Stück höher als ihre Nachbarin im Gauertalschluss.

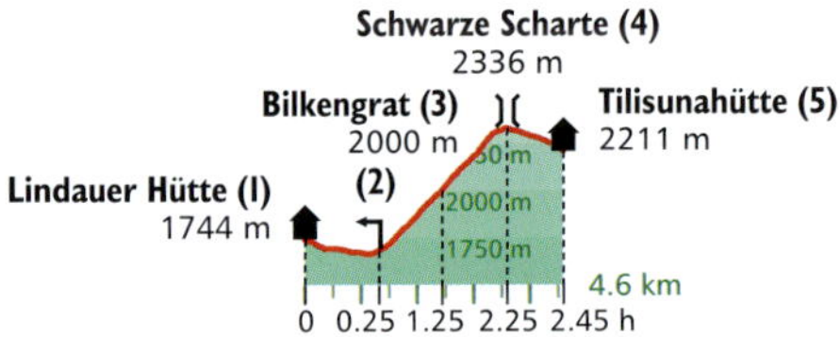

Ausgangspunkt: Lindauer Hütte, 1744 m.
Endpunkt: Tilisunahütte, 2211 m.
Anforderungen: T3-. Gut angelegter Bergweg in steilerem Gelände. Grundlegende Trittsicherheit vorteilhaft, umso mehr bei feuchten Bedingungen. Nur eine Halbtagesetappe, wegen des mehrheitlichen Bergauf jedoch nicht ganz mühelos.
Einkehr/Unterkunft: Lindauer Hütte, Tilisunahütte.
Variante: Die anspruchsvollere Route über die Sulzfluh ist in Kapitel 28 ausführlich beschrieben.

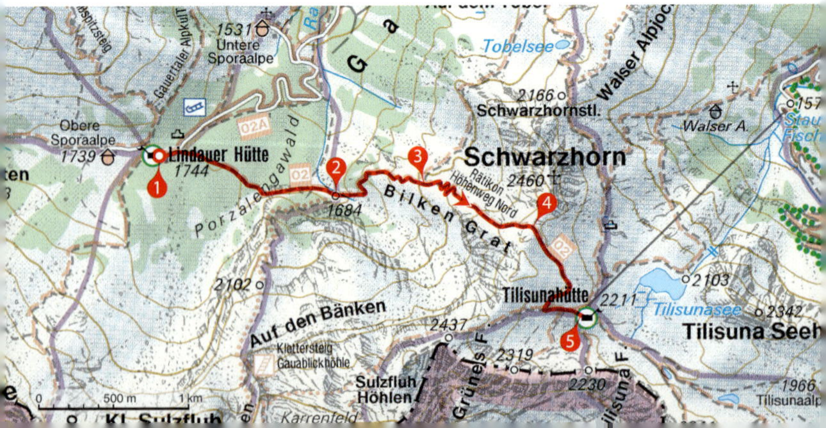

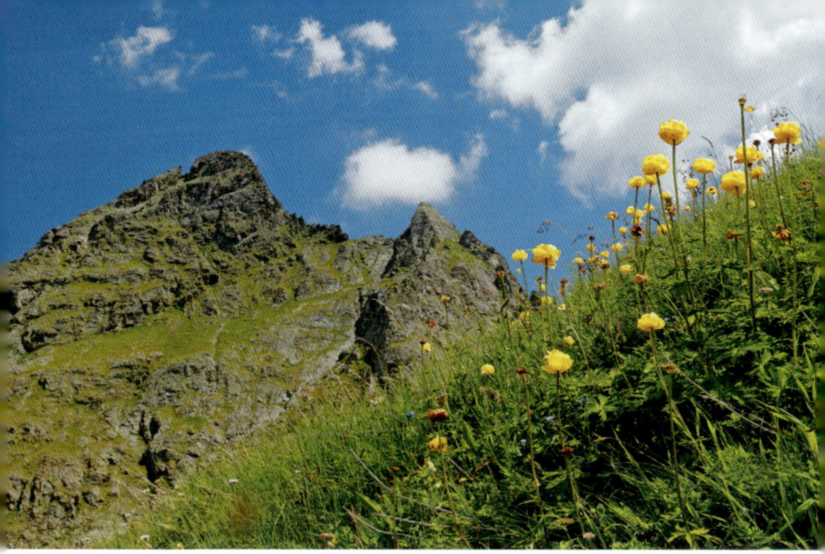

Sommer am Bilkengrat: Leuchtende Trollblumen kontrastieren mit den dunklen Schrofen des Schwarzhorns.

Von der **Lindauer Hütte (1)** verlieren wir im Porzalengawald anfangs ein paar Höhenmeter und stoßen in der Mulde von **Tramosa (2)**, 1684 m, auf den Abzweig der Sulzfluh-Route. Wir halten uns indes links und ersteigen die Hänge zum Bilkengrat. Oberhalb ca. 1850 Meter Höhe lässt man das lichte Gehölz unter sich und kommt nun in steindurchsetzten Zwergstrauchheiden (Alpenrosen) voran. Auf rund 2000 Metern zweigt eine Verbindung nach Grabs ab **(3)**. Unser Weg schraubt sich am Bilkengrat weiter kehrenreich empor und quert später nach links in die **Schwarze Scharte (4)**, 2336 m. Dahinter an den Hängen der Verspala schräg rechts zu einer Rippe und mit einem Linksknick abwärts zur **Tilisunahütte (5)**.

Ausblick vom Bilkengrat Richtung Drusenfluh-Massiv.

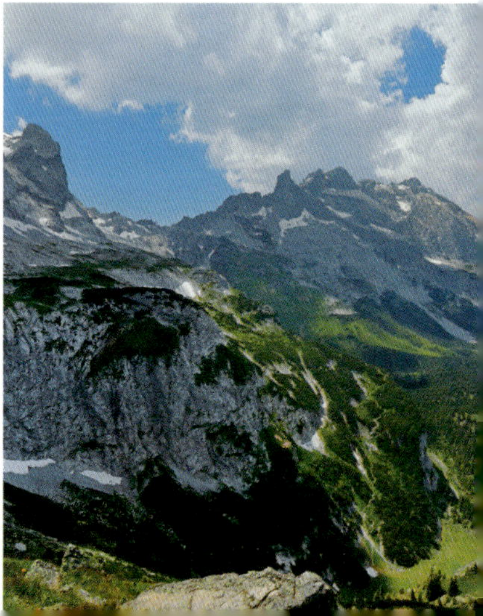

32 Tilisunahütte – Gargellen

3.30 Std.
↑370 ↓1160

Vom Rätikon in die Silvretta

Diese Etappe bringt uns in ein Seitental des Montafons, und zwar in den Ferien- und Wintersportort Gargellen, wo der Rätikon hinter uns bleibt. Auf kurzem Stück berühren wir sogar die Schweiz, um über zwei Sättel am Sperrriegel der Sarotlaspitzen vorbeizukommen. Die Route ist übrigens in den großen Zentralalpenweg (Nummer 02) integriert, der anschließend auch die Silvrettagruppe durchquert.

Ausgangspunkt: Tilisunahütte, 2211 m. **Endpunkt:** Gargellen, 1423 m. Zwecks Unterkunft: Tourismusbüro Gargellen, Tel. +43 50 6686-310, www.gargellen.at. **Anforderungen:** T2–3. Gewöhnliche Bergwege, meist in alpinem Mattengelände. Auf einigen Abschnitten kann der Pfad an Blaiken aber auch mal schlecht bzw. unterbrochen sein (etwas Trittsicherheit vorteilhaft). Mehrheitlich Abstieg, deshalb konditionell nicht sonderlich anstrengend.
Einkehr/Unterkunft: Tilisunahütte, Ronggalpe, Gargellen.

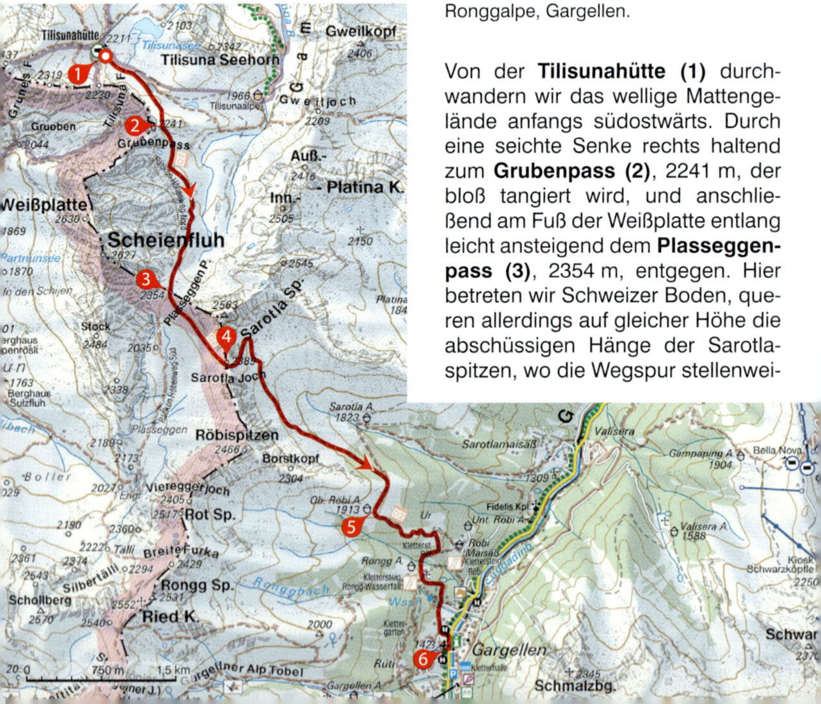

Von der **Tilisunahütte (1)** durchwandern wir das wellige Mattengelände anfangs südostwärts. Durch eine seichte Senke rechts haltend zum **Grubenpass (2)**, 2241 m, der bloß tangiert wird, und anschließend am Fuß der Weißplatte entlang leicht ansteigend dem **Plasseggenpass (3)**, 2354 m, entgegen. Hier betreten wir Schweizer Boden, queren allerdings auf gleicher Höhe die abschüssigen Hänge der Sarotlaspitzen, wo die Wegspur stellenwei-

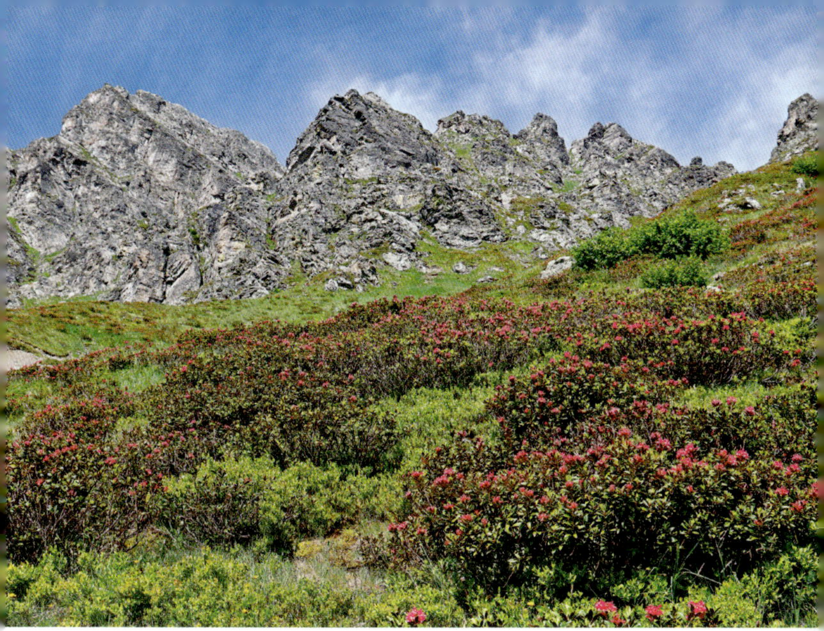

Alpenrosenpracht am Fuße der Röbispitzen.

se etwas abgerutscht sein kann (vorsichtig gehen). Mit der Traverse erreicht man das **Sarotlajoch (4)**, 2389 m, und wechselt bereits wieder zurück auf die österreichische Seite. Beim Abstieg kurzfristig links ausholend, unterhalb der steileren Hangpartie deutlich nach rechts hinüber und im weiteren Verlauf schräg bergab. Der Weg zieht durch Alpenrosenfelder und tritt in Erlenhänge ein. Um ein Geländeeck kommt man zur **Oberen Röbialpe (5)**, 1913 m, und über baumbestandene Weiden zur **Unteren Röbialpe**, 1640 m. Zum Ende gibt es mehrere Möglichkeiten – am besten wandern wir Richtung Ronggalpe und am Wasserfall vorbei hinein nach **Gargellen (6)**.

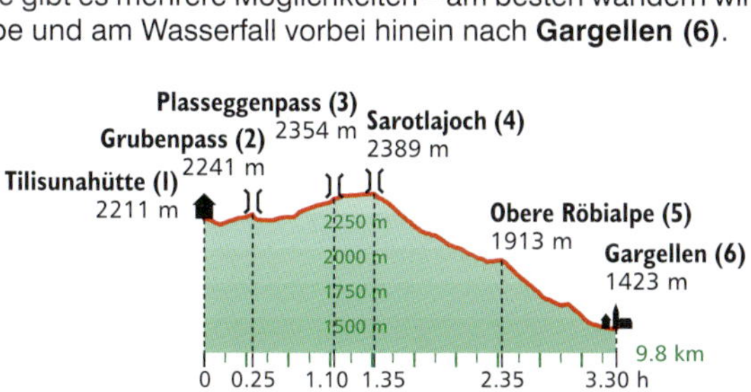

33 Gargellen – Tübinger Hütte

4.30 Std.

↑1170 ↓400

Über das Vergaldner Joch ins innere Garneratal

Von Gargellen begeben wir uns heute ins Vergaldatal hinein und lernen damit ein typisches, schlichtes Silvretta-Hochtal kennen. Der Aufstieg bis zur Jochhöhe zieht sich ein wenig, wird aber durch die zunehmend herberen Eindrücke aus der Alpinwelt belohnt, besonders wenn sich oben der Blick auf die Umrahmung des Garneratals öffnet. Bis zur Ankunft bei der Tübinger Hütte, die sich vorerst noch hinter einem Gratausläufer verbirgt, wird allerdings noch eine Weile vergehen.

Ausgangspunkt: Gargellen, 1423 m.
Endpunkt: Tübinger Hütte, 2191 m.
Anforderungen: T2–3. Längere Zeit breiter Güterweg, danach ordentliche, meist nur mäßig steile Bergwege. Etwas Trittsicherheit am ehesten jenseits des Jochs notwendig, im letzten Abschnitt treten einige Blockfelder auf. Insgesamt relativ leichter Übergang, der trotz des normalen Tagesrahmens eine gewisse Grundkondition verlangt.
Einkehr/Unterkunft: Vergaldaalpe, Tübinger Hütte.

Bald nach Aufbruch in Gargellen nimmt uns die Silvretta gefangen.

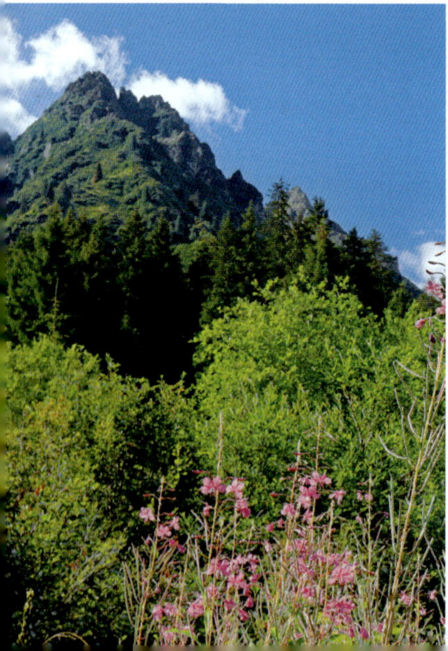

In **Gargellen (1)** orientieren wir uns zur Talstation der Schafbergbahn und auf breiter Trasse leicht bergauf, dann links abzweigend auf einen Waldrandweg. Man überschreitet den nahen Bach und wendet sich bei **Vergalda (2)**, 1590 m, ins gleichnamige Tal einwärts. In dem typischen Trogtal folgen wir nun vorerst meilenweit einem Wirtschaftsweg. Bis zur bewirtschafteten **Vergaldaalpe (3)**, 1820 m, ist man insgesamt schon rund anderthalb Stunden unterwegs. Dahinter führt ein immer noch breiter Karrenweg weiter – in Kürze am Abzweig zur Heimspitze vorbei –, um auf rund 2000 Metern endlich von einem Steig abgelöst zu werden. Dieser zieht nun im Mattengelände etwas an, ohne jedoch irgendwelche Hindernisse aufzuwerfen. Bei der Gabelung am **Rotbühel (4)**, 2198 m, gehen wir links und folgen den Windungen hinauf zu den

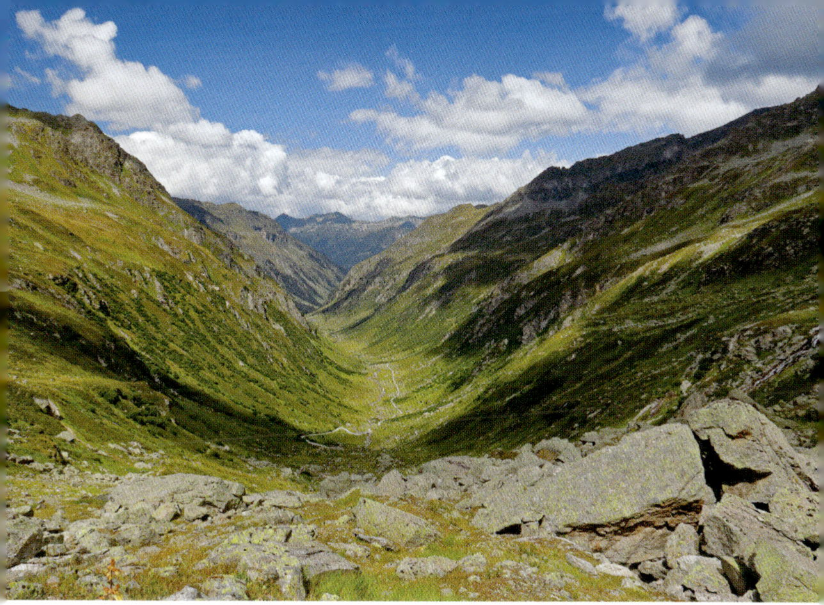

Das Garneratal zeigt sich als typisch zentralalpines Trogtal.
Am Vergaldner Joch haben wir uns eine Pause verdient.

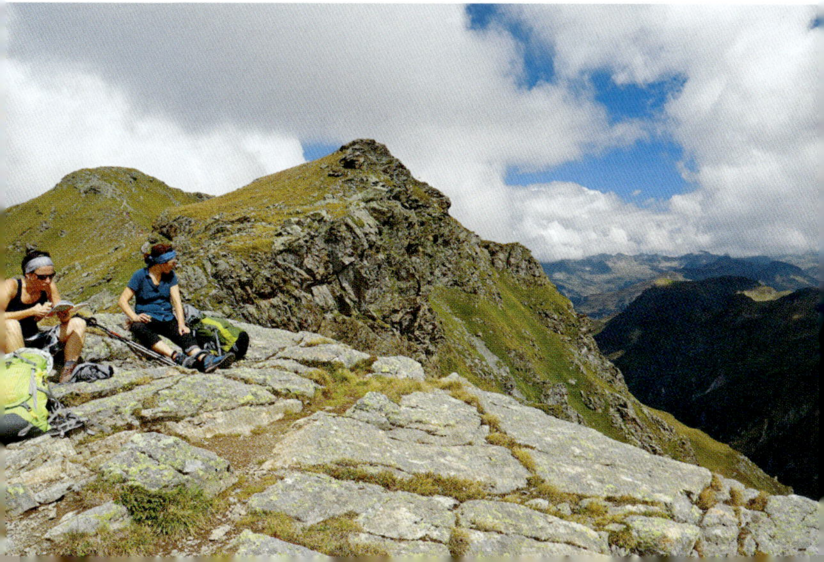

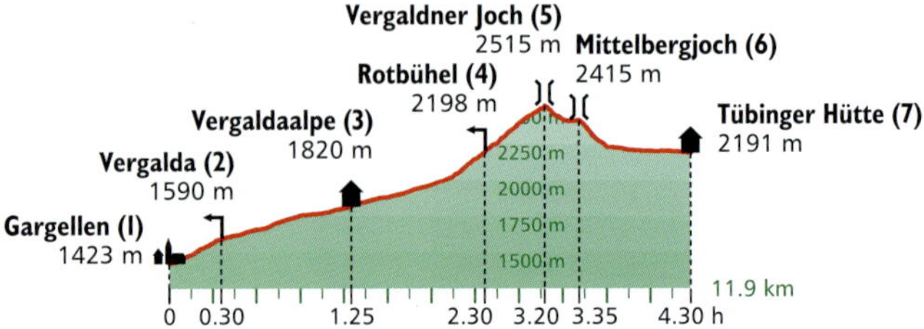

Hochböden und schließlich ins **Vergaldner Joch (5)**, 2515 m. Jenseits über ein kurzes Steilstück (Drahtseil) abwärts in eine leicht verblockte Hangmulde, dann mit geringfügigem Gegenanstieg über die Rippe des **Mittelbergjochs (6)**, 2415 m, hinweg. Nach einigen Kehren dreht man gen Süden ein und hat jetzt noch eine lange Traverse vor sich, die ungefähr entlang der 2200-Meter-Linie im Halbrund den Garnera-Talschluss ausgeht. Dabei legen sich später einige grobe (aber stabile) Blockfelder in den Weg, ehe uns auf der anderen Seite die **Tübinger Hütte (7)** empfängt.

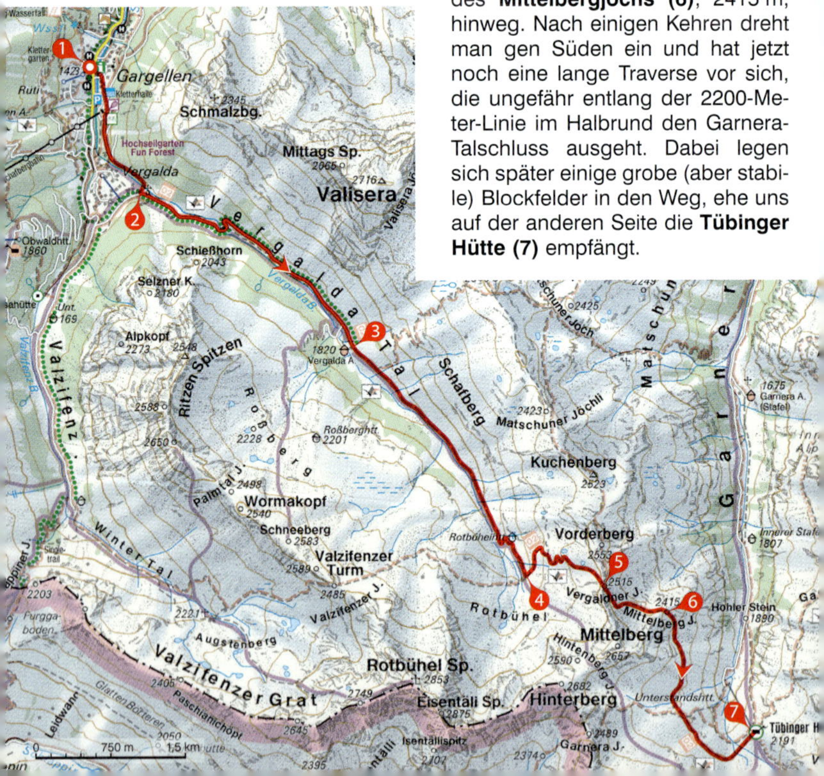

3.50 Std.

↑920 ↓570

Tübinger Hütte – Westliche Plattenspitze – Saarbrücker Hütte

34

Neue Routenführung über Plattenjoch und Seelücke

Bis vor einigen Jahren wurde dieser Übergang näher am Hauptgrat vollzogen: ab Plattenjoch über Schweizerlücke und Kromerlücke, wobei man auch mit zwei kleinen Eisfeldern in Berührung kam. Da die stetigen Veränderungen im Permafrostbereich zunehmende Instabilitäten verursachen und zu erhöhter Steinschlaggefahr führen, hat man die Route inzwischen verlegt. Nun wird vom Plattenjoch über rund 150 Höhenmeter ins oberste Seetal abgestiegen, um schließlich an der vergleichsweise gutmütigeren Seelücke die Seite zu wechseln. Dem formgewaltigen Großen Seehorn sind wir hier ganz nah. Und natürlich liegt vorher auch ein Seitensprung zur Westlichen Plattenspitze drin: wenig Mehraufwand für ein tolles Gipfelziel in hochalpiner Umgebung.

Ausgangspunkt: Tübinger Hütte, 2191 m.
Endpunkt: Saarbrücker Hütte, 2538 m.
Anforderungen: T4 beim Gipfelabstecher, sonst T3+. Hochalpiner Übergang auf meist gut ausgebautem Steig, eine Passage nördlich des Plattenjochs je nach Verhältnissen jedoch etwas heikel. In der ersten Sommerhälfte oft noch Schneereste, sonst Schutt und Blockfelder, die nicht allzu beschwerlich sind. An der Westlichen Plattenspitze steileres Blockgelände mit einzelnen Stellen I, hier neben der obligatorischen Trittsicherheit auch Schwindelfreiheit nötig. Verhältnismäßig kurze Tagesetappe.
Einkehr/Unterkunft: Tübinger Hütte, Saarbrücker Hütte.
Variante: Siehe Kapitel 35.
Tipp: Von der Saarbrücker Hütte führt ein mittelschwerer Klettersteig (Grad B/C) in 1 Std. auf den Kleinlitzner, 2783 m. Trittsicherheit und Schwindelfreiheit unerlässlich, Sicherungsausrüstung mit Helm anzuraten, für Wanderer natürlich »schwarz«.

Von der **Tübinger Hütte (1)** südostwärts die Hänge hinan und auf gutem Steig mit einigen Kehren über die Schwelle ins Kar des stark abgeschmolzenen Plattengletschers.

Von der Westlichen Plattenspitze blicken wir weit in die Schweiz.

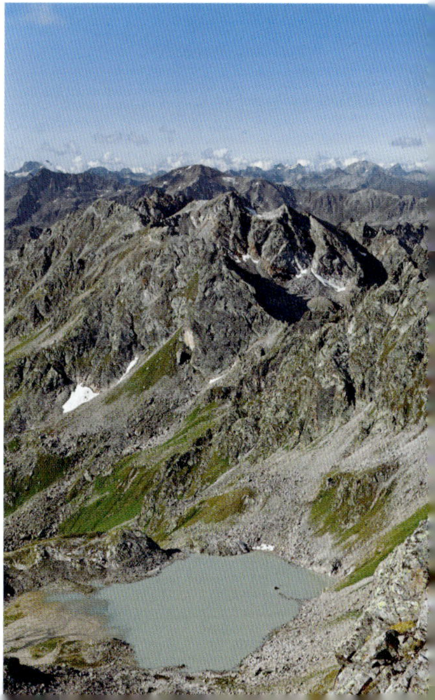

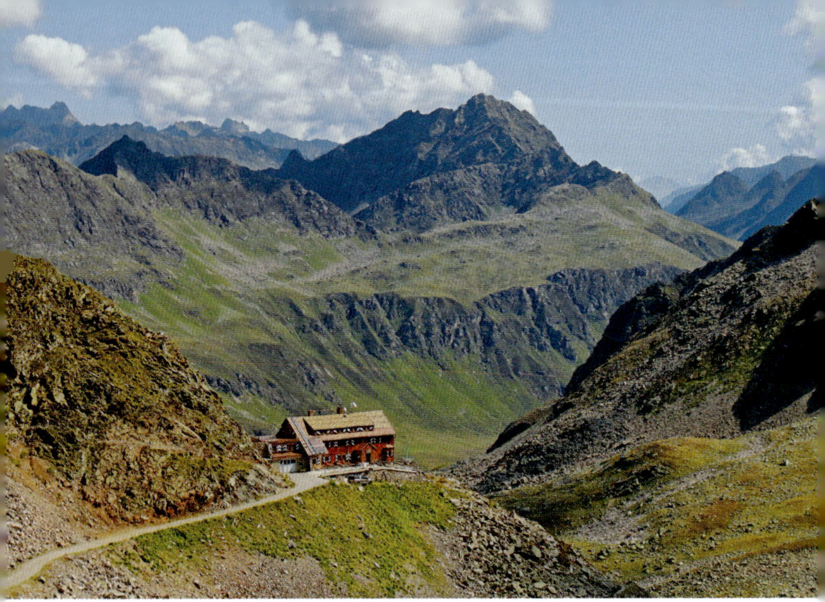

Ziel des Übergangs ist die Saarbrücker Hütte.

Über Blockschutt und allfällige Schneefelder geht es bald mehr auf die linke Seite und weiter oben wieder zur Mitte hin, wo man eventuell noch mit den kümmerlichen, verdreckten Eisresten in Berührung kommt. Hier müssen wir uns auf ein paar unangenehm bröselige Stellen gefasst machen, ehe kurz darauf das **Plattenjoch (2)**, 2728 m, gewonnen ist. Obwohl der Wegweiser anderes verlautbart, entdecken wir direkt nach rechts eine blasse rote Markierung, die gipfelwärts führt. Das Schutt- und Blockgelände steilt auf und verlangt hier und da etwas Kraxelei ohne Sicherungen (kurze Stellen I). Vor allem wegen loser Steine muss man sich behutsam bewegen. Eine Rinne verlässt man nach links, steigt zum Hauptgrat hinauf und erreicht über die letzten Blöcke das Kreuz auf der **Westlichen Plattenspitze (3)**, 2883 m.

In der Hochsilvretta halten sich noch Eisfelder wie der Seegletscher.

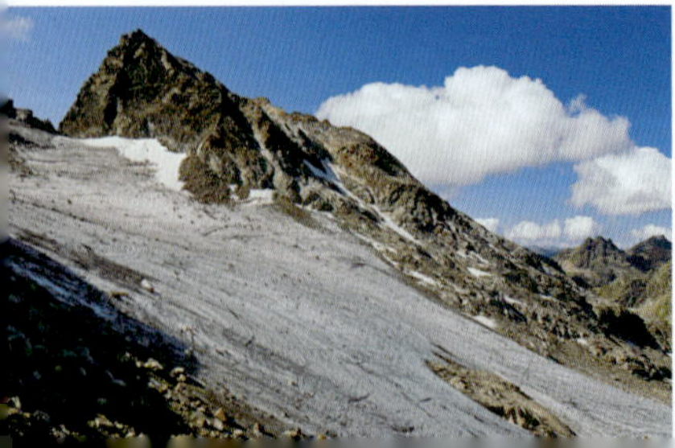

Zurück am Plattenjoch geht es schweizseitig über einige Schrofenstellen (Ketten) und kleinere Blockfelder auf die Böden des oberen **Seetals** hinab. Bei der Gabelung

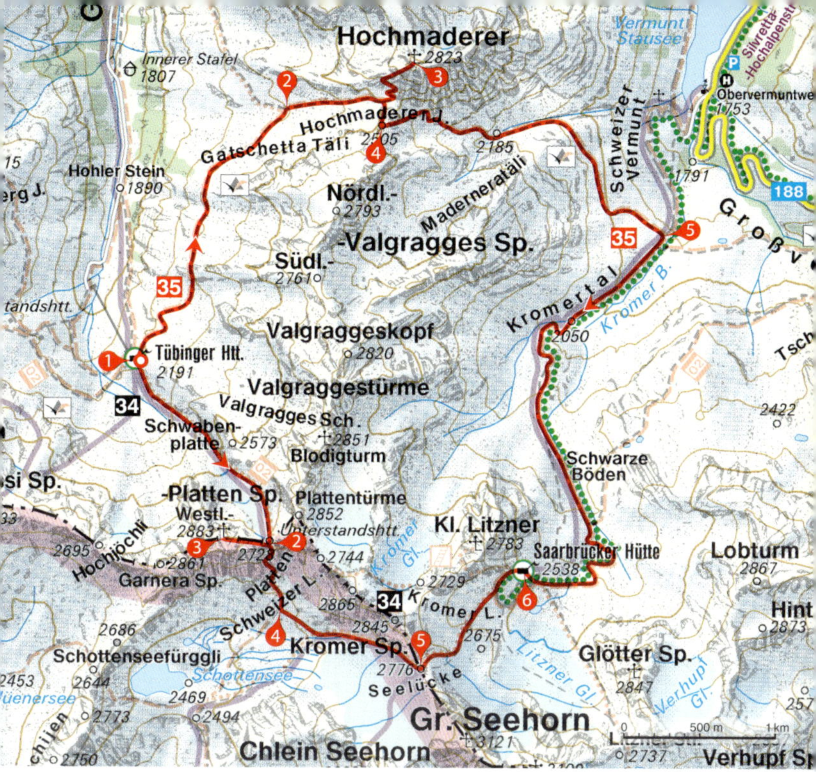

(4), 2570 m, links und im ordentlich trassierten Gegenanstieg seitlich vom Seegletscher an einem Moränenseeli vorbei. Der Blockschuttpfad leitet in die **Seelücke (5)**, 2776 m, wo man wieder auf die Grenze zu Österreich trifft. An einem steileren Hang in Kehren bergab, anschließend über eine Art Verflachung hinweg und am folgenden Blockschutthang allmählich immer sanfter auslaufend bis zum Fahrweg unweit der **Saarbrücker Hütte (6)**.

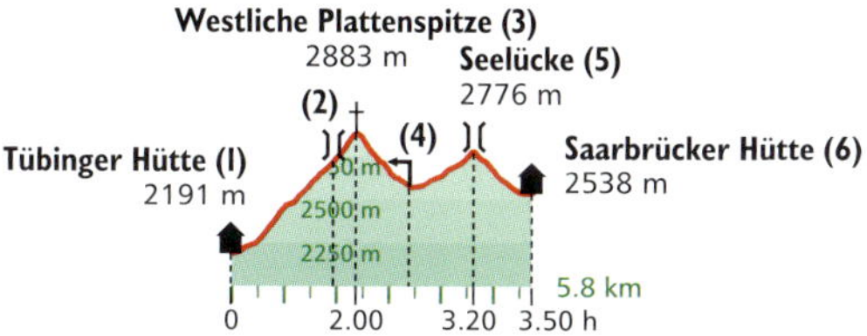

35 Tübinger Hütte – Hochmaderer – Saarbrücker Hütte

6.15 Std.

↑1300 ↓950

Längere Alternative über das Hochmadererjoch

Für den Übergang zur Saarbrücker Hütte haben wir wirklich die Qual der Wahl. Denn auch über das Hochmadererjoch führt eine lohnende Verbindung, die freilich nicht so schnell zum Punkt kommt und uns noch länger in den urtümlichen Karwinkeln verweilen lässt. Mit dem wuchtigen Hochmaderer kann ein Prachtgipfel der Silvretta nicht einmal besonders schwierig eingebaut werden. Damit wird es ein ausgefüllter Marschtag, denn auch der Gegenanstieg durchs Kromertal – das kantige Litzner-Seehorn-Gipfelduo im Blick – zieht sich am Ende.

Ausgangspunkt: Tübinger Hütte, 2191 m.
Endpunkt: Saarbrücker Hütte, 2538 m.
Anforderungen: T3, am Hochmaderer eher T3–4. Abschnittsweise etwas holprige, meist aber gut gangbare Bergwege, im Kromertal schließlich sogar breiter Fahrweg. Zum Hochmaderer ebenfalls durchgängig gepfadet und markiert, meist Schutt mit kurzen Felsstellen, tendenziell ein bisschen steiler. Trittsicherheit obligatorisch, je nach Gipfelmitnahme normales oder leicht überdurchschnittliches Tagespensum.
Einkehr/Unterkunft: Tübinger Hütte, Saarbrücker Hütte.
Variante: Siehe Tour 34.

Von der **Tübinger Hütte (1)** begeben wir uns nordwärts auf einen anfangs leicht ansteigenden Hangweg, der abwechselnd in Matten- und Blockgelände um mehrere kleine Ecken herumzieht. Mit etwas Auf und Ab kommen wir ins **Gatschettatäli (2)**, 2290 m, voran und biegen hier rechts Richtung Kar ab. Dort orientiert man sich bald auf die linke Seite des Einschnitts und steigt gegen den Hochmaderer aufwärts. Bevor die Route zuletzt einen Rechtsschwenk hinüber zum Joch vollführt, finden wir den Abzweig des **Gunserweges**. In Kehren am vorläufig noch begrünten Hang empor, dann aus einer Rinne heraus über ein, zwei kleine Felshindernisse hinweg und hinter der Westgratrippe auf die finale, recht rutschige Schutthalde, die im Zickzack bewältigt wird. Nachdem das Kreuz bereits direkt über uns thront, erklim-

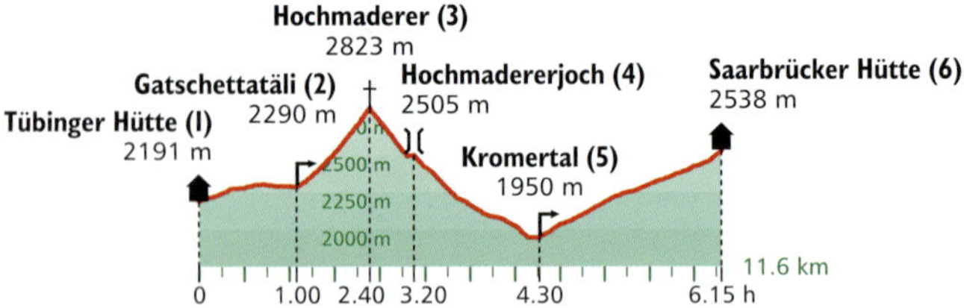

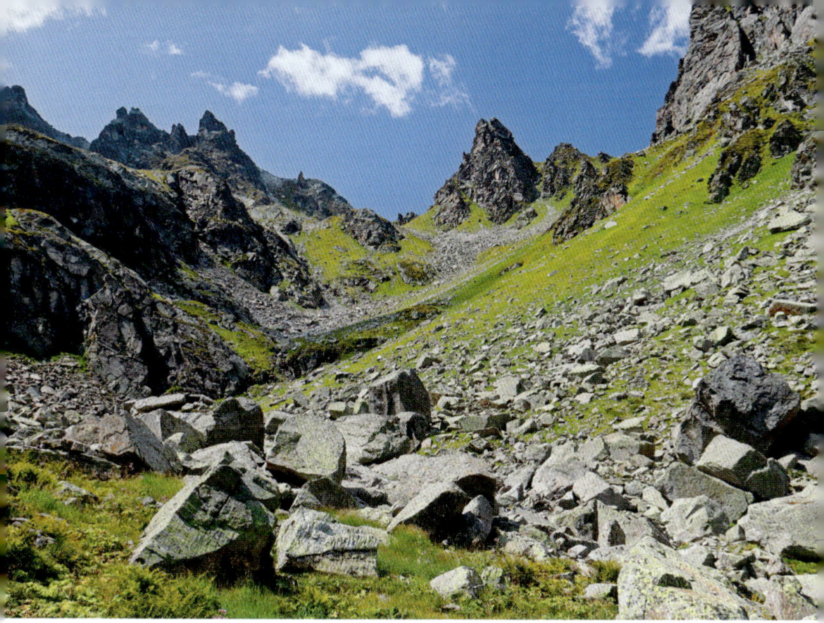

Typische Silvretta-Blocklandschaft im Maderneratäli.

men wir zuletzt von rechts her den Gipfel des **Hochmaderers (3)**, 2823 m. Zurück am Abzweig wird mit einer kurzen Aufwärtstraverse das **Hochmadererjoch (4)**, 2505 m, erreicht. Auf der Ostseite windet sich der Steig ins Maderneratäli hinab – meist recht gut gefügt, nur vor dem Karboden stellenweise leicht erodiert. Etwas tiefer queren wir nach rechts hinaus, geraten dabei in teils verwachsenes Gelände und steuern in diagonaler Linie – ab und zu mal mit einer Kehre dazwischen – die flachen Böden im **Kromertal** an. Auf rund 1950 Metern stößt man dort auf den Fahrweg **(5)**, mit dem es nun wieder fast 600 Höhenmeter bergauf geht. Etliche Kurven und Schleifen werden von einem Flachstück auf den Schwarzen Böden unterbrochen, wobei nach der Einmündung von Tschifernalla auch ein abkürzender Steig gewählt werden kann. Am Geländeabsatz des Kleinlitzners klebt die **Saarbrücker Hütte (6)**.

Über das Hochmadererjoch führt eine wichtige alpine Verbindung.

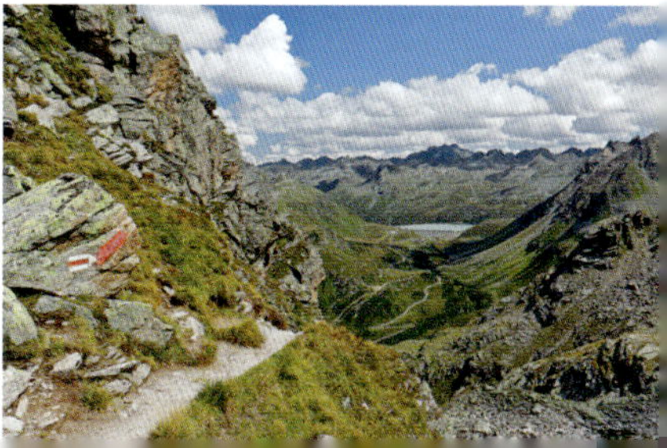

36 Saarbrücker Hütte – Litznersattel – Wiesbadener Hütte

4.15 Std.

↑650 ↓750

Im Bannkreis des formschönen Großlitzners

Auch für den Weiterweg zur Wiesbadener Hütte stellt sich wieder die Frage: Kürzer und alpiner mehr in Hauptkammnähe oder gemäßigter mit Umweg über die Bielerhöhe, wo freilich auch der Massentourismus eine Heimstatt hat? Bei guten äußeren Bedingungen wird man wahrscheinlich lieber den Litznersattel überschreiten und mit dem wohl kühnsten Gipfel der Silvretta auf Tuchfühlung gehen. Relativ anspruchsvoll ist ohnehin nur die erste Hälfte der Etappe.

Ausgangspunkt: Saarbrücker Hütte, 2538 m.
Endpunkt: Wiesbadener Hütte, 2443 m.
Anforderungen: Maximal T3–4. Über den Litznersattel weithin Blockschutt und je nach Jahreszeit auch Schneefelder, tendenziell etwas unwegsam und daher nur für Trittsichere. Im Kloster- und Ochsental später wesentlich leichter auf breiten Trassen. Konditionell normales Pensum.
Einkehr/Unterkunft: Saarbrücker Hütte, Wiesbadener Hütte.
Variante: Siehe Tour 37.
Tipp: Von der Wiesbadener Hütte kann in 1.15 Std. der Vermuntkopf, 2851 m, erreicht werden (rot).

In den Blockschuttfluren am Litznersattel.

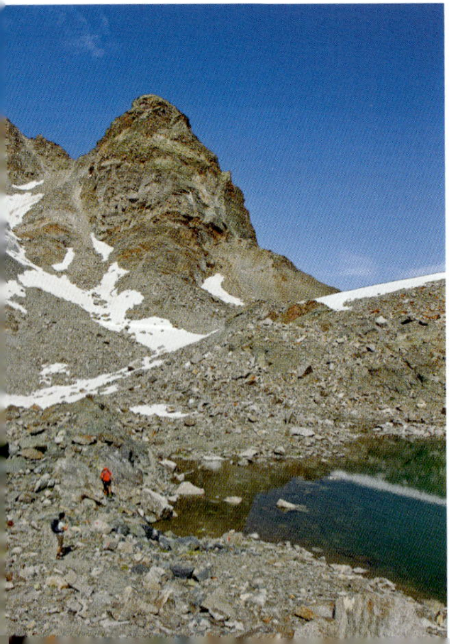

Bei der **Saarbrücker Hütte (1)** zweigen zwei Routen Richtung Litznersattel ab, die offizielle (mit Wegweiser) am flachen Boden, eine andere etwas höher westlich (Farbzeichen, aber keine Beschilderung). Diese erscheint von der Linie her günstiger, führt aber nebst Blockschutt teils über Firnfelder oder im ungünstigsten Fall sogar über das Resteis eines ehemaligen Gletschers. Bei Zweifeln sollte man sie meiden. Im Kar zwischen Glötterspitze und Großlitzner angekommen, geht es wieder gemeinsam weiter und über typischen Blockschutt und meist auch Schneefelder, kurzzeitig etwas steiler, bis in den **Litznersattel (2)**, 2737 m. Hier stehen wir direkt zu Füßen des markantesten Gipfels der Silvretta.

Jenseits an einem Moränensee vorbei und über eine kleine Anhöhe

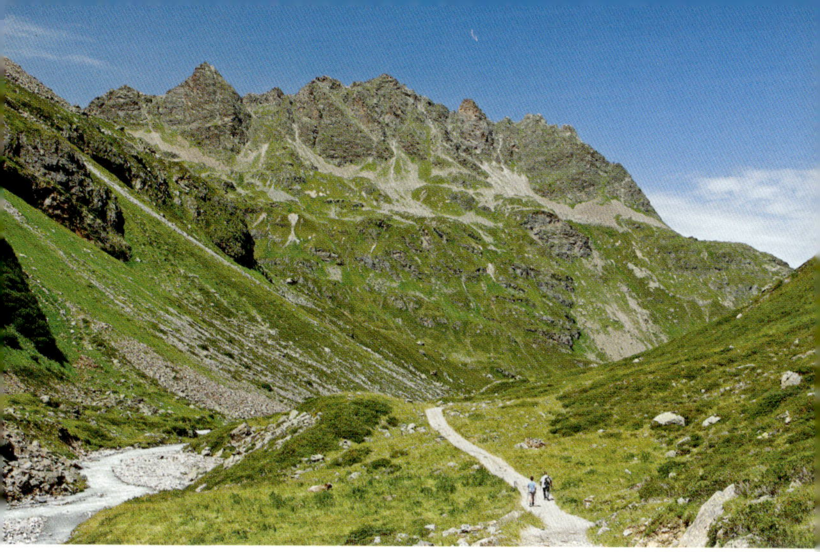

Im Ochsental vor der Kulisse der Lobspitzen.

hinweg ins Verhupftäli, das über mehrere Schwellen in wechselnder Neigung abfällt. Voll im Blick haben wir jetzt die Gruppe um Klostertaler Egghorn, Schattenspitze und Schneeglocke. Mit seiner letzten Steilpassage (inklusive Sicherungen) mündet das Verhupftäli ins größere **Klostertal**, wo die Klostertaler Umwelthütte, 2366 m, üblicherweise ein Stück abseits bleibt. Die Einmündung in den breiten Fahrweg erfolgt nach der Bachquerung auf etwa 2260 m **(3)**. Bald geht es ganz flach talauswärts Richtung Silvretta-Stausee, welcher tagtäglich von zahllosen Wanderern umrundet wird. Wir nehmen über dem Südende kurz diese Route nach rechts auf, verlassen sie aber hinter der Brücke im **Ochsental (4)**, 2039 m, bereits wieder. Der Gegenanstieg zur **Wiesbadener Hütte (5)**, 2443 m, verläuft in gemäßigter Steigung ebenfalls auf einem Jeepsträßchen, das sich freilich noch fast vier Kilometer weit zieht.

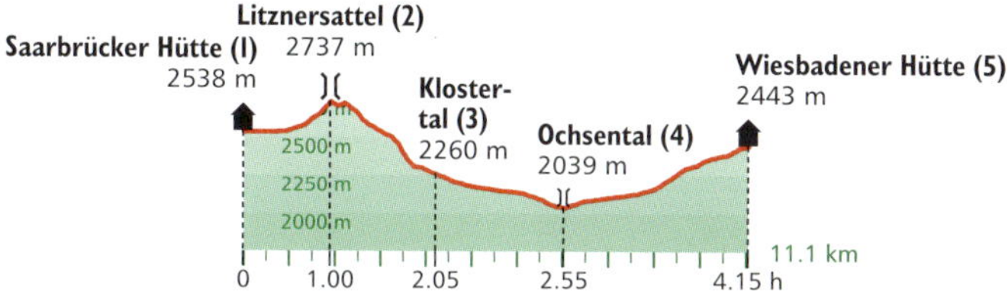

37 Saarbrücker Hütte – Bielerhöhe – Wiesbadener Hütte

5.00 Std.

↑600 ↓700

An einem Brennpunkt der Silvretta

Wer den Litznersattel lieber meiden möchte, kann auch außen herum zum nächsten Etappenziel wandern. Dabei ist der Abschnitt über Tschifernella landschaftlich wunderschön, ehe man bei der Bielerhöhe als Naturfreund womöglich doch etwas irritiert sein wird. Schließlich hat hier ja eine der populärsten Ausflugsrouten Österreichs ihren Scheitelpunkt: die Silvretta-Hochalpenstraße. Doch spätestens wenn beim Gegenanstieg zur Wiesbadener Hütte die Dreitausender der Zentralsilvretta vor uns auftauchen, dürfte das laute Intermezzo wieder vergessen sein …

Ausgangspunkt: Saarbrücker Hütte, 2538 m.
Endpunkt: Wiesbadener Hütte, 2443 m.
Anforderungen: T2–3. Normale Bergwege, abschnittsweise auch mal steiniger, jedoch ohne ernsthafte Problemstellen. Die Steigungsverläufe sind moderat, die Strecke aber ziemlich lang – daher ist solide Ausdauer angezeigt.
Einkehr/Unterkunft: Saarbrücker Hütte, Bielerhöhe (Silvrettahaus, Restaurant Silvrettasee, Gasthof Piz Buin), Wiesbadener Hütte.
Variante: Von der Bielerhöhe westseitig am Stausee entlang und später wie bei Tour 36 dargelegt durchs Ochsental bergauf.

Auffälliger Markstein in der Silvretta: der Hochmaderer.

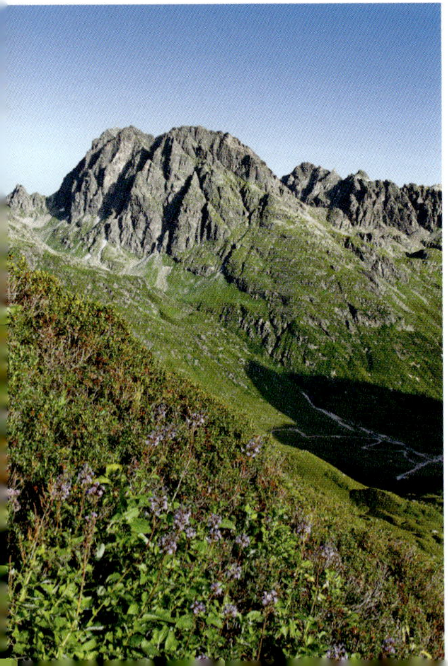

Von der **Saarbrücker Hütte (1)** geht es zunächst ein Stück ins Kromertal hinunter. Vor den Schwarzen Böden zweigt rechts der Weg zur Bielerhöhe ab **(2)** und kreuzt sogleich den Bachlauf. Nun im Auf und Ab an zwei Seeaugen vorbei und über das weitläufig wellige Gelände von Tschifernella. Später am stärker bewachsenen Nordhang diagonal abwärts bis zu einer Einmündung im **Vermunt (3)**, 1934 m, und ostwärts bis ins sogenannte »Silvrettadorf«, das im Zuge der Baumaßnahmen am Obervermuntwerk II entstanden ist. Das ehemalige Madlenerhaus des DAV wurde an die Vorarlberger Illwerke veräu-

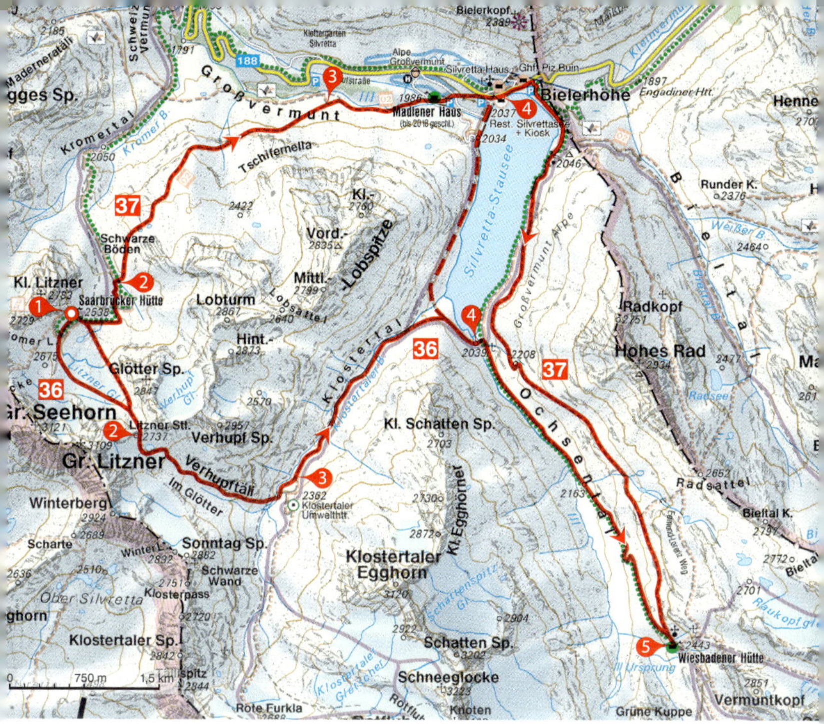

ßert. Einen Katzensprung höher befinden wir uns an der **Bielerhöhe (4)**, 2037 m, zwischen den beiden Staumauern des Silvretta-Stausees und der reichhaltigen touristischen Infrastruktur.

Wir schlagen gegenüber den Ostuferweg ein und nach einer Weile den »Sommerweg« zur Wiesbadener Hütte, der sich vom Stausee entfernt und am Hang sukzessive Höhe gewinnt. Längere Strecken verlaufen sogar annähernd horizontal und häufig relativ schmal. Im Bereich einer Bachrinne taucht später ein kleines Hindernis auf, ehe man nach kilometerweiten Traversen bei der **Wiesbadener Hütte (5)** eintrifft.

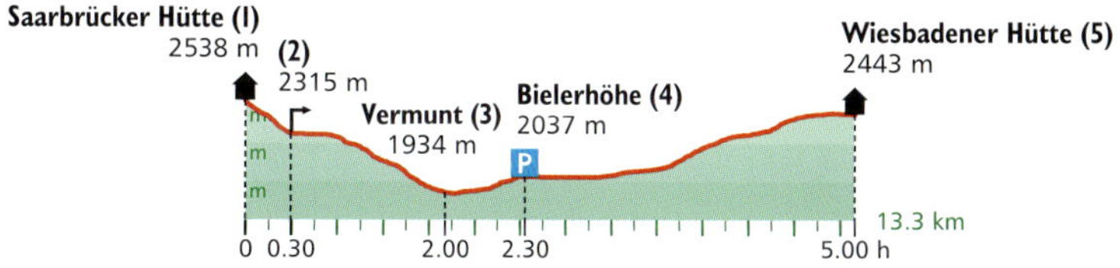

38 Wiesbadener Hütte – Jamtalhütte

5.30 Std.

↑870 ↓1150

Über Radsattel und Getschnerscharte ins Tiroler Jamtal

Um von der Wiesbadener Hütte zur Jamtalhütte zu gelangen, gibt es prinzipiell drei denkbare Übergänge. Da Ochsenscharte und Tiroler Scharte allerdings vergletschert sind, bleibt für den Normalwanderer nur die Getschnerscharte – eine Hürde, die mancher im Schweiße seines Angesichts bewältigt. Ein routinierter Zentralalpenwanderer wird in dem typischen Blockschuttgelände jedoch bestimmt nicht allzu sehr zagen, gehört eine gewisse Mühsal doch einfach dazu. Die objektiven Schwierigkeiten sind in Wirklichkeit gar nicht so hoch gesteckt, erreichen streng genommen noch nicht einmal ganz die Kategorie »schwarz« – nur fast. Mit diesem Übergang haben wir nun das »Ländle« verlassen und lernen mit dem Jamtal einen Bereich der Tiroler Silvretta kennen, die natürlich nicht minder reizvoll ist.

Ausgangspunkt: Wiesbadener Hütte, 2443 m.
Endpunkt: Jamtalhütte, 2165 m.
Anforderungen: Maximal T3–4. Längere Zeit problemlose Bergwege, dies- und jenseits der Getschnerscharte hingegen Steilgelände im unsoliden Blockschutt, eventuell auch mit Schneefeldern. Trittsicherheit unerlässlich, obgleich praktisch stets gepfadet. Volle Tagesetappe, die mit dem optio-

Der Piz Buin ist zum alpinen Aushängeschild der Silvretta avanciert.

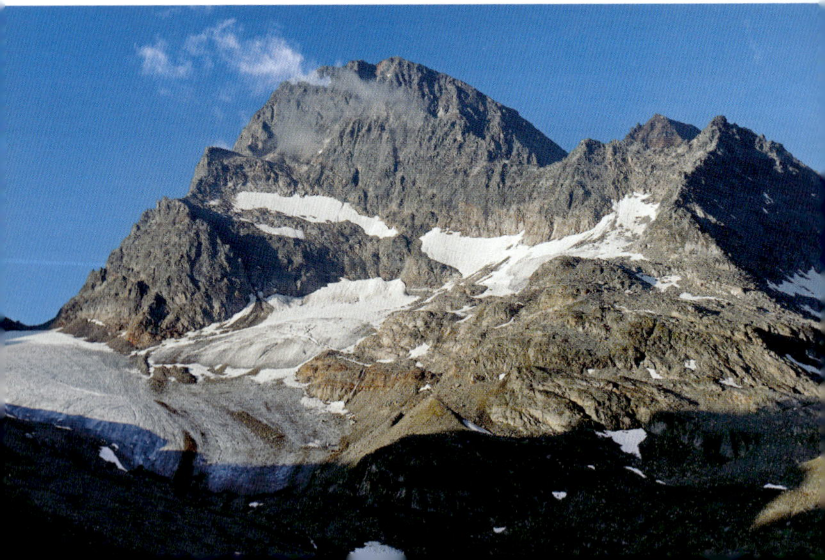

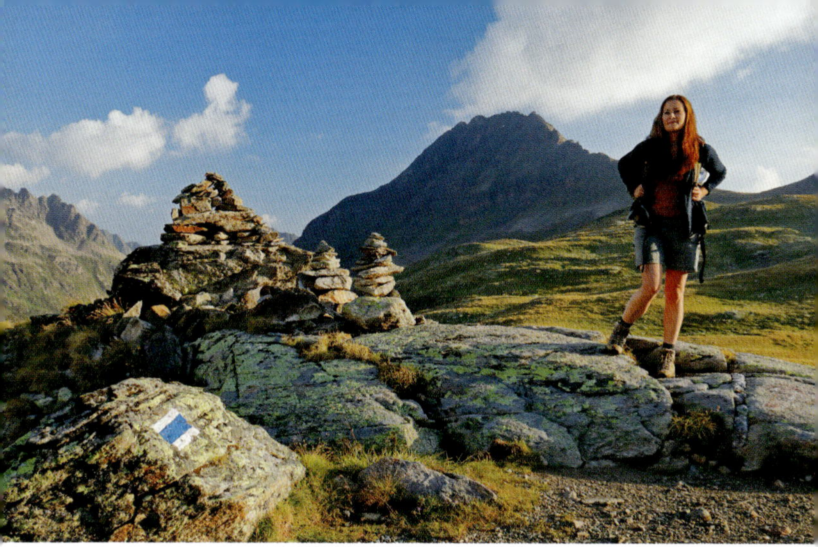

So gemütlich wie zu Beginn bleibt der Übergang zur Jamtalhütte nicht.

nalen Hohen Rad sogar ziemlich lang wird.
Einkehr/Unterkunft: Wiesbadener Hütte, Jamtalhütte.
Tipp: Mit seiner Prachtschau auf Piz Buin und Co. ist das Hohe Rad, 2934 m, ein sehr lohnendes Gipfelextra. Vom Radsattel quert man über Blockschutt und allfällige Schneefelder zum Radsattel und steigt hier in die steile Ostflanke ein. Dichte rote Markierungen erleichtern den Durchstieg, der manchmal etwas Händeunterstützung verlangt (keine Sicherungen). Bewertung T4, hin und zurück 2 Std. zusätzlich.

Von der **Wiesbadener Hütte (1)** hinauf zu einer Geländeschwelle, wo wir eine sanft gewellte Hangterrasse erreichen. Wir begehen sie durch die Senke bei P. 2532 und gewinnen in Kehren nochmals ein paar Meter bis zum **Radsattel (2)**, 2652 m, an der Grenze zu Tirol. Jenseits steigt man nordwestwärts ins **Bieltal** ab, oben sehr steinig, allmählich jedoch in schütter begrünter Umgebung. Wo sich die Route gabelt, überschreiten wir rechter Hand

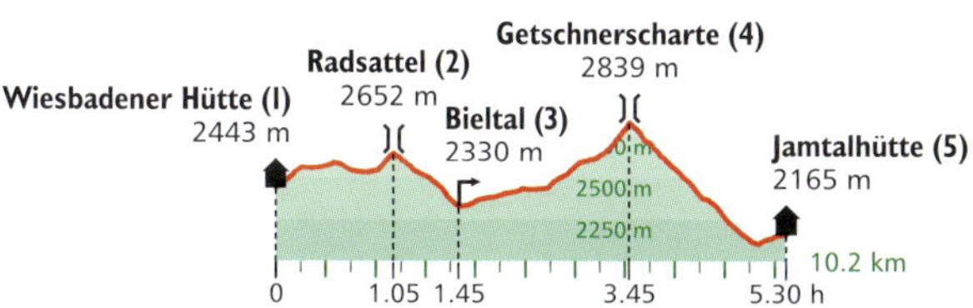

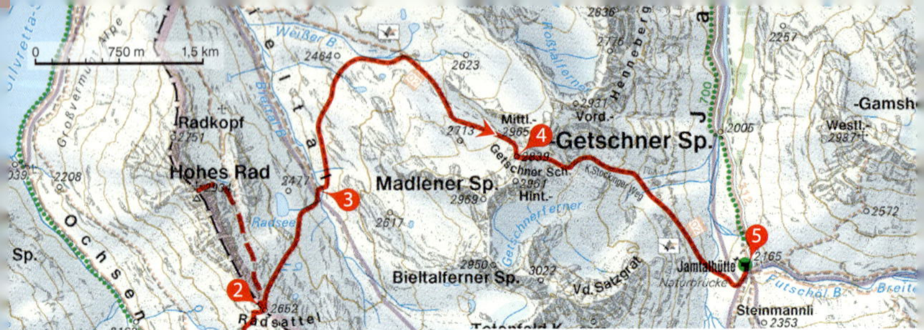

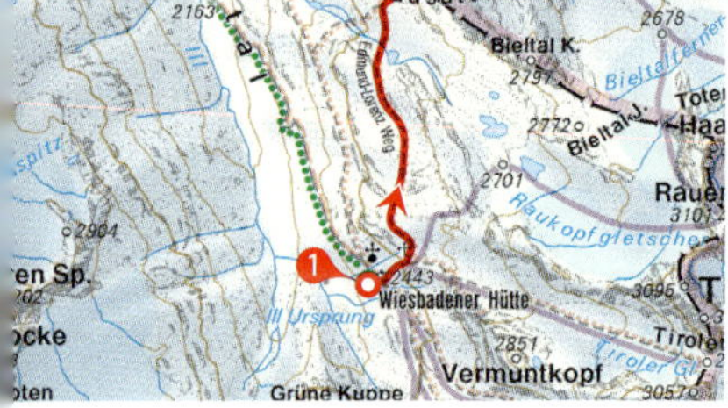

Die Querung des Getschnerbachs verlangt ein wenig Konzentration.

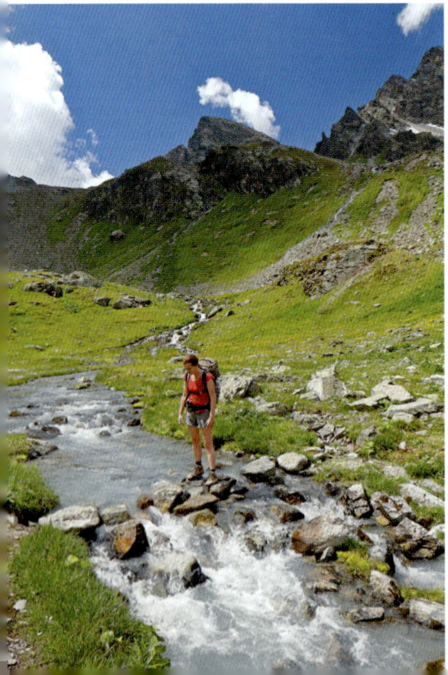

den Bach **(3)** und holen auf der anderen Seite weit nach Norden aus. Um den Hang herum sind wir erneut auf Terrassen mit eingestreuten Seen unterwegs, wobei unsere Route nun markant gegen Südosten eindreht. Der Untergrund wird nach und nach wieder steiniger und steilt Richtung **Getschnerscharte (4)**, 2839 m, zusehends auf. Obwohl es nun auch bröseliger und rutschiger zugeht, legen sich keine größeren Hürden in den Weg (vorbehaltlich frühsommerlicher Schneefelder, die stets ein erhöhtes Gefahrenmoment bergen).

Drüben orientiert sich unser Pfad auf die linke Seite und windet sich am begrenzenden Felsansatz geschickt tiefer, ohne durch die große, abschüssige Halde allzu sehr behelligt zu werden. Es gibt aber ein, zwei kleine Nadelöhre an Rippen, die kurzfristig Händeunterstützung erfordern. Später gelangen wir auf eine Karschwelle, überschreiten den Bach nach rechts und steigen in zunehmend bewachsenem Gelände schräg bis in die Talsohle hinunter. Bei P. 2014 über den Jambach (solide Brücke) und im Aufwärtsbogen zur **Jamtalhütte (5)**, die bereits ab der Scharte zu sehen war.

6.00 Std.

↑1100 ↓1000

Jamtalhütte – Heidelberger Hütte

39

Mit Grenzeckkopf und Breiter Krone als 3000er-Zugaben

Die logische Fortsetzung der Silvretta-Durchquerung führt hinter den Fluchthörnern entlang vom Jamtal ins Fimbatal, wobei der Übergang via Zahnjoch vor einiger Zeit praktisch aufgegeben wurde und heute nur noch das Kronenjoch gewählt wird. Dort können wir auf eine solide Weganlage und zuverlässige Markierungen vertrauen. Freilich sollte nicht übersehen werden, dass wir auf dieser Etappe die maximale Höhe der gesamten Tour erreichen und uns naturgemäß in ziemlich herber Umgebung bewegen. Das Kronenjoch kratzt schon an der 3000-Meter-Marke! Und wer diese tatsächlich knacken will, hat gleich zwei Gelegenheiten quasi vor der Nase: Grenzeckkopf und Breite Krone erhöhen den Aufwand um jeweils rund 35 bis 40 Minuten. Mit den Gipfeltrophäen steigt es sich umso beschwingter ins weitläufige Fimbatal (Val Fenga) ab, wo wir mit der Heidelberger Hütte das einzige DAV-Schutzhaus auf Schweizer Territorium besuchen.

Ausgangspunkt: Jamtalhütte, 2165 m.
Endpunkt: Heidelberger Hütte, 2264 m.
Anforderungen: T3 (inklusive Gipfel). Beidseits des Kronenjochs guter oder zumindest passabler Bergweg meist nur mäßiger Steilheit. Problemstellen allen-

Getschner- und Hennebergspitzen über dem Jamtal im Morgenlicht.

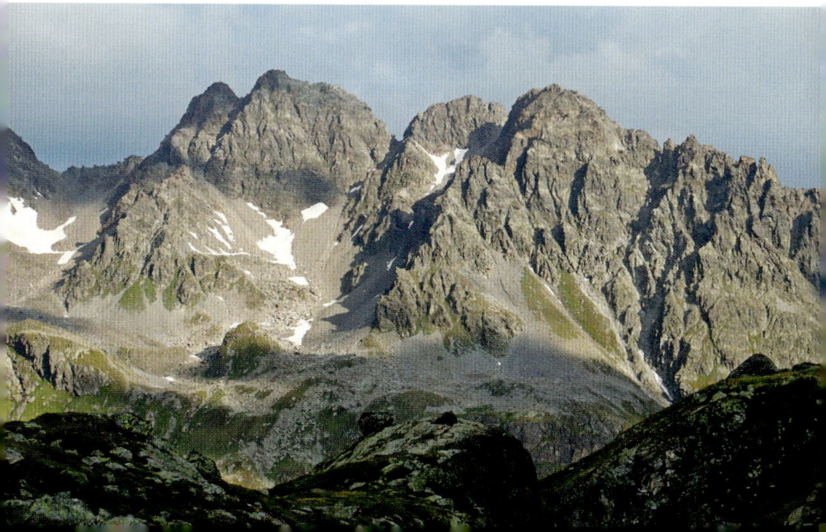

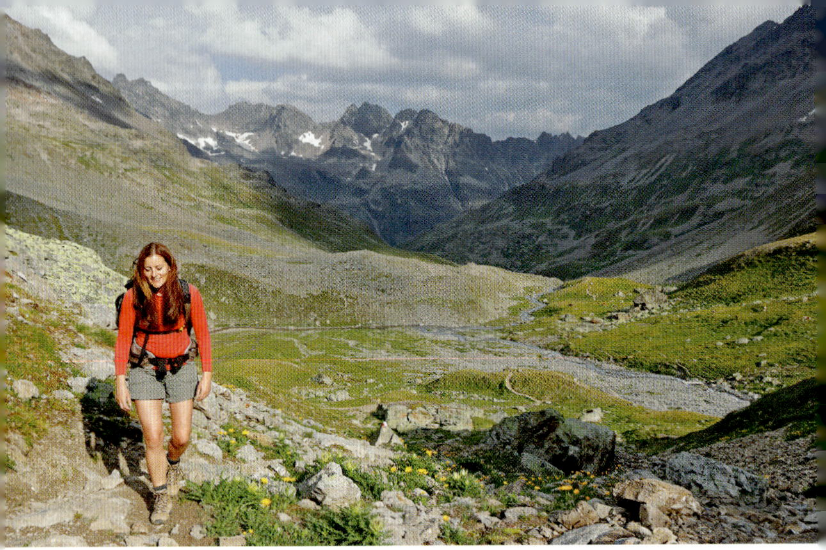

Der Anstieg zum Kronenjoch geht meist sachte vonstatten.

falls bei Schneefeldern, insbesondere nordostseitig. An beiden Gipfeln deutliche Wegspuren im Schuttgelände. Das Pensum liegt im gewöhnlichen bzw. leicht erhöhten Tagesrahmen.
Einkehr/Unterkunft: Jamtalhütte, Heidelberger Hütte.
Variante: Hinter dem Finanzerstein rechts haltend zum Futschölpass und von dort über den gesamten Westrücken bis auf den Grenzeckkopf, von wo man Anschluss zum Kronenjoch erhält.

Von der **Jamtalhütte (1)** begleiten wir den Futschölbach ostwärts in sein Hochtal hinauf. Bis zum **Finanzerstein (2)**, 2476 m, geht es gemütlich über Hochböden mit Weidegrün dahin. Kurz dahinter überschreiten wir eine Brücke und lassen die Route zum Futschölpass rechts abziehen. Vorübergehend wird es jetzt ein bisschen steiler, bevor sich ausgedehnte Schuttfluren

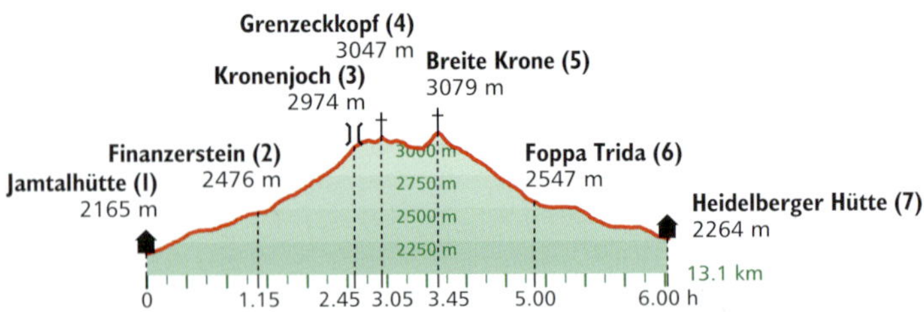

vor uns ausbreiten. Dieser Untergrund bleibt uns nun erhalten, obschon sich die Hänge zum **Kronenjoch (3)**, 2974 m, nochmals mittelsteil aufschwingen. Direkt am Sattel können wir rechter Hand ausscheren, um über eine vorgelagerte Erhebung (Bischofsspitze) den **Grenzeckkopf (4)**, 3047 m, zu besteigen. Man bewegt sich im Wesentlichen entlang der Schneide, manchmal etwas seitlich ausweichend. Zurück am Kronenjoch rücken wir ein paar Schritte in die Senke beim sogenannten Falschen Kronenjoch vor und gehen jetzt gleich noch den einförmigen Westhang der **Breiten Krone (5)**, 3079 m, an. Auf einer Zickzackspur hinauf zum Gipfel, wo sich wiederum eine veränderte Perspektive ergibt. Absolut dominant wirkt gegenüber das Fluchthorn-Massiv.

Vom Falschen Kronenjoch lotst uns der Wegweiser nordostseitig bergab. Gerade im oberen Teil überdauern meist noch Schneefelder bis in den Hochsommer, ansonsten handelt es sich auch hier um gebietstypische Schuttfluren. Die Route läuft sachte auf die grünen Böden eines langen Hochtals aus. Bei **Foppa Trida (6)**, 2547 m, finden wir einen Abzweig nach Davo Dieu – ein merkwürdiger Name vielleicht, doch wir befinden uns ja im Bündnerland und damit im rätoromanischen Sprachraum. Ohne irgendwelche Schwierigkeiten wandern wir sanft talauswärts, häufig über teils steindurchsetzte Matten, ab und zu mal einen Bach kreuzend, und erreichen via »Las Gondas« schließlich unser Tagesziel, die **Heidelberger Hütte (7)**.

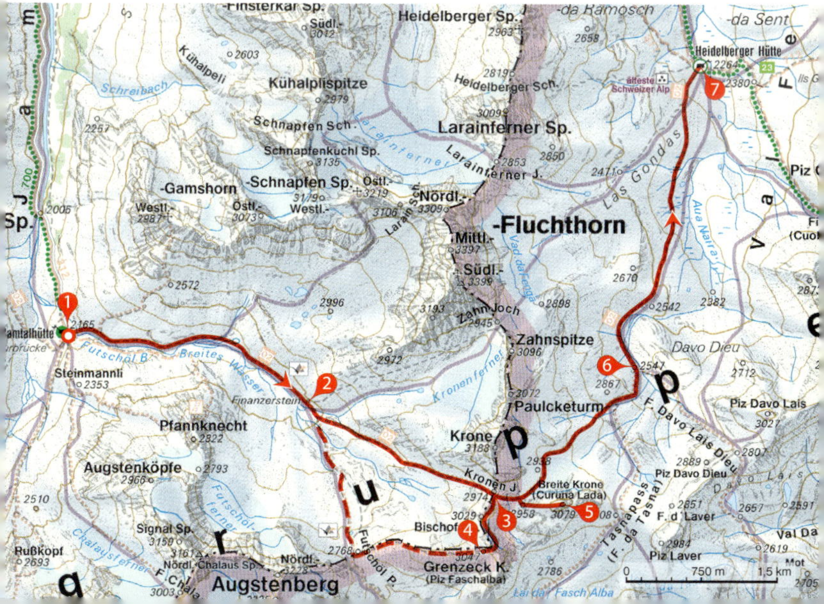

40 Heidelberger Hütte – Friedrichshafener Hütte

6.30 Std.
↑1080 ↓1200

Wechsel von der Silvretta ins Verwall

Topografisch führt das Fimbatal zwar Richtung Ischgl hinaus, doch dorthin verpasst man nichts, weshalb der Übergang via Ritzenjoch ins viel ursprünglichere Laraintal der bevorzugte Verlauf ist. Mit den Fluchthörnern als Hintergrundkulisse besitzt es einen großartigen Talschluss. Außerdem können wir, vorn im Paznaun angekommen, ohne besondere Umschweife sofort den Gegenanstieg zur Friedrichshafener Hütte anschließen und damit in die Verwallgruppe eintreten.

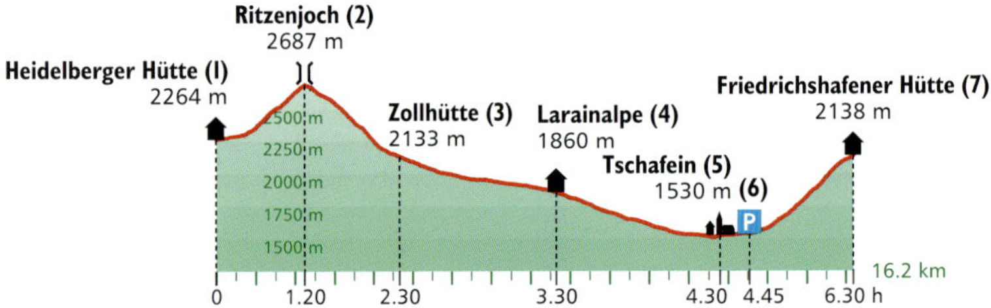

Ausgangspunkt: Heidelberger Hütte, 2264 m.
Endpunkt: Friedrichshafener Hütte, 2138 m.
Anforderungen: T2–3. Normale Bergwege über das Ritzenjoch sowie hinauf zur Friedrichshafener Hütte, meist mittelsteiles Gelände. Im Laraintal Karren- bzw. Forstweg. Lange Marschstrecke, die Ausdauer verlangt.
Einkehr/Unterkunft: Heidelberger Hütte, Larainalpe, Außertschafein, Friedrichshafener Hütte.

Schnapfenspitze mit Larainferner.

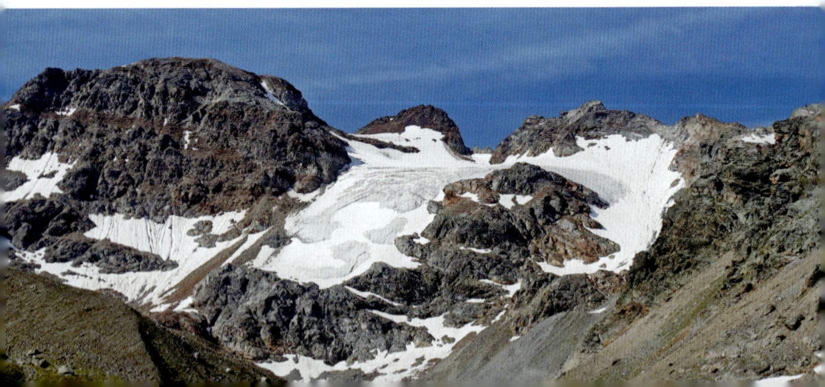

Wir verlassen die **Heidelberger Hütte (1)** in nordwestlicher Richtung und wandern zunächst über sanfte Matten bergan, später auch mal etwas steiler in einem Karkessel rechts vom markanten Felsabbruch der Motta Lada. Dort in Windungen weiter aufwärts bis ins **Ritzenjoch (2)**, 2687 m. Auf österreichischer Seite geht es über Blockschuttfluren am namenlosen Felskopf P. 2690 vorbei und über die zunehmend begrünten Hänge ins innere Laraintal, wo bei der ehemaligen **Zollhütte (3)**, 2133 m, der starke Bach überschritten wird. Nun auf breitem Karren- bzw. Fahrweg rund vier Kilometer sanft talauswärts bis zur bewirtschafteten **Larainalpe (4)**, 1860 m. Wir bleiben auf der Forststraße, vollziehen später ihren Linksbogen mit und laufen ein Stück weit parallel zur Trisanna, bis man diese bei **Tschafein (5)**, ca. 1530 m, endlich überschreiten kann. An der Paznauner Straße nach rechts, dann auf dem Anliegersträßchen hinein zum Weiler Piel und über die Brücke zum **Parkplatz (6)**, 1540 m, für die Friedrichshafener Hütte.

Hier beginnt jetzt die Gegensteigung. Nach wenigen Schritten wählen wir gleich den abkürzenden Steig, der durch den Valzurer Wald aufwärtszieht. Weiter oben lichtet sich die Umgebung zusehends. Wir kreuzen mehrmals den Fahrweg, folgen aber stets den effektiven Abkürzungen und drehen auf rund 1900 Metern deutlich nach Westen ab. In steindurchsetzten Matten geht es ohne Besonderheiten bis zur **Friedrichshafener Hütte (7)**.

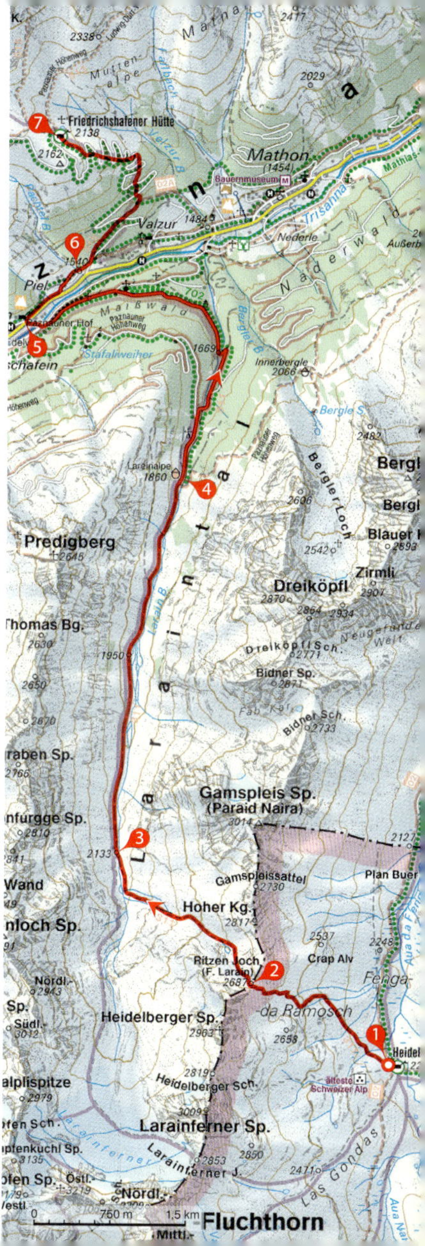

41 Friedrichshafener Hütte – Gaisspitze – Heilbronner Hütte

4.00 Std.
↑770 ↓600

Auf dem Friedrichshafener Weg über das Muttenjoch

Unter den Hüttenverbindungen im Verwall gehört diese Route zu den vergleichsweise moderaten, sowohl was die wandertechnischen als auch die konditionellen Anforderungen anbelangt. Ein Übergang zum Genießen also, der sich mit der Gaisspitze freilich noch bereichern lässt. Die minimale Kraxelei ist heute wie das Salz in der Suppe und verschafft uns zudem ein stark erweitertes Blickfeld. Im Süden zeigt sich ein Großteil der Silvretta- und Samnaunberge herrlich aufgeschlossen. Damit ist es auch eine Gelegenheit, um zurückzublicken auf das Programm der letzten Tage …

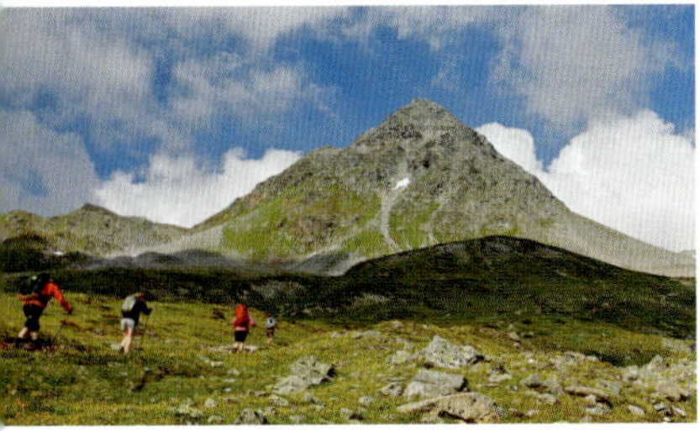

Aufstieg zum Muttenjoch im Angesicht der pyramidenförmigen Gaisspitze.

Ausgangspunkt: Friedrichshafener Hütte, 2138 m.
Endpunkt: Heilbronner Hütte, 2308 m.
Anforderungen: T3+ (ohne Gipfel nur T2–3). Überwiegend gut angelegter Bergweg ohne besondere Hindernisse, hinter dem Muttenjoch recht steil auf sandigem Untergrund, sonst auch öfters Blockschutt. Etwas schwieriger ist der Gipfelabstecher (Ketten in der leicht exponierten Schlüsselpassage; Trittsicherheit erforderlich). Konditionell maßvolle Tagesetappe.
Einkehr/Unterkunft: Friedrichshafener Hütte, Heilbronner Hütte.

Von der **Friedrichshafener Hütte (1)** westwärts ins Gelände der Muttenalpe, wo man nach einer Gabelung bald auf einen Fahrweg trifft. Dieser zieht flach dahin und scheinbar genau auf das Muttenjoch zu. Wo er dann aber doch nach links abdreht **(2)**, 2280 m, folgen wir dem anschließenden Steig durch den Hangeinschnitt bergwärts. Nachdem auf einer Verflachung der Georg-Prasser-Weg abzweigt, wird der Untergrund

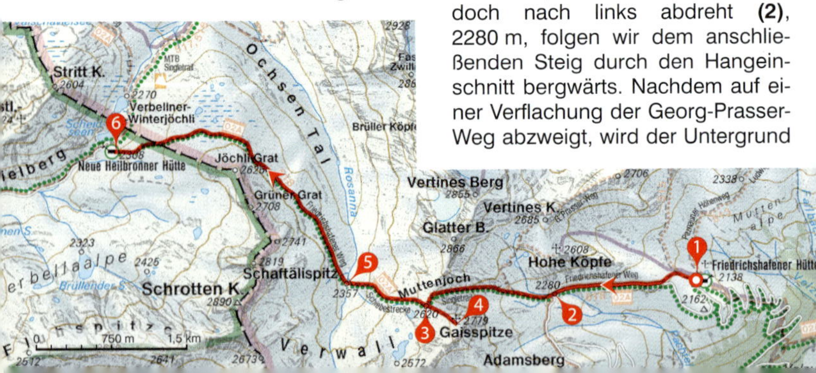

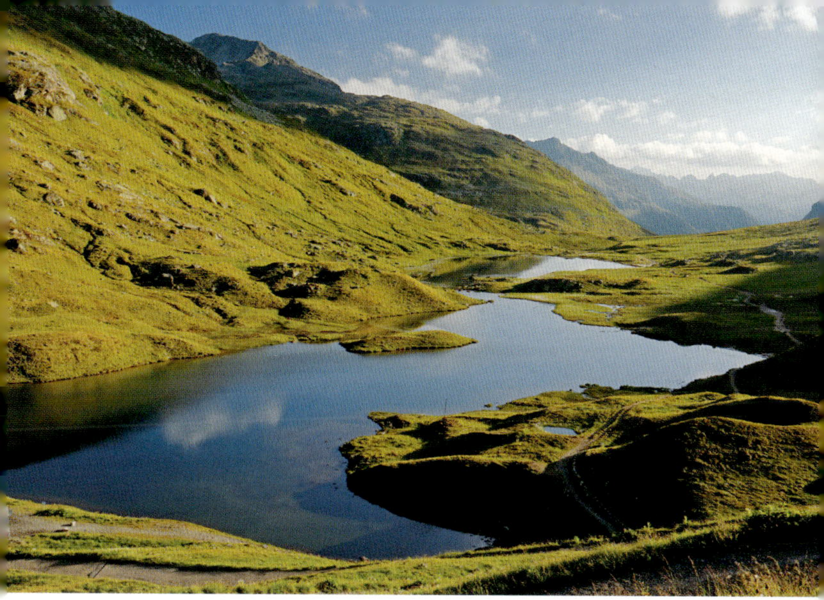

Die malerischen Scheidseen am Verbellner Winterjöchli.

mit typischem Blockschutt karger. Über zwei steilere Karabschnitte gewinnen wir das **Muttenjoch (3)**, 2620 m, und können hier den Abstecher auf die **Gaisspitze (4)**, 2779 m, wahrnehmen. Der Gipfelsteig führt entlang des Nordwestgrates zunächst harmlos höher, im oberen Teil rechts der Kante jedoch über kettengesicherte Stufen und Platten.

Auf der Westseite des Muttenjochs senkt sich eine sandige Spur recht steil gegen das hintere Ochsental hinab – in umgekehrter Richtung sicherlich ein deutlich mühsameres Unterfangen als für uns. Bei P. 2357 wird der Bach im **Ochsental (5)** gekreuzt. Danach mit einer lang gezogenen Aufwärtstraverse unterhalb des Schaftällispitz bis auf rund 2500 Meter Höhe, auf einer Art Geländeterrasse um den Hang herum und schließlich in sanftem Bergab zur **Heilbronner Hütte (6)**.

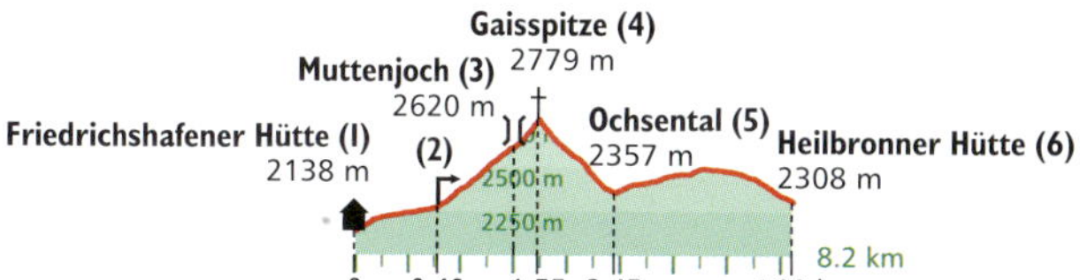

42 Wiesbadener Hütte – Vallülascharte – Heilbronner Hütte

9.45 Std.

↑1250 ↓1380

Die Spange der eigentlichen Montafonrunde

Wer das Trekking komplett auf den Vorarlberger Bereich beschränken möchte, kommt um diese langwierige und eher wenig frequentierte Verbindung kaum herum. Eine echte Konditionsprüfung, insbesondere wenn man zuhinterst bei der Wiesbadener Hütte startet und zunächst zur Bielerhöhe vorlaufen muss! Beim Silvretta- und beim Kops-Stausee befinden wir uns natürlich an touristischen Allgemeinplätzen, doch was dazwischen gleichsam verborgen liegt, entfaltet gerade wegen der erstaunlichen Einsamkeit enorme Reize. Eintauchen in eine urtümliche Alpinlandschaft! Nadelöhr ist die Vallülascharte, die von der Bielerhöhe aus zunächst überschritten werden muss. Dahinter kann man sich aber keineswegs fallen lassen – im Gegenteil: Phasenweise wird es jetzt erst richtig unwegsam, wenn wiederholt grobe Blockfelder zu überqueren sind. Mit ausgeprägter Trittsicherheit ist man hier wesentlich effektiver unterwegs, spart Kraft und Zeit. Zwei idyllische Naturseen laden zwischendurch zur Rast, die man sich unbedingt gönnen sollte. Sobald der Abstieg zum Kops-Stausee hinter uns liegt, sind sämtliche Schwierigkeiten passé – aber das Tagesziel noch längst nicht erreicht. Reichliche zwei Stunden Gegensteigung bis zur Heilbronner Hütte ziehen manch einem vielleicht den letzten Zahn …

Entdeckungslustige erwartet ein überwiegend einsamer Übergang in großartiger, abwechslungsreicher Umgebung.

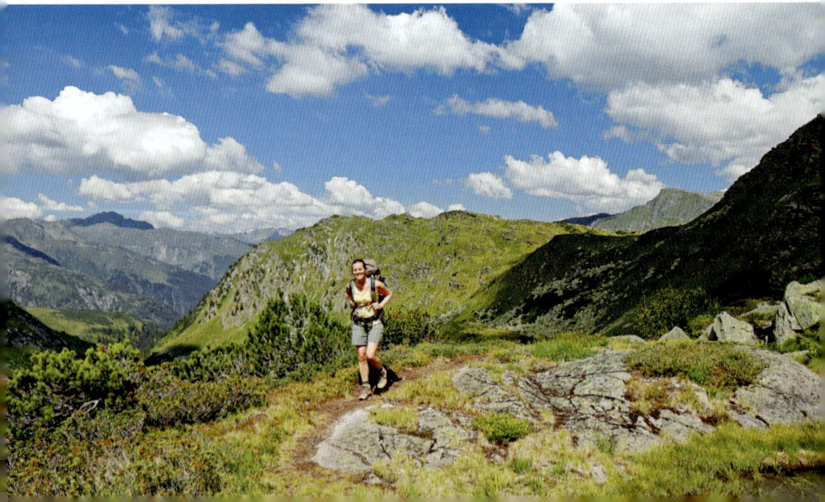

Ausgangspunkt: Wiesbadener Hütte, 2443 m.
Endpunkt: Heilbronner Hütte, 2308 m.
Anforderungen: Maximal T3–4. Mehrheitlich normale Bergwege, zwischen Vallülascharte und Vallülasee jedoch wiederholt unwegsame Blockpassagen, die ziemlich langwierig zu durchqueren sind (als Alpinroute blau-weiß markiert). Wandertechnisch noch eher »rot«, wegen der enormen Länge jedoch im umfassenden Sinn als »schwarz« deklariert. Solide Trittsicherheit und tadellose Kondition sind Grundvoraussetzungen!
Einkehr/Unterkunft: Wiesbadener Hütte, Bielerhöhe (Gasthof Piz Buin, Silvrettahaus, Restaurant Silvrettasee), Kiosk Kopsstüberl, Verbellaalpe, Heilbronner Hütte.
Varianten: Zu Beginn schneller auf dem Fahrweg durchs Ochsental Richtung Bielerhöhe. Man kann sich ggf. auch dort einquartieren (z.B. im Berggasthof Piz Buin, Tel. +43 5558 4231), um den sehr langen Übergang kürzer zu halten. Es verbleiben aber trotzdem noch 8 Std. Gehzeit!

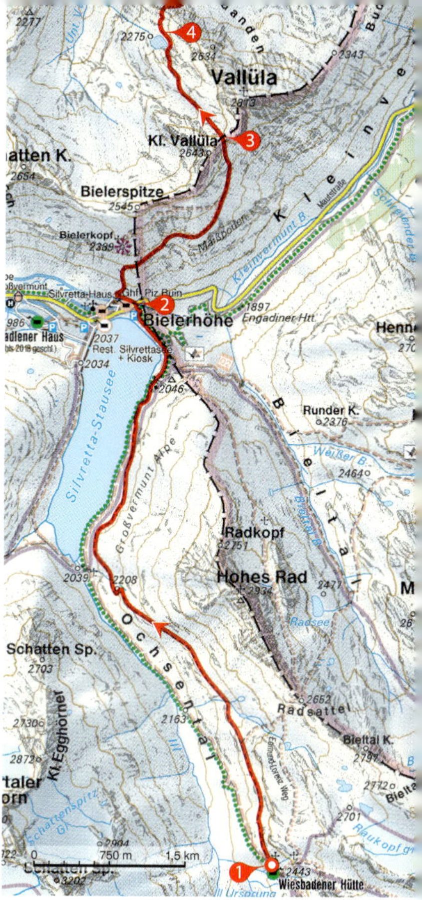

Am schönsten beginnt die Route ab **Wiesbadener Hütte (1)** auf dem sogenannten »Sommerweg«, der am Hang entlangzieht, zwischendurch mal eine Bachrunse kreuzt und sich ganz allmählich zum Ufer des Silvretta-Stausees absenkt. Wir begleiten dieses noch bis zur **Bielerhöhe (2)**, 2037 m, und nehmen neben dem Gasthof Piz Buin den Bergweg zur Vallülascharte auf. In den Südhängen gewinnt man zunächst in Kehren an Höhe und setzt dann zu einer markanten Rechtstraverse an, wobei sich bald ein abschüssiger, von Rüfen durchzogener Bereich dazwischenlegt. Nach dieser etwas Vorsicht erheischenden Passage geht es über die Matten des Maißbodens und weiter leicht ansteigend bis in den Geländeeinschnitt vor unserer Scharte. Ein guter Serpentinensteig bringt uns höher, bevor im Blockschutt die **Vallülascharte (3)**, 2515 m, schließlich gewonnen wird.
Im jenseitigen Kar finden wir teils noch holprigere Bedingungen vor, wenn es in wechselnd starkem Gefälle teils über größere Blockfelder und später auch zunehmend von Grasbewuchs durchsetzt zum hübschen **See** bei P. 2275 **(4)** hinabgeht. Nördlich davon überschreiten wir eine seichte Kuppe und fol-

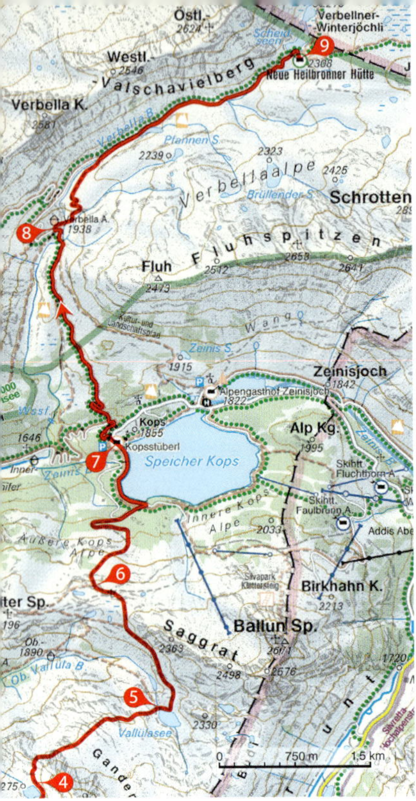

gen den Markierungen als zuverlässiger Leitlinie um den Nordwestgratausläufer der Vallüla herum. Der vormals eher harmlose Rücken fällt auf der anderen Seite merklich steiler ab und zwingt unserer Route einen etwas verwinkelten Verlauf auf. Es schließen sich weitere Blocktraversen an, ehe es Richtung **Vallülasee (5)**, 2149 m, in welligem Mattengelände deutlich entspannter wird. Nach Überspringen des Abflusses setzen wir zu einer Hangtraverse unterhalb des Saggrates an, kommen abermals auf eine sanft gewellte, plateauartige Verflachung und stoßen auf den Höhenweg von der Birkhahnbahn. Damit ein Stück weit nach links und bei einer weiteren Gabelung **(6)** mit scharfem Rechtsknick in den üppiger bewachsenen Nordhang hinein. Kehren leiten dort gegen den **Speicher Kops**, 1811 m, hinunter.

Wir überschreiten die Dammkrone **(7)** und müssen dann noch ein paar Straßenkehren abwärtslaufen, bevor die finale Gegensteigung beginnen kann. Auf einem Fahrweg steuern wir die **Verbellaalpe (8)**, 1938 m, an, wählen dort den abkürzenden Steig auf der rechten Seite und setzen die Route später wieder auf breiter Trasse durch das Hochtal zum Verbellner Winterjöchli fort. Wenige Meter oberhalb befindet sich die stattliche **Heilbronner Hütte (9)**.

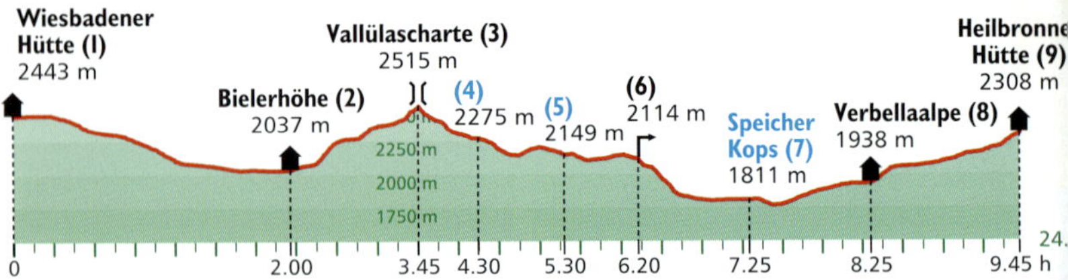

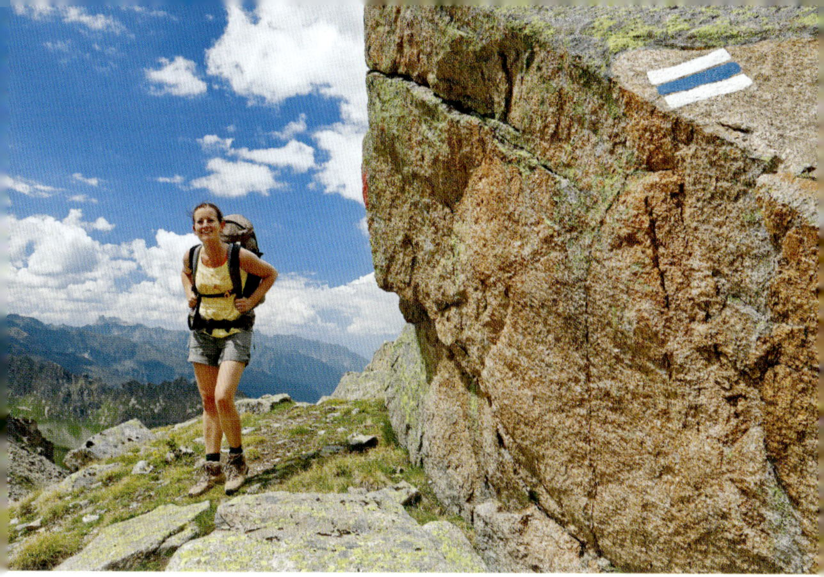

Oben: Über die Vallülascharte sind wir auf einer »Alpinen Route« unterwegs.
Unten: Der namenlose See bei P. 2275 zählt zu den Traumflecken.

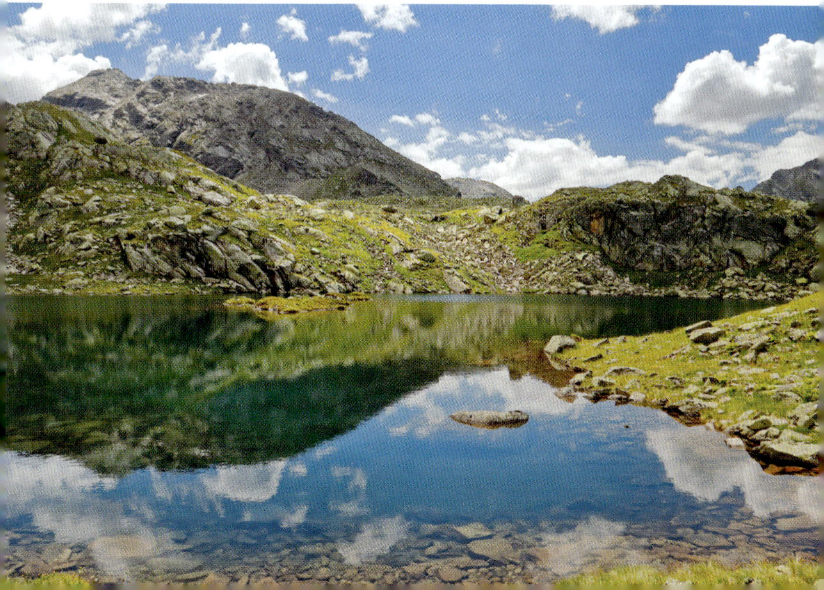

43 Heilbronner Hütte – Wormser Hütte

8.15 Std.

↑↓ 1150

Der lange Wormser Weg durchs Westliche Verwall

Eine Strecke von gut 20 Kilometern – das ist im alpinen Bereich schon ein beachtlicher Marsch, der unsere Kondition zweifelsohne herausfordert. Inzwischen wird man aber wohl gut in Form sein, sodass der berüchtigte Wormser Weg zwischen Heilbronner und Wormser Hütte seinen Nimbus vielleicht ein bisschen einbüßt. In jedem Fall handelt es sich um einen Montafoner Panoramaweg der Extraklasse! Über Stunden dürfen unsere Augen in der Bergwelt von Silvretta und Rätikon schwelgen, die sich gegenüber wie auf dem Präsentierteller darbietet. Wir blicken natürlich auch in jene Winkel, die wir in den ersten Tagen selbst durchquert haben, und wissen inzwischen längst besser darüber Bescheid. Allen Anstrengungen zum Trotz: Ich persönlich habe den Wormser Weg stets als Höhenwandern in seiner schönsten Form wahrgenommen. Er ist sicher ein krönendes Finale der gesamten Montafoner Runde!

Ausgangspunkt: Heilbronner Hütte, 2308 m.
Endpunkt: Wormser Hütte, 2305 m.
Anforderungen: T3. Insgesamt gut ausgebauter Höhenweg, der vom Gelände her mit elementarer Trittsicherheit beherrschbar ist. Grasmatten wechseln mit blockdurchsetzten Abschnitten, etwas

Die Wormser Hütte ist das Ziel des 20 Kilometer langen Höhenweges.

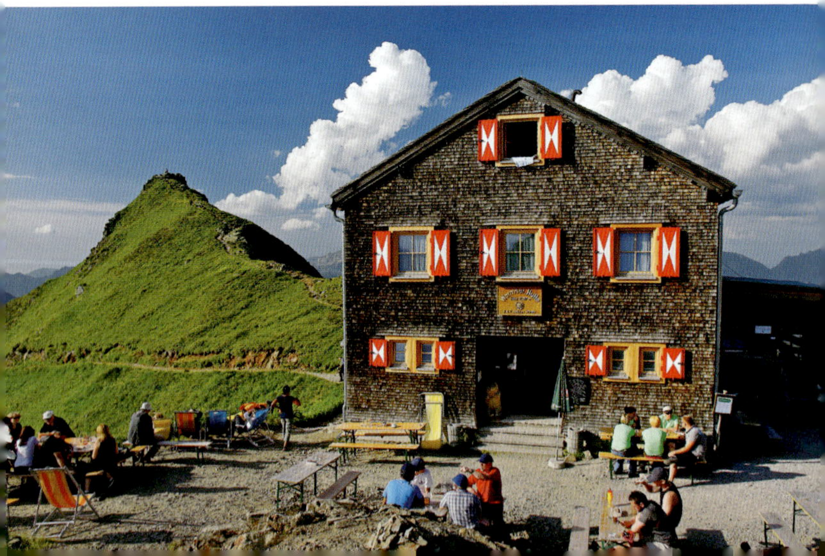

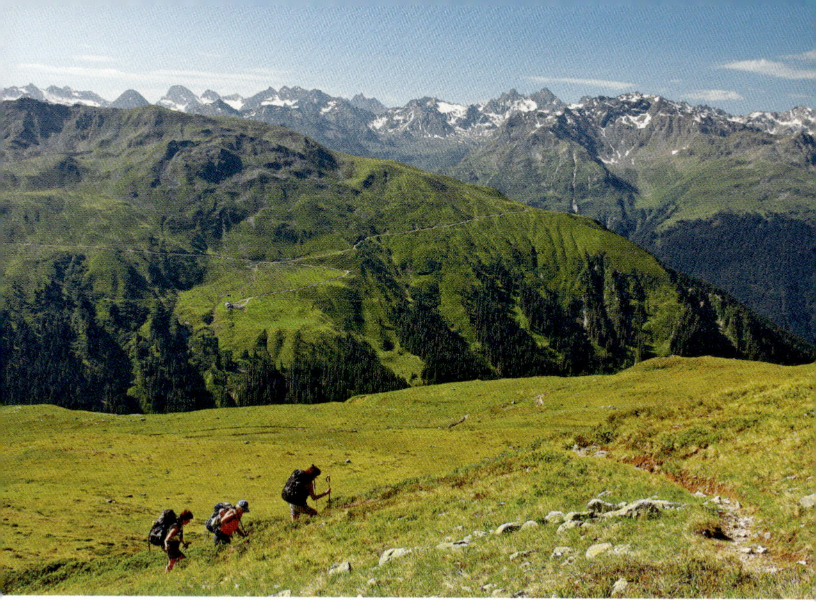

Lange Zeit stehen die Silvrettaberge am Horizont.

steilere Abhänge im Bereich des Scheimersch, sonst nur selten exponiert. Sehr lange Etappe, sodass sich der Hauptanspruch an die Kondition richtet.
Einkehr/Unterkunft: Heilbronner Hütte, Wormser Hütte.

Von der **Heilbronner Hütte (1)** geht es zuerst zu den Scheidseen hinab. An ihrem Nordende zweigen wir links ab, um über sumpfige Böden eine Weile flach Richtung Valschavielsee zu wandern. Kurz davor jedoch rechts zum **Valschavieler Jöchle (2)**, 2410 m, empor. Das jenseitige Bergab gestaltet sich ziemlich steil und steinig, ehe man im Bogen die Hangterrasse über dem hinteren Valschavieltal erreicht. Diese vermittelt nun den Weiterweg, wobei man auf den offenen Matten bis zu einem seichten Karboden zu-

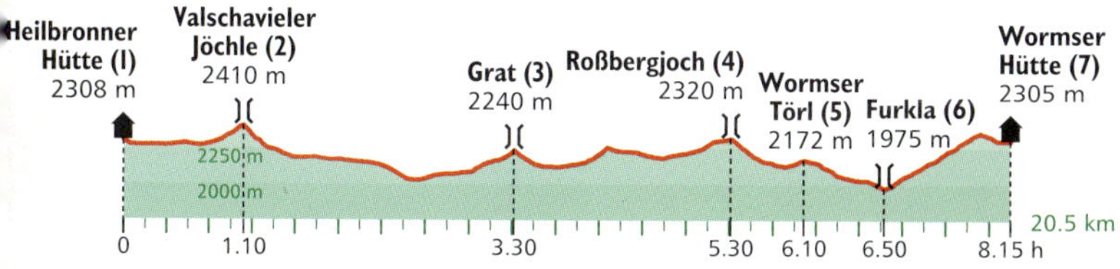

nächst leicht an Höhe verliert, später aber bis zum Übergang am **Grat (3)**, 2240 m, manchmal auch als »Madererjöchle« bezeichnet, wieder deutlich bergauf steigt. Den ausgewiesenen Abstecher zum Valschavieler Maderer wird man sich angesichts der Länge dieses Tourentages wohl eher sparen. Ohnehin können wir auch von unserem Höhenweg ständig in schönsten Ausblicken schwelgen.

Vom Augstenboden bietet sich ein möglicher Notabstieg über die Netzaalpe, ansonsten halten wir uns rechts an den oberen Weg, überwinden hinter dem Roßboden einen Geländesattel und queren unterhalb des Schärmsteeberges zu einer Aussichtskanzel mit Alpkreuz. Nun folgt ein Steilaufstieg unter dem Dürrkopf entlang. Man gewinnt den ersten Einschnitt neben dem Roßberg und traversiert unter diesem hindurch ins eigentliche **Roßbergjoch (4)**, ca. 2320 m, wo eine Route ins Silbertal abzweigt. Dahinter in einen Blockkessel hinab und im weiteren Verlauf quer durch die Flanken des Scheimersch. Hier zieht der Steig via **Wormser Törl (5)** teilweise etwas ausgesetzt

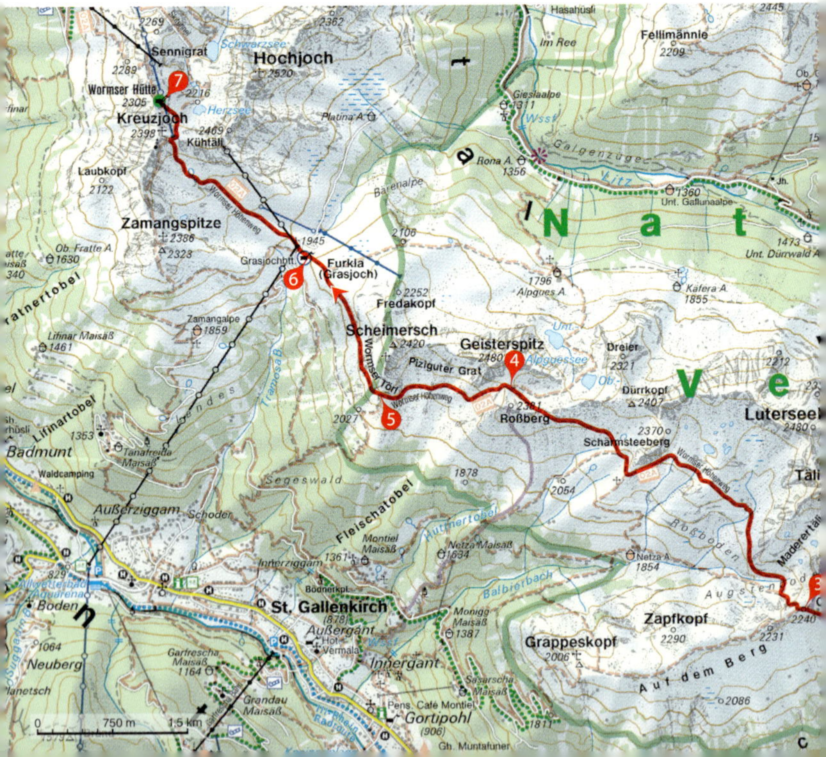

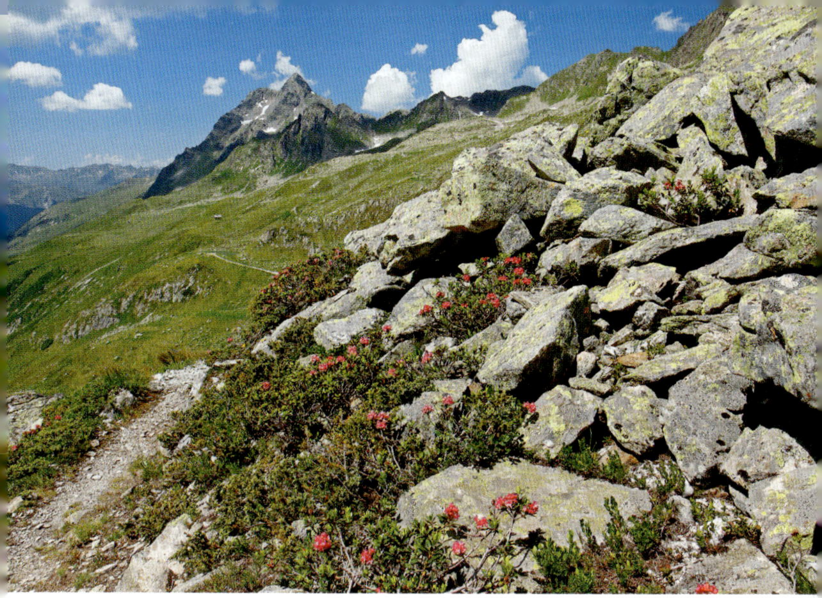

Mit Blockwerk durchsetzte Mattenlagen bestimmen den Wormser Weg.

um den Gipfel herum und senkt sich anschließend in die breite Einsattelung der **Furkla (Grasjoch, 6)**, 1975 m, ab. Wir betreten das Skigebiet – jüngst wurde auch eine neue Seilbahn nach Hochalpila in Betrieb genommen. Sie könnte eventuell nützlich sein, um den letzten anhänglichen Gegenanstieg zu vermeiden. Der originale Wormser Weg führt indes über weitläufige Matten gegen das **Kreuzjoch**, 2398 m, hinauf. Zuletzt kann man diesen schönen Aussichtspunkt wahlweise überschreiten oder mit dem Fahrweg seitlich davon ein paar Minuten schneller bei der **Wormser Hütte (7)** einlaufen.

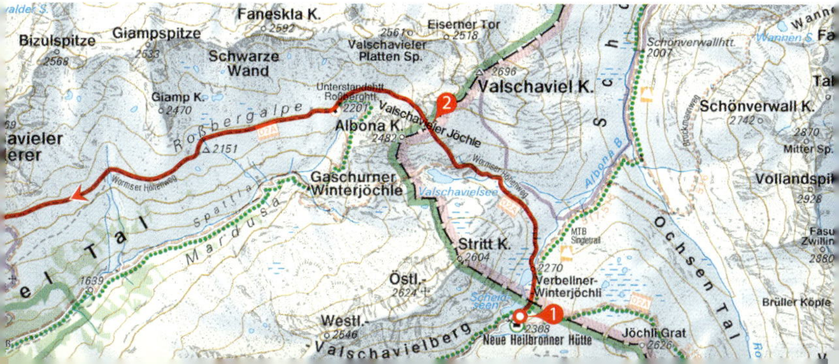

44 Wormser Hütte – Zamangspitze – Schruns

3.00 Std.

↑350 ↓800

Ein kleines Zuckerl vor dem finalen Bergab

Es wäre schade, nach einer Übernachtung auf der Wormser Hütte das Unternehmen »Montafoner Runde« abrupt ausklingen lassen. Warum nicht den Höhenvorteil nutzen und frühmorgens nochmals auf einem schönen Aussichtsberg stehen? Dafür erscheint die südwärts vorgeschobene Zamangspitze ideal. Eine durchaus etwas knifflige Route bringt am Gipfelaufbau etwas Pep ins Spiel. Später begehen wir noch den Seeweg und schlagen damit einen kleinen Bogen zur Kapellalpe. 1200 Meter tiefer liegt Schruns. Der Abstieg dorthin: na ja, wer's mag …

Ausgangspunkt: Wormser Hütte, 2305 m.
Endpunkt: Schruns, 690 m, Talstation der Hochjochbahn zur Kapellalpe, 1858 m. Betriebszeiten Anfang Juni bis Mitte Oktober, täglich von 8.30 bis 17 Uhr. In Schruns Bahnhof der Montafonbahn nach Bludenz.
Anforderungen: T3+. An der Zamangspitze Trittsicherheit in steileren Schrofen notwendig (besonders beim stellenweise gesicherten Direktanstieg). Am Seenweg keine besonderen Schwierigkeiten, Einstufung »blau« (T2). Halbtagesprogramm.
Einkehr/Unterkunft: Wormser Hütte, Seetalhüsli, Kapellalpe.
Variante: Von der Wormser Hütte in wenigen Minuten zur Station Sennigrat und per Sessellift (oder zu Fuß durch die Flanke) hinab zur Kapellalpe.

Montafonblick von der Zamangspitze.

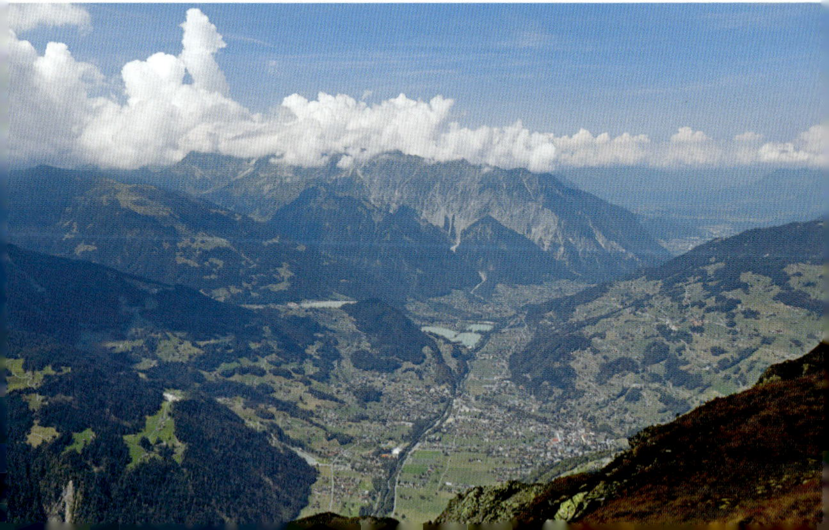

Von der **Wormser Hütte (1)** wählen wir den felsigen Steig, der uns rasch aufs **Kreuzjoch (2)**, 2398 m, bringt. Hinter dem Gipfel trifft man bei einer Liftstation auf die breit trassierte Umgehung, lässt in Kürze auch den Wormser Weg zum Grasjoch abziehen und wandert im Kammbereich weiter leicht auf und ab bis zu einer Gabelung. Nun können wir die **Zamangspitze (3)**, 2386 m, mit etwas Zutrauen direkt über ihren Aufschwung angehen: Blau-weiße Markierungen leiten im Blockgelände höher, überwinden eine gesicherte Rinne mit abschließender Stufe sowie die letzten Gipfelfelsen. Fürs Bergab empfiehlt sich indes der etwas leichtere Normalweg an der Westseite, der bald auf eine Querroute stößt. Diese schneidet die Flanke zurück zum Zubringer.

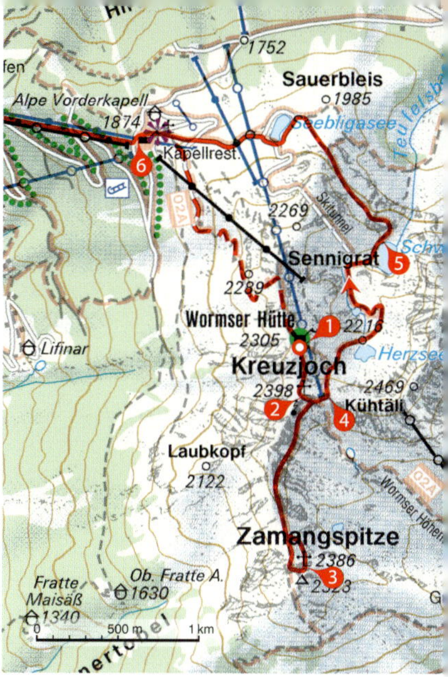

Bei den Liften nahe dem Kreuzjoch überschreiten wir die Kammhöhe **(4)** und steigen anschließend ins nordseitige Kar zunächst zum **Herzsee**, 2216 m, ab. Eine Stufe tiefer empfängt uns – nach Ausmündung des sogenannten Skitunnels beim Seetalhüsli – der größere **Schwarzsee (5)**, 2085 m. Im weiteren Verlauf allmählich um die Ausläufer des Sennigrats herum und via Surblies links haltend zu einem Speicherteich. Ein breiter Fahrweg bringt uns schließlich zum Komplex auf der **Kapellalpe (6)**, wo wir die Hochjochbahn talwärts nutzen.

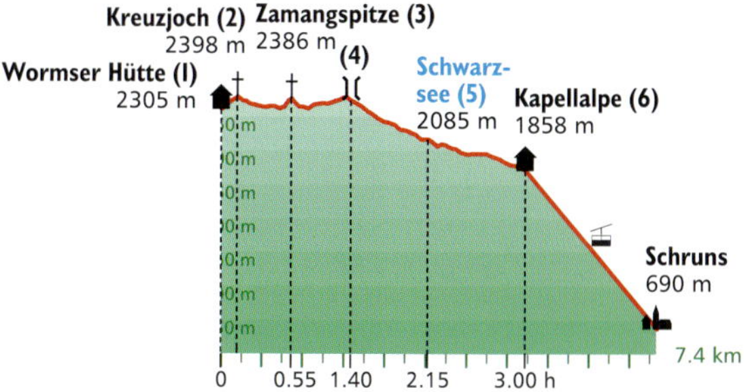

Stichwortverzeichnis